别烦，
培养淘气孩子
有高招

高佰平——著

专供版

哈尔滨出版社
HARBIN PUBLISHING HOUSE

图书在版编目（CIP）数据

别烦，培养淘气孩子有高招：专供版 / 高佰平著
. —哈尔滨：哈尔滨出版社，2018.2
ISBN 978-7-5484-3612-6

Ⅰ．①别… Ⅱ．①高… Ⅲ．①家庭教育 Ⅳ．①G78

中国版本图书馆CIP数据核字（2017）第195226号

书　　名：**别烦，培养淘气孩子有高招：专供版**

作　　者：高佰平 著
责任编辑：张 薇 王 丹
责任审校：李 战
装帧设计：上尚装帧设计

出版发行：哈尔滨出版社（Harbin Publishing House）
社　　址：哈尔滨市松北区世坤路738号9号楼　　邮编：150028
经　　销：全国新华书店
印　　刷：哈尔滨市石桥印务有限公司
网　　址：www.hrbcbs.com　　www.mifengniao.com
E－mail：hrbcbs@yeah.net
编辑版权热线：（0451）87900271　87900272
销售热线：（0451）87900202　87900203
邮购热线：4006900345（0451）87900345　87900256

开　　本：787mm×1092mm　　1/16　　印张：16.5　　字数：221千字
版　　次：2018年2月第1版
印　　次：2018年2月第1次印刷
书　　号：ISBN 978-7-5484-3612-6
定　　价：40.00元

凡购本社图书发现印装错误，请与本社印制部联系调换。　服务热线：（0451）87900278

前　言

　　有一位虔诚的女士，在自家屋后开辟了一个花园。她每天都勤于修理，所以花木枝繁叶茂、花香袭人。

　　这位女士常将这些清雅的花送到寺院去供佛。

　　寺院的住持禅师很欢喜地说："你每天都来插花、换水，以花供佛，一定能生生世世得庄严。"

　　女士说："只要每天剪下花朵，送到寺院供佛，我的内心就得到宁静与清凉，这是我喜欢每天来供佛的原因。"

　　禅师说："是啊！心中应无所求，当下就是清净。"

　　女士又说："但是回到家我就会有烦恼，心不得安宁！我要用什么方法，让自己的心清净呢？"

　　禅师说："花瓶里的花，如果不护理，很快就会凋谢。你知道该怎样让花保持新鲜吧？"

　　女士说："是的，要时常换水。因为花茎浸在水中容易腐烂，无法继续吸收水分，花朵就容易凋谢。所以必须要每天换水，并且剪掉烂掉的梗及茎，这样才能保持花的新鲜。"

　　禅师说："花的新鲜与我们身心清净的道理是相同的。在日常生活中，我们要常常自我净化、改进自新，才能保持身心清净啊！"

保持身心的清净，这对不少家长来说是"不可能办到"的事情，每天要面对繁重的工作和家务，而孩子们又总是"不争气""淘气""屡教不改"，面对这样的生活家长怎么能静下心来？

不得不承认家庭教育并不是件易事，所谓"十年树木，百年树人"不是没有道理的。但教育孩子也并没有想象中那么艰难，只是家长们常常执着于要把孩子教育成"好孩子"罢了。

当家长在否定孩子的行为、认为孩子再一次淘气时，其实他们是站在自己的角度来思考对错的，也是以自己的原则和要求来评价孩子的行为的，而这些很多时候并不适用于孩子。当孩子竭尽全力也无法达成家长的要求时，家长们就容易动怒："你真是没用！"当孩子的天性与家长的原则相冲突时，家长们便容易感叹："现在的孩子真难教！"

不少家长感叹，教育孩子是人生中最苦的差事，孩子是左右父母情绪的人。事实是这样的吗？故事中的禅师告诉我们：想要获得身心的平静，"自我净化、改进自新"是根本所在。在教育孩子的过程中，家长要是能转变一下思路，用新的教育理念、教育方法来引导孩子，就可能会发现一个不一样的孩子，培养出一个不同寻常的"淘气天才"。

孩子的"坏""淘气"其实都是一种智慧。喋喋不休的孩子可能有演说的天赋，"财迷"的孩子可能是理财的精英，霸道的孩子有成为领导者的潜能……孩子的每一项行为可能都是他们智慧的表现。也许看完下面两个故事，你将对淘气的孩子有新的认识：

一个异想天开的孩子曾经和母亲有过一段有趣的对话：

孩子："我要跳到月亮上去。"

妈妈："好呀！但是，别忘记回来啊！"

这个孩子长大后实现了自己"异想天开"的梦想，成了第一个登上月球的人，他就是阿姆斯特朗。

一个孩子正拿着蓝色的画笔画苹果，邻居看到后对孩子的父亲说："你是不是应该告诉你的孩子，画苹果时应该用红色的笔呢？"

这位父亲听后笑着说："为什么一定要告诉他该用红色呢？我认为他画得很好，说不定他以后真的会栽培出蓝色的苹果呢。至于现在的苹果是什么颜色，他吃苹果的时候自然会明白的。"

这个孩子在父亲另类的教育下，后来成了远近闻名的天才——8岁能自由运用德语、法语、意大利语、拉丁语、英语和希腊语，通晓化学、动物学、植物学和物理学，尤为擅长数学；9岁考入莱比锡大学；10岁进入哥廷根大学；13岁出版了《三角术》一书；14岁被授予哲学博士学位；16岁获得法学博士学位，并被任命为柏林大学的法学教授；23岁出版《但丁的误解》一书，成为研究但丁的权威；那之后的一生都在德国的著名大学里教学，并有口皆碑。他的名字叫卡尔·威特。

为什么很多人都会觉得西方的教育方式优于中国的？我们的家庭教育，问题究竟出在哪里？为什么我们很难把天才少年真正培养成才？为什么我们的孩子会变得越来越叛逆，越来越"大胆"？这些让家长们苦恼、疑惑的问题，将由谁来给他们解答呢？反思自己的教育方式，也许你可以从中找到答案。或许当初你们也想过要做孩子们的慈父、慈母、慈师，又或许你们认为严格才可以把孩子们培养成才。但孩子并不是家长的私人财产，培养孩子也不是家长的一项投资。家长们应该明白每个人都要面对自己人生的不同机遇和挑战，每个人都应该成为自己命运的主宰者；家长只能是孩子的"辅导员"，而不应该成为他们成长的"主导者"。

　　人生这条道路是崎岖不平的，不仅有无数个岔路口等待孩子去选择，还有无数个充满诱惑的陷阱。家长不可能伴随孩子们走过每一个转折点，也不可能给他们解释每一种诱惑，因为有的甚至连家长自己也没有经历过。如果孩子们一不小心变成了大众眼中的"坏孩子"，他们沉迷于网络、陷入早恋，甚至当起了街头小霸王……家长该怎么办？动怒、责骂、殴打，能够教育出杰出的孩子吗？这些行为可能在无形中扼杀了孩子的天才细胞、创造力、自信心等。一个没有创造思维、没有自信心、不敢表达自己的孩子，未来怎么去面对社会？试问哪个成人不曾淘气过？既然如此，家长又何必对孩子过于苛刻呢？给孩子一个愉快自由的成长空间，让孩子去"淘气"，你反而可能培养出一个适应能力、创新能力更强的天才少年！

　　最后，衷心感谢王伟华、王秀荣、王苹、武秀红、郗祥倩、肖映菁、徐霖、杨喜鸿、张洁、张荣川、张晓雅、吉拥泽、李庆玲、刘丽娟、徐晶等老师和朋友协助并参与本书的创作。没有你们的帮助，我不可能在紧张的工作之余顺利完成这部作品。

目 录
CONTENTS

目 录
CONTENTS

第三章　淘气宝贝是不是被我们宠坏了

中国家庭教育最大的误区之一便是"一切为了孩子"，这样的爱，孩子可能受不起，也不愿承受！

第四章　爸爸、妈妈，你们够好吗

"孟母三迁"的典故你不可能没有听过。优秀的孩子必然有优秀的父母，那淘气孩子的父母又会是什么样的？责骂孩子淘气、不懂事时，家长是否想过自己是不是优秀的父母？

目 录
CONTENTS

第五章　听听孩子的心：是谁将我逼离家

羽翼未丰的孩子为何屡屡选择出走？是理想、信念使然，还是压迫、压抑使然？我们的家长到底有没有认真听过孩子的心声？

第六章　任何时候都不要说"放弃"

对犯错的孩子说放弃的家长，不管你有多少所谓的理由，你都注定被称为"不合格的监护人"！

目 录
CONTENTS

第一章
天才也是些淘气孩子

最让老师头痛的比尔·盖茨
问题多多的小爱迪生
"小笨蛋"爱因斯坦
"淘气包"乔治·华盛顿
撒谎的小列宁
最让家长不放心的小乔丹

关于童年的记忆最温馨的永远是那些淘气的经历，爱因斯坦、爱迪生、钱锺书、比尔·盖茨这些天才，哪个曾是大人眼中的"好孩子"？

最让老师头痛的比尔·盖茨

　　几乎所有的家长都希望自己的孩子能够品学兼优：在学校，他的成绩应该是名列前茅的；在家里，他应该是个懂事、听话的乖孩子；在亲友面前，他最好能礼貌、温顺；在同学堆里，他要能多才多艺、耀眼显目。符合以上条件者无疑在大人心中是个非比寻常的"优等生"，这样的孩子不但讨家长、老师喜爱，他们长大后也必然能成为对社会有用的人才；但那些在家长眼中爱迟到、爱早退、爱逃课、爱玩的孩子就不能成才了吗？当然不是，因为曾蝉联过13次世界首富的比尔·盖茨就是这么一个让父母担心、让老师烦心的"坏孩子"。

　　盖茨的特立独行让他在家人和同学那里得到了一个这样的评价："极有个性"。尽管年幼时的盖茨已聪明过人，但他并不多么受欢迎，因为他孤僻、自闭、好斗、喜欢独来独往，且不懂礼貌，这样一个孩子自然不能称其为"好孩子"吧？12岁时他就因不爱和其他小孩交往，并且常常一连发呆几个小时而让父母担心。他的一位同学曾这样回忆盖茨的童年："他很讨人厌，总是很自信，特别好斗，而且聪明得可怕。人们一想到比尔就觉得他有可能会拿诺贝尔奖，但他一点儿也不懂礼貌。"

　　中学时代的盖茨成了超级电脑迷，1969年，盖茨所在的西雅图湖滨中学开设了电脑课程。当时还没有PC机，学校只搞到一台终端机，还是从社会和家长那里集了大笔资金才买来的。从此，盖茨便像发现了新大陆一样，只要一有

时间，便钻进计算机房去操作那台终端机，几乎到了废寝忘食的地步。尽管后来由于学校没有足够的资金维持这一课程，盖茨依然疯狂地迷恋着计算机。

1973年，盖茨考进了哈佛大学。在哈佛，盖茨依然不算是个好孩子，他仍旧无法抵抗电脑的诱惑，于是经常逃课，一连几天待在艾肯计算机中心的电脑实验室里整晚整晚地写程序、打游戏，因为那时使用计算机的人还不多。疲惫不堪的他有时会趴在电脑上酣然入睡。盖茨的同学说，他常在清晨时发现盖茨在机房里熟睡。

除了对计算机迷恋外，盖茨在哈佛的第二学年还成了一个"赌鬼"。在第二学年的第一学期返回学校后，当盖茨认为创办公司的时机尚未成熟而继续在哈佛大学读书时，他开始了玩扑克，并且是疯狂地玩。扑克和计算机消耗了他的大部分时间，他还成了宿舍里高赌注扑克赌博的一个常客。

此外，盖茨对哈佛的学业也似乎不怎么上心，在课堂上睡觉是他常有的事，更让人气愤的是，他非常爱在课堂上让老师出丑。

即使在哈佛大学这样天才荟萃的学府，盖茨也不改他那特立独行的风格，课堂上他仍时常与老师"为难"。他上课的表现也跟在中学时一样，把课堂当成战场。他坐在教室里，课桌上连一个笔记本也没有，只用两手抱着脑袋，样子显得十分厌倦。他看着老师在黑板上解题，过了一会儿，便说："老师，你有个地方不对，让我来给你说。"这常常让老师窘得下不了台。尽管盖茨的智力很高，但每次老师布置的练习题，他的答卷上却只有20%是完成的。而且他还有意制定了一套行事策略：大多数课程逃课，到期末再猛学一阵。他的理由很简单，"我是想看看我花最少的时间能得多高的分数"。这种骄傲的态度确实让不少人对他心生厌恶。

哈佛不管是对美国学生还是对世界其他地方的学生来说都是神圣的学府，然而，比尔·盖茨却再次跟哈佛开了个玩笑，在第三学年的时候，他毅然放弃了哈佛的学业，全身心地投入到自己的计算机事业中。

他的很多行为在常人看来都不是美好的。除了以上的特立独行和坏习惯，

他还是个不修边幅的人，他不爱打理自己的头发，从不关心自己的衣着；他还是个生活十分不规律的人，例如他经常36个小时不睡觉，然后倒头便睡上十来个小时；待人接物上，他也是个极富攻击力的家伙，不会给任何人面子，即便对自己的亲密伙伴保罗·艾伦，只要抓到对方的错误，他就会直骂对方是"傻瓜"……而就是这样一个青年，一个看似对学业、对未来满不在乎的青年，一个浪费青春、游戏人生的"坏学生"，最终却凭借自己特立独行的性格和聪明的才智建造了一个互联网帝国——微软公司。

如果你的孩子就是一个如此特立独行的家伙，你也不必过于紧张，非得将他拉回"正轨"。要知道，孩子的教育需要你插手，但你只能做一个辅导者，尊重他，你才能处理好亲子关系，也才能更有助于他找到自己的兴趣，有利于他的发展。

问题多多的小爱迪生 ▌▌▌▌

　　孩子永远对外界事物充满着好奇心，可众多的家长和老师却为此而烦恼，天天被这些古怪的问题困扰着实让人苦恼，于是不少人会抱怨孩子是"十万个为什么"，更有甚者会觉得这样的孩子很弱智。那么，这是真的吗？当然不，伟大的发明家爱迪生，他就是一个曾被误认为是问题多多的"低能儿"。

　　我们都知道爱迪生是"发明之王"，可这样一个出色的天才却是老师眼中的"低能儿"、旁人眼中的倒霉鬼，这是怎么回事呢？

　　爱迪生7岁时被母亲送到了学校，从此，爱迪生每天都要端坐在教室听恩格尔老师讲1+1=2，或者说2=1+1。可年幼的爱迪生对此并不感兴趣，他更爱琢磨些自然界的奥秘，例如他会想：既然摩擦动物的毛可以生电，那么，如果把电线接在猫身上，再用力摩擦猫的毛是不是可以发电？而恩格尔老师则最烦上课时精神不集中的学生，于是爱迪生经常遭到他的呵斥，爱迪生的学习成绩也成了全班倒数第一。更让恩格尔老师恼怒的是，爱迪生还爱冷不防地问些令人难以回答的稀奇古怪的问题，例如他会问老师，为什么 2+2=4。为此老师找来爱迪生的母亲告诉她孩子学习跟不上，并以爱迪生是个"低能儿"为由而令她将其领走。尽管母亲百般哀求，但老师已经彻底对这个孩子厌烦了，无奈之下母亲只得将年幼的爱迪生带回了家。爱迪生一生中唯一正规的教育也就此宣告结束了，老师也终于摆脱了这个问题多多的孩子。

虽然离开了学校，可爱迪生并没有放弃自己对自然科学的热爱。理解他的母亲为他创造了一个积极的学习环境。经过母亲的指导，爱迪生懂得了读书写字，并对书籍产生了浓厚的兴趣，8岁时他读了英国最重要的作家莎士比亚、狄更斯的著作和许多重要的历史书籍；到9岁时，他能迅速读懂难度较大的书，如帕克的《自然与实验哲学》。书籍虽然帮他开阔了视野，但爱迪生还不满足于此，他更希望知识能成就他的理想——成为一名发明家。

　　之后，爱迪生便开始工作了，在这段时间里，因为对化学的痴迷，他给自己和他人都带来了一些麻烦。其中最为人所知的应该是那段发生在火车上的故事了。

　　12岁时，爱迪生得以在火车上卖报。火车上有一节给乘客吸烟的专用车厢，车长同意他在那里占用一个角落。之后，他便一边卖报，一边在这里兼做水果、蔬菜生意，一有空他就会到图书馆阅读书籍。1861年美国内战爆发后，他所卖的《先驱报》有了不错的销量，这为他的化学实验提供了资金条件。他用所挣得的钱在行李车上建立了一个"化学实验室"，报纸卖完后，他便来到这里进行实验。但不幸的是，一次他在火车上做实验时，列车突然颠簸，使一块磷落在木板上，并燃烧了起来。在闻讯赶来的乘客和工作人员的帮助下，火算是扑灭了，但气愤的列车长还是将爱迪生做实验的东西都扔到了车外，并狠狠地给了他一个耳光，正是这个耳光让爱迪生的一只耳朵变聋了。这一变故后，列车长将他赶下了火车，那时爱迪生才15岁。

　　谁也没想到这样一个没上过多少学又爱闯祸的年轻人最后能成为世界著名的发明家，当然，除了他的母亲。作为父母，当遇到这样一个问题多多、又爱闯祸的孩子时，是不是也该像爱迪生的母亲一样，给他多一点关爱、多一点理解、多一点支持呢？因为，只有教育得当，才能激发出孩子的"天才"本性。

"小笨蛋"爱因斯坦

　　说到天才自然不能不提阿尔伯特·爱因斯坦，他是现代物理学的开创者和奠基人，是相对论的提出者，是"决定论量子力学诠释"的捍卫者。因其在物理学上的伟大贡献，1999年12月26日，他被美国《时代周刊》评选为"世纪伟人"。他既是伟大的物理学家，又是思想家、哲学家。可就是这样一个伟大的人物，却不是一个才思敏捷、聪慧过人的少年，他的迟钝曾让父母担心，而他的逃学经历也被人说至今日。爱因斯坦的幼年经历也许正好印证了古罗马哲学家塞涅卡的一句名言："任何一个伟大的天才都有一种痴呆的缺陷。"

　　1879年3月14日，爱因斯坦出生在德国西南乌尔姆城的一个犹太家庭，一年后又随全家迁居慕尼黑。从一出生爱因斯坦身上就有着许多不同于常人的事情，而这些也一度让他的父母颇为担惊受怕。刚出生的小爱因斯坦就因后脑出奇大而让父母和亲友惊讶，在惊讶的同时，初为父母的赫尔曼夫妇也为这个小家伙担心起来；而爱因斯坦3岁多时还不会讲话，更是让父母忧心忡忡。他们既怕孩子智力迟钝，也怕他会是个哑巴，并曾带他去医生那里检查，在得到"不是"的答案后父母才算松了口气。可是直到9岁，爱因斯坦讲话仍不很通畅，他所讲的每一句话都必须经过认真吃力的思考。

　　幼年时的爱因斯坦也比别的孩子都显得迟钝，他喜欢一个人冥想，喜欢自己去探索大自然的奥秘。一次，在依萨尔河岸野餐时，一位亲戚说，小爱因斯

坦很严肃，当其他的孩子都在互相玩耍、逗乐时，他却独自坐着看湖的对岸。母亲保莉妮却为自己的孩子辩护："他是沉静的，因为他在思索。等着吧，总有一天他会成为一个教授！"对于这位母亲的辩护，那位亲戚感到很可笑，但也能理解母亲的心情。教授，这在人们的心目中，是只有那些聪敏的人才有可能得到的荣誉称号，而这个连话都说不好的笨孩子能成为一个教授吗？

可看似安静的爱因斯坦在7岁以前却也是个易怒的孩子，当事情不合他心意的时候，他常常气得脸色苍白并会大发脾气，那副不能控制自己的模样着实让人觉得可怕。他曾向他的女教师扔椅子，把对方吓得再也不敢教他。他还多次向自己妹妹玛雅的头上扔东西，甚至有一次还将玩具九柱戏的木柱子扔到她头上，把她的脑袋打了个小洞。所幸这种可怕的性格没有延续下去，等他上小学后，都渐渐改掉了。

中小学时代的爱因斯坦延续了他沉静的个性，也并没在当时表现出超人的才智，他的每门功课都很平常，更由于他举止缓慢，不爱同人交往，老师和同学都不喜欢他。教他希腊文的老师德根哈特对他更是厌恶，并曾公开骂他"你一生绝不会有什么作为"，而且还因为怕他在课堂上会影响到其他学生，竟想把他赶出校门。

所幸爱因斯坦在父母、叔父及他们的朋友们那里，得到了很好的启蒙教育。爱因斯坦的叔父雅可布·爱因斯坦是位工程师，非常喜爱数学，当小爱因斯坦来找他问问题时，他总是用很浅显通俗的语言把数学知识介绍给他。在叔父的影响下，爱因斯坦较早地受到了科学和哲学的启蒙。12岁时，叔父给了他一本《平面几何学》，这本书对他的影响极大，可以说小爱因斯坦深深地被几何的美吸引了。在他的《自述》中，他清楚地记下了这次人生中的"惊奇"，他写道："三角形的三个高交于一点，它们本身虽然并不是显而易见的，但是可以很可靠地加以证明，以至于任何怀疑似乎都不可能。这种明晰性和可靠性给我造成了一种难以形容的印象。"正是有了这种难以言说的欣喜印象，再加上叔父的引导，年幼的爱因斯坦越发喜欢上了自然科学。

在爱因斯坦成长的过程中，还有一位对他启蒙意义极大的课外老师——塔穆德。塔穆德是一位波兰籍的医科大学的学生，由于十分贫困，犹太会堂在与赫尔曼商榷之后，塔穆德得以每周在爱因斯坦家享受一顿免费午餐，并和羞答答、长着黑头发和棕色眼睛的小爱因斯坦成了好朋友。塔穆德是位开朗、见识广且爱好阅读的年轻人，他借了许多通俗的自然科学普及读物给小爱因斯坦看，这些读物有比希纳的《物质与力》、洪堡的《宇宙：物质世界概要》以及伯恩斯坦的20卷的《自然科学通俗读本》。爱因斯坦从这些卓越的通俗读物中知道了自然科学领域里的主要成果和方法，它们不但增进了他的知识，而且拨动了这个年轻人好奇的心弦，引起了他对问题的深思。塔穆德也点燃了爱因斯坦自学的兴趣火花，他每周都会来爱因斯坦家为他改一些习题，并且辅导他解决一些较难的问题。过不久他又开始引导爱因斯坦学习高等数学，13岁时爱因斯坦就已开始自学微积分了。当他的同班同学还在为那些简单的平面几何和循环分数问题而皱眉头时，爱因斯坦靠自学已经进入到无穷级数这些美丽神奇的"无穷世界"去了。就这样，这个常人眼中的"小笨蛋"越发聪明了，他对数学的认识和应用很快超过了"老师"塔穆德。不仅如此，爱因斯坦在物理学、哲学上也有很深刻的认识，因此塔穆德认为身边的这个"小笨蛋"简直是个神童，他还断言："一个伟大的科学家或哲学家，将从爱因斯坦身上成长起来。"

爱因斯坦一直就是个腼腆的学生，他不爱说话，但他待人公正、宽容，所以同学们如果有什么不能解决的问题总会找他来评理，因为大家都相信他。为此，同学们还给他取了个绰号叫"诚实的约翰"。同样，这种正义感也使得他在很多方面都敢于挑战教师们的"权威"，因此后来当爱因斯坦绞尽脑汁想要休学时，他的班主任却提前以"因为有你在，教师们在班级里的尊严受到了破坏"为理由让他退了学。

其时是1895年春天，爱因斯坦已16岁了。根据德国当时的法律，男孩只有在17岁以前离开德国才可以不必回来服兵役。由于对军国主义深恶痛绝，加之独自一人待在军营般的路易波尔德中学已忍无可忍，爱因斯坦没有同父母商量

就私自决定离开德国，去意大利与父母团聚。但是，半途退学，将来拿不到文凭怎么办呢？一向忠厚、单纯的爱因斯坦，情急之中竟想出一个自以为不错的点子。他请数学老师给他开了张证明，说他数学成绩优异，早达到大学水平；又从一个熟悉的医生那里弄来一张病假证明，说他神经衰弱，需要休学回家静养。爱因斯坦以为有这两个证明，就可逃出这个厌恶的地方。谁知，他还没提出申请，班主任却把他叫了去，以他败坏班风、不守校纪为理由勒令其退学。因为没有预料到如此顺利，爱因斯坦不由得感到有些蹊跷，于是询问是不是自己犯了什么错，而班主任的回答却是："你并没犯什么错，但是由于班上有了你，教师需要在班级中得到的尊严受到破坏。"尽管这次费尽心机的逃学计划没有成功，但这次与班主任的"可笑"谈话却多次被爱因斯坦作为趣闻向他那些志趣相同的朋友谈及。也许在很多人眼中，爱因斯坦的行为是叛逆的表现，但不要忘了可能正是这种敢于对"权威"质疑和敢于挑战的精神，使得他在未来的科学道路上开辟了新的天地。

也许天才就是这样，自有一种独特的个性，是笨蛋还是天才需要细心的父母细心观察，多多鼓励，中国古代不就有"大智若愚"的说法吗？所以当家长发现身边的孩子有笨拙的表现时也不要轻易否定他的才智；当孩子开始叛逆时，也不要把这当成天塌下来的大事，一定要遏止。家长要善于引导，也许这更能帮助孩子活跃思维，激发孩子的学习、创造热情。

"淘气包"乔治·华盛顿

　　很少有孩子不淘气的，你现在虽然已身为人父，或为人母了，但在回忆起幼时和小伙伴淘气的经历时应该还是感到蛮温馨、蛮有趣的吧？因为这才是童年啊。既然你也有过，又何必要剥夺孩子享受童年的乐趣呢？淘气的孩子比比皆是，但不乏后来在政治、经济、科技等各个行业大有作为的人，其中很有代表的应该就是美国国父乔治·华盛顿了吧？

　　作为美利坚合众国的奠基人，华盛顿的名字家喻户晓，他既是美国独立战争中一位成功的军事领导者，也是美国宪法的奠基人，更是美国第一任总统；最难得的是，他在连任两届总统后毅然选择了离开，从而开创了美国历史上摒弃终身总统、和平转移权力的范例，为美国的民主政权奠定了基础。即使是这样一位德才兼备的领导者，也依然有过淘气的童年。

　　乔治·华盛顿出生在弗吉尼亚的一个大种植园奴隶主家庭，他小时候是个又聪明又淘气的孩子。一天，小乔治的父亲送给他一把小斧头，让他可以清理果园里的杂树。崭新的斧头小巧锋利，得到这样的礼物，小乔治十分高兴！

　　他见过大人抡起大斧头砍倒大树的情形，那种场面让他十分震惊，那么自己手上的小斧头这么锋利，肯定能把小树砍倒吧？想到这里小乔治跃跃欲试，他看到花园边上有一棵樱桃树，微风吹得它一摇一摆的，好像在向他招手："来吧，小乔治，在我身上试试你的小斧头吧！"小乔治高兴地跑过去，早已

忘了这是父亲最心爱的小树。他举起小斧头就向樱桃树砍去，一下、两下、三下……樱桃树倒在了地上。他又用小斧头将樱桃树的枝叶削去，把小树棍往两腿间一夹，一手举着小斧头，一手扶着小树棍，在花园里玩起了骑马打仗的游戏。

　　一会儿，父亲回来了，看到心爱的樱桃树倒在了地上，他非常生气，便找来小乔治问他："你知道是谁砍倒了我的樱桃树吗？"看着父亲生气的表情，小乔治这才明白自己闯祸了。虽然小乔治是个淘气的家伙，但不说谎却是他的优点，于是他便向父亲坦承是自己将樱桃树砍倒的。当他以为父亲会责备他时，父亲却欣慰地将他抱了起来并说："我的好儿子，爸爸宁愿损失一千棵樱桃树，也不愿你说一句谎话。"小乔治望着父亲，懂事地点了点头。这件事在华盛顿的心中留下了不可磨灭的印记，因此在后来的行事中他无时无刻不在提醒自己要做个诚信的人。

　　也许你的孩子也像小乔治一样调皮捣蛋，他可能当着你的面把饭碗摔到地上过，趁你不在家弄坏过你心爱的首饰，还曾欺负过比自己弱小的同伴……种种淘气的表现让你对他无可奈何，你甚至想过要不要带他到医院检查一下是不是得了小儿多动症。其实，如果你站在孩子的角度想一想，你也就不会那么无奈了，因为我们也有过那样的让家长、老师烦心的调皮表现。调皮捣蛋其实也没什么，反而更会让孩子对某些东西产生兴趣，对于这种调皮的孩子，要有耐心去引导他，慢慢地让他改变，不要动不动就打骂他。要知道个性不是一朝一夕就可以改变的，家长越是急功近利，孩子可能越往反方向发展。

撒谎的小列宁 ■■■||

　　孩子撒谎是每位家长都会担心的事，但要是孩子撒了谎，家长却不问来由就打骂教训，那就是家长的不对了。大人还经常为自己的谎言找借口，分性质，为何就不能在分析完孩子的谎言性质后再批评教育呢？要知道几乎所有人都曾撒过谎，包括一些在历史上赫赫有名的人，如列宁。

　　列宁是俄国十月革命的领导人，也是第一个社会主义国家的创始人。他从小性格开朗，活泼好动，经常弄坏家里的东西。列宁8岁那年，有一次母亲带着他到阿尼亚姑妈家中做客。姑妈家的几个表哥、表姐都很喜欢他，列宁也很乐意和他们一起玩。

　　这天，他们在姑妈的房间里玩"捉人"的游戏，追的追，逃的逃，热闹极了。活泼好动的列宁跑得很快，一不小心碰到了桌子，只听"砰啪"一声，桌子上的花瓶掉在地上打碎了。多好看的玻璃花瓶，打碎了多可惜呀！听到响声后，孩子们一下子都呆住了。

　　姑妈和母亲听到响声后，也赶忙跑到房间里瞧瞧出了什么事。看见地上的花瓶碎片，姑妈问道："孩子们，你们谁把花瓶打碎了？"

　　表哥、表姐都说："不是我打碎的。"

　　列宁害怕自己承认后会遭到并不太熟的姑妈的责罚，于是犹豫了一会儿也跟着说："不是我打碎的。"只是声音很低很低。

姑妈见没有人承认也不好深究，便说："你们谁也没有打碎花瓶，那么一定是花瓶自己打碎的了，大概它在桌子上站得心烦了，所以就掉了下来。"

一个表哥也接着说："大概这个花瓶想跟我们一起跑一跑，所以从桌子上跳了下来，可是它忘了自己是玻璃的，所以才打碎了。"

大家听他这么一说，都笑起来了，只有列宁没笑，他不声不响地跑到另外的房间里，坐在桌子前，显然心里有些难过。

母亲看他的表情，就已经猜到花瓶是淘气的小列宁打碎的了。因为这孩子一直很淘气，在家里也经常发生类似的事情。但是，小列宁向来都是会主动承认错误的，这次究竟是怎么回事呢？母亲没有当场拆穿他，也没有表现出生气。

回到家后，母亲没有提起过这件事，但平时淘气活泼的小列宁像突然换了一个人似的。母亲明显感觉到了列宁的不同，似乎是良心正在折磨他一样。有一天，在小列宁临睡前，妈妈又像往常一样，一边抚摩着他的头，一边给他讲故事。不料小列宁突然失声大哭起来，痛苦地告诉妈妈："我欺骗了阿尼亚姑妈，我说不是我打碎了花瓶，其实是我干的。"听着孩子羞愧难受的述说，妈妈耐心地安慰他道："给阿尼亚姑妈写封信，向她承认错误，姑妈一定会原谅你的。"于是，小列宁马上起床，在妈妈的帮助下，给姑妈写信承认了错误。几天后，小列宁收到了阿尼亚姑妈寄来的回信，在信中，她不但表示原谅了小列宁，还称赞他是个诚实的好孩子。得到原谅后，小列宁又重新拾回了昔日的快乐，并向母亲承诺要做个诚实的孩子，因为这样就不会再受到良心的谴责。

这件事在列宁心中留下了极其深刻的印象，自此之后列宁便谨遵母亲的教导，以诚信为自己做人的标准。

虽然撒谎不是件好事，但家长要是能在发现孩子撒谎后循循善诱，让孩子明白诚信的重要性，诚信将在孩子的生命中扎根。家长在平时的生活中再能以身作则的话，那孩子必然能成为一个诚实守信的人。放纵和责罚都不是解决孩子撒谎的方式，要在孩子心中播下诚信的种子，它才能生根发芽，伴随孩子茁壮成长！

最让家长不放心的小乔丹

迈克尔·乔丹，他是篮球爱好者最熟悉的"飞人"，也是公认的美国篮球历史上最伟大的运动员，至今美国篮球史上仍然有很多纪录是由他保持着的。他给无数热爱篮球的朋友奉献了无数场篮球的盛宴，他的那句名言"我可以接受失败，但无法接受放弃"也成为无数人奋斗下去的动力。这个在篮球场上风光无限的"篮球之神"，在成长的过程中也没少让父母操心，尤其是他的父亲詹姆斯·乔丹。

1963年2月17日，在纽约市布鲁克林区一家天主教医院的产房内，一个又瘦又小的男婴降生了。在走道里等了两个多钟头的詹姆斯·乔丹，给自己的第三个儿子起名为"迈克尔"。看上去，那是一个羸弱的孩子，出生后不久，小迈克尔就不停地流鼻血，为此他不得不比正常的婴儿在医院多待了5天，家人甚至还曾担心这个孩子养不大，而这一"怪病"直到他5岁时才消失。

迈克尔幸运地活了下来，并在之后成长为家中个头最高、运动细胞最好的孩子。但在迈克尔的成长过程中，他的调皮行为可没少给家人添麻烦，可以说他是兄弟姐妹中最让父母操心的那一个。

迈克尔2岁时，有一天，老乔丹正在院子里用手电筒检查车子的发动机。没注意迈克尔正在好奇地玩弄通线电路。当迈克尔的小手触及电线的接头时，被电流弹出了两米之远，对于一个孩子来说这种冲击有多大是可想而知的，这

次意外差点儿送掉了他的小命，但这并没有让他安分起来。

　　5岁时，迈克尔又对斧头产生了兴趣，出于安全考虑，父母当然是禁止他玩的，可天生的好奇心让这个5岁的孩子怎么也不肯听从父母的告诫。有一天他偷偷拿着斧头到外面去劈柴，一不留神，砍在了自己的脚趾上，痛得他大喊大叫。手足无措的父母请来一位没有行医执照却声称是医生的女邻居，她将一大瓶煤油浇在迈克尔鲜血淋漓的脚趾上，居然止住了血。

　　7岁那年，迈克尔和一位小伙伴在北卡罗来纳州威尔明顿附近的海边游泳。并不会游泳的迈克尔其实只是喜欢在那里用冲浪板玩耍。当他们玩兴正高时，谁也没有预料到灾难在向他们逼近。忽然间一个浪头朝他们打了过去，并正好打在那位伙伴的脚上，他被卷到了巨浪中，处境相当危险。因为知道迈克尔不会游泳，伙伴还将固定装置留给了身旁的迈克尔。看着巨大的浪头，迈克尔紧抓着固定装置，害怕极了，没一会儿他也被卷到了浪中，他挣扎着，期望两人都不会被卷往大海深处。伙伴竭力带着他往前冲，试图脱离险境。最后，迈克尔总算是脱险，回到了岸上。可是他的小伙伴却再也没回来。眼睁睁看着同伴被大浪卷走的痛苦经历在年幼的迈克尔心里，留下了永久的阴影，这也使得迈克尔一直对水充满恐惧。后来他在12岁时又一次差点儿被水淹死，上大学时他又眼看着自己的女友被水冲走，这些都加剧了他对水的恐惧。

　　随着孩子们的逐渐长大，教育成了一个重要问题，10来岁的孩子正值叛逆期，乔丹夫妇害怕孩子们学坏，因此决定搬迁。从家庭情况来说，迈克尔·乔丹比街区里其他黑人孩子都要优越不少，他的父亲是机械师，母亲则在一家小银行当职员，可他们社区居民的素质却普遍不高。为了让孩子们有个更好的成长环境，1970年在迈克尔·乔丹13岁那年，他们全家搬到了北卡罗来纳州南部的惠明顿。那是一座美丽宁静的临海小镇，但夫妻俩很快发现，从小就性格叛逆的迈克尔在这样的宁静小镇也安静不下来，在学校他一直是班级里的"捣蛋鬼"，为此老师没少上门告状。在家中他继续着自己一贯的捣蛋行为，在父母买来供他们打球、赛车的那块儿地上，调皮的迈克尔常常玩得翻到沟里去。有

一次，为了模仿电视里骑摩托车飞跃的镜头，迈克尔骑摩托车带着哥哥拉瑞，想冲上泥墩飞越一条水沟，这一危险举动非但没成功，反而让兄弟俩摔得皮开肉绽。为了瞒过父亲，迈克尔用布把伤口遮掩住，可是老实的拉瑞却露了馅儿。虽然受到父亲严厉的批评，但迈克尔并没有就此住手，他又偷偷练习了好几次，直到老乔丹发现后，责令他将摩托车卖掉为止。总之他的种种"活跃表现"没少让周围的人操心。正如他的一位儿时伙伴所说的那样："如果说有什么东西需要尝试，他一定是第一个。"

迈克尔对各种事物都怀有很强的好奇心，但有一样绝对没有，那就是体力活。迈克尔也承认自己在那些事情上比较懒，"我从来没有修剪过草地或干过别的活"。当他的族人在秋季打零工收割烟草时，迈克尔第一次就闪了腰，从此再也没去过烟田。对于家人派任的家务活，他要么耍些小脾气不干，要么在实在免不了时，用自己的零花钱雇用其他孩子来帮他做。如果车坏了，迈克尔就搭别人的车；如果轮胎坏了，他就换一个最高级的。母亲曾尝试过让他工作，但没能行得通。父亲也曾希望他能像两个哥哥一样继承一点儿他修理东西的技巧，但他也没能如愿。迈克尔根本不想工作、不想挣钱，他朝思暮想的就是打篮球或其他竞技体育。在家人的眼中迈克尔就是个"懒鬼"，老乔丹曾这么说过迈克尔："我所有的孩子中，他是最懒的，如果他在工厂里当钟表装配工，肯定会饿死。他会拿出口袋里的最后一毛钱，让他的兄弟姐妹甚至邻家小孩儿帮他干活。"不过这种情形在迈克尔十六七岁时有所改观，当时的迈克尔·乔丹似乎并不怎么吸引女孩子的注意，他开始害怕将来没有人愿意嫁给他，于是在学校里选修了家政学，学习烹调，学习缝纫活和清洗。

在迈克尔成长的过程中，确实给家里人带来过不少麻烦，他的好奇心、好动性也曾让他吃过不少苦头。所幸在家人的帮助、鼓励和培养下，迈克尔·乔丹逐渐成长起来，并凭借着运动的天赋在篮球场上崭露头角，直到后来成为篮球史上的一大天才，创造了一个迄今无人能逾越的篮球神话。

每个成长期的孩子都应该会给家人惹点麻烦，如果家长能在孩子的成长

过程中认识到他们的天赋，并朝着这个方向培养他们，相信你也能培养出一个"天才"！要知道家人的帮助对孩子来说是至关重要的，正如迈克尔·乔丹成名后所说的那样："对我来说，我的英雄就是父母，他们指引了我的生活道路，让我受到很好的教育，并最终走上正轨。没有他们，不可能有我的今天。"相信这是迈克尔的肺腑之言。要想将一个顽皮的孩子调教成才，作为父母注定需要比别人付出更多的努力。

第二章
细看他们的"坏孩子"思维

当一个孩子已不相信有圣诞老人存在的时候，他（她）就结束了自己充满传奇色彩的童年。而一个正在被人训斥的"坏孩子"可能正在自己的奇思妙想中享受童年！

孩子淘气有缘由 ▎▎▎▌

前不久看到一位年轻爸爸在网上的留言："我们家的孩子两岁了，现在特别爱发脾气，稍有点不顺她心的，她就赖在地上哭闹，管也不是，不管也不是，我该怎么办啊？"是啊，这应该是很多年轻父母烦恼的问题吧，这个原本听话乖巧的小天使怎么一下子变成了整人的"小恶魔"，每天弄得家人筋疲力尽？孩子究竟是怎么了，为何会有如此多的淘气举动呢？他的脾气怎么突然变得那么坏，处处都和家人唱反调，而且怎么说都不听？年轻的父母面对孩子无来由的淘气时大多手足无措，不知如何是好。有时家长使尽浑身解数，软硬兼施，可孩子仍然不买账，有时还可能因为过激的行为刺激到孩子幼小的心灵，从而影响亲子间的关系。年轻的父母自然很想能读懂孩子的心思，想明白孩子为什么会无缘无故地就淘起气来。

其实孩子的淘气并非是无缘无故的，如果仔细观察你也许会发现点儿蛛丝马迹。只要你耐心地站在孩子的角度来思考，那么你就能更容易地读懂孩子，并能轻松地在孩子淘气时做出合理的应对。以下几种情况可能是你需要注意的，在你眼中它们可能无关紧要，但在孩子眼中它们却是不可忽视的大事。

1．表现欲受到打击而淘气

以前有位同事常说自己家的孩子是"人来疯"。平日里看她是个乖巧的小丫头，可只要家里来了客人，她就一反常态，表现得让她这做母亲的都汗颜。

有一次，同事的妹妹从国外回来，去她家做客，难得见到小姨，小丫头非但不怕生反倒是不停表现起来，在大人谈话时她总是出来搞怪。同事让她安静点，没想到小姑娘竟然生起气来，把茶几上的水果、茶杯全都推到了地上。同事当时难堪极了，实在不明白孩子究竟是怎么了。

想必很多家长都遇到过这样的尴尬情景，当着客人教训孩子一顿，看着他哭成个小泪人的样子，自己也难免于心不忍，但就是不明白孩子到底怎么了。明明"警告"过他了，怎么就是不听，非要让自己发火呢？其实孩子只是想要好好表现一下，他并非有意想要打扰你，当你的举动挫伤了他这种表现欲时，他就很可能用更极端的方式来表示反抗。

其实这种表现欲在某种意义上也是人的本能反映，在优胜劣汰的时代，想必也只有善于表现自己的人才能更好地成长起来吧。另外根据弗洛伊德心理学理论来分析：人由于种种原因受到轻视甚至漠视时，就会千方百计寻找机会来表现自我，以引起人们对自己的重视和青睐。这个机会自然以来了人（生人、客人、长辈或上司）为最佳。每个人都有一种自重的心理，孩子也不例外，当寻求自重时，孩子的表现欲就会不自觉地显示出来。要是这种强烈的表现欲催生出来的自重行为没有受到大人的重视，孩子就可能做出一些极端的行为，也就是我们所认为的无缘无故的调皮。

2．没有达到孩子的预期目的而淘气

其实每个人都有自己的思维方式，就算是大人眼中什么都不懂的孩子，他们也会为自己的某种目的思索对策。刚出生的婴儿饿的时候会哭闹，尽管这是人的本能表现，但从一定意义上来说，哭闹其实也是孩子达到某种目的的手段，尤其是知道哭闹后就能饱餐一顿的时候，这便成了他"要挟"大人的砝码。条件反射的实验可以很好地说明这一点，从出生到会说话，孩子为了让父母理解自己的需求，他们更多的是以哭闹的方式来达到目的；而当孩子长到三四岁已能流利说话时，他们的潜意识里仍然会将哭闹作为一种极其有效的获得利益的手段。

经常看到父母带小孩逛街时，小孩为了某个玩具或零食哭闹着让父母买给他的场景。当着来来往往的人，孩子肆无忌惮地在地上打滚、撒娇，而家长却在那里无可奈何、尴尬万分。可当你答应满足他的要求后，他便会破涕为笑。所以说孩子心中也有他的小算盘，他有时很懂得挑场合、挑对象，有的孩子甚至非常清楚自己在什么情况下、对什么人能获得什么样的好处，淘气只是他为达到目的而采取的方式之一。如果这一方式不能实现，哭闹一番，诉求对象可能会有点心软；有时他还会退而求其次，跟对方谈条件，比如说今天他做好某件事后就让对方满足他的愿望。如果服软的方法照样不能让家长达成自己的愿望，那孩子还可能采取长期消极的抵抗，例如不好好吃饭、乱扔玩具等等。其实这种为了某一目的而淘气、撒娇的行为在不少大人身上也能看到。这就需要你懂得合理引导，如果孩子已经懂得交流了，要时常跟孩子谈谈心，这样淘气的孩子将更快地成长起来。

3. 强烈的支配欲望驱使孩子淘气

别看孩子那么幼小，他们也懂得争取权力，有的家长可能会在这方面忽略，或是以强权加以抑制。为了表示反抗，孩子们就可能做出极端的行为，让家长觉得他们越来越淘气。喜欢追求权力的孩子喜欢自己当掌控一切的发号施令者，因为唯有如此才能显示出他们的重要性。所以他们只做自己喜欢的事，而且常以行动来告诫"任何人都别想勉强他做任何事情""最好照着他的意思做，否则后果不堪设想"。即使父母运用大人的权威强迫孩子就范，孩子虽一时无力抵抗，暂时顺从大人的要求，但心中却愤愤不平，随时准备"绝地反攻"，抑或是自我折磨。

同事过完春节回来告诉我：

去年回家真算是领教了我妹妹家那个四岁的"鬼精灵"，要不是亲眼见到，真的很难理解为何妹妹时常向大家抱怨说孩子太难带了。原来咿呀学语的时候还好些，现在她自认为能独立行动了，于是大人让她干什么，她都不听。

在相处的几天中我就被她折腾得够呛，先是她看上了我手上的橡皮筋，非让我猫着腰把头发给她玩，那种"你就这样嘛，不许动啊"的语气真是丝毫不容我反抗。后来让她跟别的孩子做游戏，她自动地当起了分配者，让谁跟她一组，谁就得照办，谁要是不合她的心意，她硬是不让对方玩，哪怕那人比她大，在她的"地盘"上她可一点儿都不怕。买来的玩具，她就是要霸占着，让她拿出来跟大伙儿一起玩，她就是不干。等你把玩具拿过来给别的小朋友玩时，她躺在地上就开始打滚，非要你把玩具抢回来不可。这样一个小孩，你说她霸道，也不是，只要好好跟她说，让她明白分享的意义，她也懂得与人分享。总之，你必须顺着她的意思去做，因为她想要做支配权力的人，哪怕是面对比她年长高大的大人，她也想能支使对方。

如果做家长的长期无视孩子对权力的态度，时常加以打压，要么会让他变得更加叛逆，要么会让他渐渐变得怯懦，不敢提出自己的要求。倘若长期放任他，则又可能让他恃宠而骄，慢慢变得目中无人、毫无礼貌。这两种方式都将影响孩子的健康成长。

4. 为获关爱而淘气

其实孩子的心思是很细腻的，说他们懂得察言观色可能有点夸张，但至少他们是懂得比较的，他们能比较出谁更宠爱自己。例如在家中将要受爸妈责罚时，他们通常会找平日里更宠自己的爷爷奶奶或外公外婆来支援，以避免皮肉之苦。在孩子的眼中，得到别人的关爱可以让自己享有许多权利，例如：能从关爱他的人那里得到自己想要的各种玩具，可以肆无忌惮地在关爱自己的人面前做自己喜欢的事而不受责罚，可以让关爱自己的人满足自己各种要求哪怕是无理的。因此孩子十分在意大人对他的关爱，正是这种在意，也让他更怕失去这份关爱。于是当家长在某些事情上处理不够妥善，或言语上有些激动时，孩子就可能认为对方不再爱他，然后就可能做出一些在大人眼中不可思议的行为来吸引大人的注意力，希望这样可以重新获得大人的关爱。

所有的孩子都希望自己能得到较多的注意与关心。一般而言，在正常的情况下，多数的孩子会运用正面方式来达到这个愿望，例如努力做个听话的乖宝宝，以获取照顾者的赞美。但如果这个方法失灵了，他并没有得到大人的关注，依然被忽视，他就会倾向选择用负面的方式来解决，如调皮捣蛋一番，即使因此挨骂，也比被冷落来得好。有喜欢报复的孩子还会在自己遭到冷落时做出一些暴力的行为来挑战家长的耐性，可能他们会认为这种过激的行为更容易引起家长的注意。如果做家长的能注意到孩子这种情绪的变化，并在适当的时间制止孩子的过激行为，在平时多给孩子灌输你爱他的正面意义，相信孩子也就不会那么钻牛角尖了，自然调皮捣蛋的行为也会少很多。

5．认识能力不足导致淘气

幼儿阶段的淘气行为经常出于一种下意识，幼儿的认知能力是有限的，他们不了解大人的世界，也不善于辨别是非，更不善于捕捉了解大人的心理和思想，处在这种阶段的孩子最容易在不解的情况下做出淘气的行为。

不论是在家里，还是在幼儿园，抑或是在其他公共场所，只要几个孩子聚到一起，时常会出现互相争抢玩具的"惨烈"画面。每每看到这一场景家长都十分无奈，"为何自己的孩子会那么自私，什么都想独占？"这是家长们不解的地方，许多人在质疑自己的教育方法是否不当、是否不够严厉。其实，这与孩子的认知有关系，大部分幼儿都没有辨别是非的能力，在他们潜意识里所有的一切都应该是属于自己的，因此他们总想独占自己看到的东西。也多是因为认知的能力较低，当大人叮嘱他们要互相友爱、分享时，他们可能并不能明白大人口中的"友爱""分享"是什么，于是他们在大人眼中便变成了一个个"霸道""不讲理"的淘气孩子。另外，由于认知能力有限，孩子常常做出一些大人认为的"固执"行为。例如，早上妈妈给宝宝煮了一碗瘦肉粥，宝宝本来喝得好好的，但妈妈怕粥凉得快，于是把它倒入保温杯中继续喂宝宝，这时宝宝却不认账了，死活不肯吃，还拼命指责说这不是原来那碗粥。

以上的种种淘气行为都是孩子认知能力有限所致，所以当你忍不住要发火责备孩子的时候，请多站在孩子的角度设想一下，想想他们的认知能力和感觉。

6．好奇心驱使孩子淘气

孩子的好奇心是很强的。在好奇心的驱使下，孩子往往爱到处乱跑，看见什么都想摸一摸；对什么问题都爱问个"为什么"；看到同伴有些"新奇"的举动，也爱偷偷模仿。这些行为被很多家长认为是淘气行为，其实这只是孩子在成长过程中对新鲜事物的认知方式。

我们成人中绝大多数在小时候都有过拆闹钟、手表的经历，其实当时的想法很简单，只是想弄明白这个物体里面到底藏着什么东西，为什么会自己动。我们这样的想法和行动肯定没少挨过父母骂，但对自己来说收获不会小。通常将类似物体拆过一两次后，我们就基本了解了它的内部构造，也开始能渐渐把各个零件复位、组装，当看到经自己手重装成功的东西后，那种成就感着实让人兴奋不已。

孩子在成长过程中需要不断地思考，而且最好是能将思考与动手能力相结合。因为身体与头脑有着密切的关系，人的活动会反映到大脑中枢里，能使头脑的思考活动增强，有助于提高人的认知能力、思维能力等。因此即使孩子在半个小时内将新买的飞机模型拆成了小零件，也不必大动肝火，对于孩子的这种"破坏"行为，家长只要适当指导便可以了。家长可以从旁协助孩子在破坏后重新组合玩具，这样既能有助于孩子了解事物的内部构造，亦有助于促进孩子的智力发展。

孩子淘气的好坏论

　　新刷的墙面如今已是惨不忍睹，中国保姆看着眼前这个金发碧眼的淘气孩子真是恨得咬牙切齿，等会儿主人回来，她该如何交代啊，看来这个家她是没法再待下去了！可出乎她意料的是，主人回家看到墙面上的"杰作"并听完她的解释后，竟然抱起身边的"淘气包"欣喜若狂，一个劲儿地夸赞他有天赋。中国保姆看着这一家子外国人真是无言以对，要是在她家，估计这个闯祸的孩子早就屁股开花了。

　　这是以前一个电视剧的片段，具体内容已经记不清楚了，但故事呈现出来的两种截然不同的教育方式却让我记忆至今。在中国人眼中的淘气行为，为何在外国人眼中却成了孩子的杰作、是天才之举呢？这就不得不谈起中西方不同的文化心理了。

　　中国传统文化和以欧洲文化为主导的西方文化历经数千年传承已经成为世界文化宝库中的丰厚遗产。由于地理环境、历史背景、发展过程等因素的不同，中西方文化也呈现出巨大的差异，其中也包括了文化心理的巨大差异。

　　中国是一个以群体文化为主要文化特征的国家。中国人的群体意识来源于以农耕为主的小农经济生产方式。这种生产方式使得中国人习惯于集体作业，集体成为中国人典型的人生体验和一种约定俗成的典型情境，从而造就了中国人的群体文化心理。中国人更关心别人的看法，而非自己的意愿，并常常会以普遍认可的道德行为来约束自己的言行，以获得群体的认同。在思考问题和处理实际事务时，中国人更是会强调求同，在表决时，我们通常都会以"少数需服从多数"的理由来驳回少数者的意愿，这就是求同的最典型体现。不能说这样就不好，这种"同"在很多时候体现的是经验的总结，这也就避免了我们在求知、处世时走弯路；但这种"同"也导致了中国教育排斥"多样"性，而是以统一的内容、同样的方法、同一的进度、单一的评价机制来"生产"着一批又一批近乎一样的"成品"。这种整齐划一的教育理念和教学形式很难使学生感受到自己的主体地位，也就不能很好地体现个人的创造性。

西方人则更注重人的个体性，强调个人的价值与尊严，强调个人的特征与差异，提倡新颖，鼓励独特风格。因此西方教育大都是基于人文思想而展开的，他们注重培养人的实践和分析能力，鼓励思想的自由。在整个教育体系中教师起的作用，主要是指引者，他们可以和学生一同讨论问题，对于学生的疑问，他们不会直接给予一个答案，而是经常一指图书馆，让学生自己去寻找资料，自己做出判断，尽可能地不去影响学生的自主思考。教育体现出一种自由和多样化的形态。这样的教育理念和方式能最大程度地保护人类创造力的根源——思想的自由和自主。这也就是为什么近代和现代绝大多数发明和发现出现在西方的主要原因。

也正是基于这样两种不同的文化心理，才出现了开篇所提到的两种相反的态度。

每个人都有自己独立的思想，孩子也不例外。当孩子淘气时，不管他是"作画"把墙壁弄得面目全非，还是用剪刀做"设计"把家中有用的物件剪得破破烂烂，抑或是搬了一块儿泥回家做"艺术品"，把地板、衣服弄得污迹斑斑……在大人眼中，这样的孩子必然是淘气的、好玩的，孩子的心里想的也应该是好奇、有意思、好玩。这种有意思的玩不正是将他们的思维转化为实际的过程吗？而这个过程不也正是在展示他们的天赋吗？如果身边有人能认真看待孩子的好奇心和独特的表现行为，而不是只把这些淘气的行为当作小孩子瞎闹，那孩子身上的天赋应该不会被轻易埋没。

如今还时常能听到身边有类似这样的自嘲："其实小时候的我也很有才华，兴趣爱好也很广泛，尤其喜欢做手工，那会儿我的手工模型在全校都是响当当的。可惜啊，大人说那是不务正业，平时玩玩还行，还是当以学业为重。唉，多好的一棵苗子啊，就这么硬生生给折断了……"针对教育体制改革，专家们提出了不少意见，其中不乏批评中国教育太功利的。家长、老师在许多时候灌输给孩子的思想都是"上一所好中学，考上一所名牌大学，今后才能找份好工作，才能出人头地"，因此越来越多的学生渐渐被培养成考试工具；而那些所谓的特长，也是在可以加分、可以被破格录取的诱惑下才学的。我在一期电视节目中看到过一个奥数成绩优异的13岁小女孩儿，主持人问她是不是因为喜欢才学奥数的，她的回答可能让不少家长觉得难堪，"不是，我一点也不喜欢（奥数），爸妈说学这个对以后的升学有帮助，所以我才学的……"每个人都是独立的个体，都应该拥有自己的个性，不然就只能等到成年后感叹自己的平凡。在幼年时代，可能不少人都曾在玩闹的时候发现过自己的独特才能和爱好，但并不是所有人都能幸运地让这一才能得到培养，如果做家长的够细心，那么他们就有可能发现孩子的独特才华。

莫扎特是众所周知的音乐天才，可要是没有他父亲的慧眼，也许这个天才将就此陨落，至少人们不可能这么早认识到他的才华。1756年1月27日，沃尔夫冈·阿玛多伊斯·莫扎特出生在奥地利萨尔茨堡一个宫廷乐师之家。他的父亲列奥波尔德·莫扎特原籍德国，曾先后生有7个孩子，不过，其中5个都先后夭折，顽强地活下来并长大成人的只有最小的儿子沃尔夫冈和他的姐姐安娜。

莫扎特被誉为"音乐神童"，他的音乐才华很早便开始显露出来。有一次，他的父亲与一位朋友一起回到自己家中，看到4岁的莫扎特正聚精会神地趴在五线谱纸上写东西。父亲问他在干什么，莫扎特一本正经地回答："我在作曲。"孩子的举止使两位大人相觑而笑，看着纸上不工整的音符，起初他们认为这只不过是小孩子的胡闹。然而，当细心的父亲将儿子的作品认真地看了几眼之后，忽然兴奋地对客人喊道："亲爱的，你快来看！这上面写的是多么正确而有意义啊！"就这样世人得以知道这个音乐天才！

相信要是莫扎特的父亲没有认真对待孩子的"胡闹行为"，而只是跟客人一笑而过，那么这个天才也就不可能那么早开始他的创作生涯！

当你再看到自己的孩子有如此的淘气举动时，是否还会像以前一样付之一笑，或是打骂教训呢？想想如果这是孩子在创作，这是孩子灵感的实践，也许你将更能理解身边这个淘气宝贝，更能发现孩子的才华，也更能体会到为人父母的愉悦了，因为孩子的新奇思维每天都能带给你独特的视听享受。

淘气孩子无法承受之重

　　爱是一种精神的存在，它应该是没有重量的，可当它一次次被实体化，它所带来的压力也是让人难以想象的。由爱造成的巨大负担可能让幼小的孩子难以承担，因此，他们开始叛逆，开始以极端的做法来逃脱这种爱，来逃脱他们所不能承受之重。

　　2009年在"魔兽世界吧"里一条名为"贾君鹏，你妈妈喊你回家吃饭"的帖子引起了广大游戏爱好者的注意，顿时该帖成为网上流行热帖；在生活中，人们开始用这条帖子互相调侃。有人说这是一种炒作，有人说这体现出了上网者的空虚无聊，总之，该帖确实成了2009年的热门流行语。这样一个没有多少实质性东西的简单话语能引起那么多人的关注确实有点让人意外，可这平实的话语中体现出来的温情却也让不少长期沉迷于网络世界的人感到了一丝温暖，这种温情或许是不少年轻人没有过的，也许是他们正在逃避的，因为他们确实无法承受那样厚重的情感。

　　对许多人来说，"家"是一个温暖、幸福的地方。所以许多人累了困了，或者受委屈了，想到或者说出来的，往往都是"我要回家"。然而，却有一些人，他们还未成年，但他们却选择"离家出走"，离开他们想要逃避的东西：

　　近日在东北新闻网上看到这么一则消息：18岁的高二女生赵思睿因家庭给

她带来了沉重压力，于是选择离家出走。发生在她身上最让人感慨的事儿莫过于这18年间父母为了给她创造一个最好的学习环境，竟然搬过20多次家。家中的电视机基本成了摆设，电脑、手机等母亲更是从来不让她碰，家务自然也是不用她干的，这个18岁的女孩唯一的任务就是学习。最终小睿承受不了压力，选择了离家出走。当父母找到她时，她透露给媒体最真实的愿望竟然是："希望周末能和爸爸妈妈一起去逛公园。"

在不少父母眼中，为孩子提供一个良好的学习环境应该是身为父母应尽的责任，希望孩子有出息，这也是父母对孩子负责的表现。可当这种责任无形中给孩子造成了巨大压力，孩子又无从诉说时，他们该拿什么来承受这些"爱"和"希望"？

爱是父母无私奉献给孩子的最宝贵的礼物，但当这份宝贵开始泛滥后，这份爱就成了孩子身上最沉重的"包袱"。父母的关爱时常是以无微不至的照顾和尽可能的叮嘱这样的形式呈现出来的，然而，前者常常造成孩子的无能和冷漠，而后者则常常被孩子们埋怨"管得太多"。

调查表明，青少年对父母最不喜欢的行为就是"唠叨"，而且这并不只是中国的"特色"，全世界的孩子都是如此。这种刺激过多、过强和作用时间过久而引起心理极不耐烦以至反抗的现象，在心理学上叫作"超限效应"。这种"超限效应"在生活中比比皆是，下面这几个孩子的心声充分说明了他们对大人的唠叨是何等反感：

A说：妈妈总是唠叨，一件事可以唠叨一百次，烦死了。像我只是一次没考好，她就可以一直说，说到全世界都知道我考得不好，即使下次我考好了，她还要说。如果我顶嘴她就说得更起劲，我只好不说，也不理她。

B说：我在看图画书入迷时，妈妈突然喊我写作业，我向妈妈保证十分钟后就做作业的，可妈妈不到三分钟就又来催我，还不停地数落。有时候真想自己有一种魔法，把我变成大人，让妈妈也尝尝唠叨的滋味。

C说：妈妈有时候唠叨，也不分青红皂白，还冤枉我，趁妈妈不在时我就找东西砸、发泄。

D说：我的妈妈真没劲！我早上刚要起床，妈妈就不停地喊我。一遍就行了，可是一遍又一遍地喊，多让人心烦呀！她越叫我起床，我越不起来。

E说：受不了妈妈，她总是这么唠叨，我又不是三岁小孩儿了，每次出门老是让我别忘了这个，别忘了那个；吃个苹果还老问我有没有洗干净，没洗干净吃了生病怎么办。她为什么就不能把我当大人看呢？我已经16岁了啊！

其实，唠叨是一种变相的施压，是父母利用孩子的弱点和自己的权威给孩子施加压力，以求达到孩子按自己的意愿行事的目的。父母的目的大多是好的，他们希望孩子能朝着健康的方向成长，但青春期的孩子自我意识很强，他们总认为自己能管好自己的事情，父母的唠叨和干预势必刺激他们的自我意识，激起他们的逆反，引起他们的反感。

除了逆反、反感，或是离家出走，还有许多处于青春期的孩子在强大的爱的压力下选择了死。对任何一个生命体来说死亡都是可怕的，那代表着生命的终结，然而却有不少人宁愿用死来结束自己背负着的"包袱"：

知心姐姐卢勤经常接到一些用心良苦的妈妈打去的电话。在一次高校录取通知书发放的日子里，一位母亲把电话打到了她的手机上。电话那头，那位母亲已泣不成声。询问后方得知她的女儿因差几分没考上北大而选择了服安眠药自杀。

母亲回忆道："在通知书发下来的时候，女儿一言不发，可精神状态却让人担心。她整天把自己关在房间里和别人上网聊天，基本上不和我们说话，我们也不敢打扰她。那天傍晚，她说她出去一下就回来，可她却没有回来。后来我们才知道，那天傍晚她把自己打扮成淑女的样子，手拿莲花，一个人坐在公园的长凳上，看着太阳落山。当太阳落下去的时候，她吞下了事先准备好的安眠药，幸好被巡逻的人发现才及时将她送到了医院。最让我痛心的莫过于她醒来后说为什么不让她去死，早晚她都会死的。这话让我的心都快碎了，要知道女儿是我的全部啊……"

　　是什么让孩子和母亲都如此痛苦？是她们彼此对自己所追求的事物都投入了太多——全部。这个全部让她们没有了自我。当父母开始没有自我地为孩子付出一切时，他们把所有的希望都寄托在了孩子身上，并尽可能不断在孩子耳边提起类似这样的话，"我跟你爸以后可全靠你了""我们可是尽了所有的精力，就是希望你好啊""孩子啊，你可是妈的全部啊"……也许父母是在表达自己对孩子的爱、对孩子的期望、对孩子的尽责，然而这些却逐渐转变成了孩子身上的包袱。他们在潜意识中也因此逐渐认为自己的未来不能由自己主宰，自己是父母实现愿望的"工具"，自己从生下来就是欠父母的。所以当他们表现不佳时，更多想到的是不能让父母满意，甚至是对不起父母的养育。久而久之，在这种高压的爱的压抑下，他们变得沉闷、抑郁，想要逃避他们无法承受的重压。

　　0~3岁的婴幼儿常以获得父母尽可能多的爱而满足，可当孩子渐渐有了自我意识之后，过多的关爱反而容易让他们迷失自我、感觉疲惫，这一现象在处于叛逆期的青少年身上最为常见。如果这种高压的爱让孩子越来越淘气了，做父母的是否应该想想对孩子的"爱"减减负？

爱模仿的淘气包

　　孩子的可塑性极大，他们几乎对任何事物都感兴趣，也极爱模仿。当孩子希望长大的时候，他们会更注意大人的言行，并不断模仿，不管是好的还是不好的，他们都想尝试一下。当作家长的感慨孩子何时学坏时，孩子可并不一定会这么认为，他们可能会觉得这就是成长，长大后就应该是这个样子的，而家长的干涉只能说明他们老了，已经不能接受新事物了，已经变得古板了。其实，孩子是在学习的过程中成长的，孩子的学习能力很强，可塑性也很强，在没有或很少有辨别能力的情况下，他们会模仿自己看到的一切行为，孩子的眼睛就是一台接受信息的扫描仪，可这样的能力却让不少父母担心：

　　王女士：我的孩子今年3岁，她学什么东西都很快，可最近我发现孩子总爱模仿大人的一些不好的习惯。比如她坐着的时候学大人故意跷个二郎腿，看到大人吐痰就装模作样也往地上吐，让人哭笑不得。这么小的孩子，讲道理她又听不懂，真不知道该怎么办才好。

　　张女士：我家孩子一周岁零三个月了，专家说这时的孩子学习能力很强，确实是这样的，大人教她的东西她学得很快，但让我烦恼的是她还尤其爱模仿大人的手势和说话的语气，就连你咳嗽、打喷嚏、打哈欠她也要模仿。我真不知道是该限制她呢，还是该任由其发展。

高女士：我家多多现在3岁，活跃得要命，尤其爱模仿。夏天到了，阿姨经常在他面前拍苍蝇，那天他竟然也拿着羽毛球拍追着苍蝇跑；他爸在他面前剃过胡子，他趁我们不注意也到抽屉里找剃须刀在小脸上刮，幸好被我抢下来了，不然……最搞笑的是，他老爸教过他把手背在身后走，没想到一教他就会了，还经常一想起来就把手背过去，像个小老头似的在那儿走来走去，想要再教回来好难，我都不知道该怎么办了。

刘先生：我以前抽烟，女儿5岁的时候我戒的。那会儿女儿喜欢腻在我身边，看到我抽烟的样子，她好像很向往。有一次，我跟她妈妈在厨房做饭，她在书房玩儿，等我进去叫她吃饭时竟然发现她在学我的样子抽烟，刚吸了一口就呛得眼泪都快流出来了，当时我真是哭笑不得啊，那么小的孩子……妻子说给孩子做好榜样，因此我才戒烟的。真的，孩子太容易模仿大人了，当他们还没有识别能力的时候，做父母的一定要做好榜样，绝对不能把他们教坏了！

　　身为家长，在陪伴孩子成长的过程中难免会遇到类似的尴尬。可当孩子越来越爱发脾气时，你是否想过是不是自己时常当着孩子的面咆哮一通？当孩子越来越不听话，你是否想过是不是自己常对他说过要独立要有主见的话？

　　除了身边人的影响，影视、图书、漫画等也是孩子尤其是青少年模仿的重要途径。2010年5月20日，由庄文强执导，陈小春、郑伊健主演的古惑仔电影《飞砂风中转》在香港首映。时隔13年，古惑仔电影仍然让不少人十分期待。古惑仔系列的电影在20世纪八九十年代确实影响巨大，尤其是对成长阶段青少年的影响。当时许多青少年都以学古惑仔为时尚、为个性、为荣耀。古惑仔形象被搬上银幕后，以其个性张扬、讲"义气"而受到12～18岁青少年的喜爱。很长一段时间里，在广州等经济发达的大都市中出现了大批的"古惑仔"，他们不爱读书，喜欢奇装异服，耳上钻孔，裤子挖洞，讲"义气"，爱打架，外表古里古怪，脾气喜怒无常。这样一群行为有些"另类"的青少年，有很大一部分是受到了古惑仔电影的影响。标新立异的生活方式、出人意料的行为举止、令人侧目的着装打扮、张扬出位的率直个性、游戏人生的享乐精神是这一群体所追求的特点。他们模仿电影中的古惑仔抽烟、喝酒、打架、泡吧、蹦迪、纹身，不仅影响了自身的健康成长，也成为让家长和学校都很头痛的一个群体。他们整日到处游荡，甚至常常以搞破坏来宣泄心中的不满，因此也成为威胁社会安全的人群。成年人可能很难想象一部电影会对一个时代青少年的影响如此之深。其实这不单单是电影的原因，"问题少年"的出现与家庭、学校、社会各个方面都有关系，而孩子本身的好奇心和模仿心态也是一大原因。

因此，家长绝不能小看了孩子的模仿能力，周围人的一举一动，不论对与错都会被孩子看在眼里、记在心里。孩子在成长过程中就像一棵小树，需要不断地修剪枝叶、扶正枝干、施肥灌溉。会模仿不是什么坏事，但家长要善用孩子的模仿能力，以身作则、树立榜样，用引导加鼓励的方式，把孩子的坏习惯扼杀在萌芽状态，使孩子健康成长。

蹲下来看淘气孩子

以前曾看到过一篇父亲劝勉其他家长要多站在孩子的角度想问题的文章，他的故事很简单，讲述的是他带着3岁的女儿去逛超市，但读完后让人感触颇深：

"以前我从来没想过大人的世界在孩子看来可能很恐怖，直到那天我第一次带着3岁大的女儿去逛超市。我原以为看到琳琅满目的商品小家伙会欣喜若狂，可没想到当我兴奋地牵着她的小手在超市货架间穿越的时候，她竟然哭着拉着我，闹着要离开。超市的人很多，她哭闹的样子让我很是苦恼，也开始有点发火了。我以为她是在耍小性子，于是跟她说：'不许再闹了，爸爸生气了啊。你要是听话的话，爸爸给你买芭比娃娃和你最爱吃的果冻。'看我快要发火了，小妮子也没多闹，但一脸的惊恐和委屈。我实在想不通孩子究竟是怎么了。走到她喜爱的果冻面前她似乎也没太兴奋，这时我发现她的鞋带开了，于是就蹲下为她系上。这让我明白了孩子为何会如此哭闹，因为呈现在她眼前的世界是那么恐怖。"

"为女儿系上鞋带后，我一抬头没能像我预料的那样看到琳琅满目的商品，取而代之的是一条条不停晃动的腿。超市人很多，站在女儿的角度，她是被腿和'高耸'的货架包围着的，给人以压抑的感觉，难怪女儿会哭闹起来。

我顿时有种委屈了女儿的感觉，于是将她抱起，准备离开。就在这时，她发现了自己爱吃的果冻，整个人兴奋起来。她又陆续发现了新玩意儿，在我怀里指挥着：'爸爸，去那儿……'女儿一扫先前的阴霾，恢复了平日的活跃。这时我才明白女儿并非不喜欢逛超市，她只是不喜欢她那个角度的超市。如果每位父母都能多站在孩子的角度来看看这个世界，也许展现在眼前的并非你所预料的那样，你就更能理解孩子，成为孩子的朋友了。"

　　站在家长的角度来看是一件好事，可孩子不一定这么认为。如果孩子天生喜欢独立思考，而且有独立学习的能力，这时家长要是硬在一旁"辅导""指点"的话，那孩子多半会生气，会嫌父母啰唆。如果孩子喜欢的是体育，而家长则认为学音乐更有出息，于是非要他学音乐，那孩子必定心生厌恶，也不会用心去学。家长常常站在自己的角度去想孩子的每一个行为，如果稍稍有一点错（大人眼里的错），大人就会责备，甚至打骂、威胁孩子。这种行为常常给孩子的心理造成巨大压力，影响孩子健康快乐地成长。如果家长能多从孩子的角度来看世界、看事情，那么情况应该会有所不同。

　　曾听一位专家说过这样一个发生在现实生活中的小故事：

　　某天，一位父亲和往常一样来到幼儿园接儿子。在回家的路上，儿子看到路边的蚂蚁在搬家，于是他不走了，蹲下来仔细地看着蚂蚁。遇到这种情况，这位父亲不是像很多家长那样直接把孩子提起来，然后带走；或者是训斥孩子，蚂蚁很脏，而且不是可以玩的。他选择了蹲下来和儿子一起看，并在观察蚂蚁的过程中教孩子知识，他问孩子："儿子，你知道蚂蚁在干什么吗？"儿子道："它们在排队！""嗯，它们是排着队在搬家哟！"父亲说，"你看它们每一只都搬了一颗粮食储存到洞里，这些可以让它们吃很久哟。"儿子继续问道："那它们为什么要搬家呢，爸爸？""因为要涨水了，涨水会把蚂蚁的洞淹没，所以它们才搬家呀！"儿子"哦"了一声，父亲接着说，"那么，你明天把我们今天看到的，讲给小朋友和老师听好吗？我们现在就回家，一起把看到的记录下来好吗？"于是儿子高高兴兴地跟着父亲回去了。

有教育专家曾说过这样一句话："蹲下来看孩子。"以孩子的眼光看问题、看世界，才能真正尊重孩子、理解孩子；也只有在这样的前提下，家长、老师才能更深切地了解、研究、关爱孩子，为孩子提供最合适的教育。人总是在不断接触新事物、认识新事物后成长起来的。孩子的认知是有限的，但他们有自己思考的角度，如果家长总是以自认为对的来强迫孩子接受，那孩子只会变得越来越陌生，越来越倔强。

孩子淘气只因不"平庸"

法国作家司汤达曾说过："天才的特点就是不让自己的思想走上别人铺设的轨道。"不仅思想如此，在行动上天才也往往表现得异于常人。英国《每日邮报》上曾刊登过这样一篇报道：英国牛津大学天才儿童研究中心前讲师贝纳德特·泰南认为，许多天才儿童可能在学校或考试中表现并不优异，但他们在其他方面的表现能够说明他们拥有高于同龄儿童的才能。

泰南还曾为望子成龙、望女成凤的家长们列出过一份"天才儿童特征清单"，希望那些以考试论英雄的家长能够参照清单，发现孩子的潜能。

在清单中，泰南给出了小学生六大最容易被家长忽视的才能特征，希望家长能从这六个方面来观察自己那些"淘气包"子女，以发现他们身上的潜质，然后提供相应的指导。以下为泰南给出的六大才能特征：

1. 霸道

大事小事全都得听他的，什么事他都要管，都要由他安排。这是拥有领导才能及组织能力的表现，有做领袖的潜质。

2. 财迷

小学时已积极地将平日获得的糖果和零用钱积攒起来，等到需要用的时候拿来用。这种孩子天生有理财观念，他们很可能成为未来的大企业家。

3．贫嘴

凡事追问到底，让大人非常烦。但这种孩子的好奇心如果能得到家长的赏识并悉心栽培，日后可能当上著名记者、探险家或宇航员。

4．捣蛋虫

把玩具摆得满屋子都是，喜欢用乐高积木搭巴黎埃菲尔铁塔。这类孩子长大后或许会成为贝聿铭第二，是出色的设计师或建筑师。

5．故事王

自从学会走路和说话，就爱听故事、讲故事，继而写故事。不要压抑孩子的想象力，《哈利·波特》的作者罗琳小时候的想象力就非常丰富。

6．小话痨

一天到晚讲个不停的孩子，大人千万不要叫他闭嘴，这是具有语言天赋的表现，长大后有望成为大律师，也是成为新闻主播的材料。

初看清单，很多家长的第一反应可能是"这不就是我家让人头疼的淘气包吗"？看完专家的分析后，不少人可能会恍然大悟："原来这些都是孩子的天赋才能呀。"谁说孩子淘气就不是在彰显自己的才华呢？美国太平洋大学心理哲学博士、资深情商专家庄文浩就指出："其实，具备以上六大特征的孩子，往往表象都是调皮捣蛋、不听话的，如果没有具备慧眼的老师和家长，孩子的天赋就会被抹杀，而真的向'差'的方面发展。"

孩子的天赋有两个成因，一是基因，二是后天形成。基因会把孩子分为内向和外向两种性格，然后经过后天的培养，孩子才能逐渐具备五种能力：创意能力、分析能力、表达能力、决策能力和中立能力（即体谅别人，为别人着想的能力）。这后天的五种能力可不是靠课本、背书、做题、考试能培养出来的，它们需要孩子自己去思考、去探索、去行动。不理解孩子行为的家长难免将这些行为认定为"淘气"的表现，并常常不由分说地予以指责，于是害怕家长权威的孩子可能渐渐地将这些才能"淡忘"了。在《卡尔·威特的教育》一

书中曾有这样一段惊人的言论："每个孩子都是天才，宇宙的巨大潜能埋伏在每个孩子身上，往往是父母亲手掐死了天才的幼苗。"看完这段话应该有不少家长会为之震惊吧？

因认识和培养方式的不同而使孩子成长道路不同的例子并不少见，其中有一个让我记忆深刻：

王楠子曾是上海某中学的一个"标准差生"，他调皮叛逆，上课爱讲话，对读书没什么兴趣，常常惹祸并且屡教不改，老师们对他十分头疼，班主任则是"重点关照"安排他一个人坐在教室里的最后一排，以免影响其他同学。他的成绩更是一落千丈，无奈之下，父亲只好把他送到美国去求学。到了美国后，王楠子的行为却常被老师表扬为"是个天才"，8年后，他成功夺得全美动画比赛个人组冠军，成为费城艺术学院动画专业最出色的学生。

像王楠子这样调皮的孩子在生活中并不少见，也经常听到家长或老师在抱怨：××中午把学校荷花池里的金鱼抓了两条养在他自备的小桶里；××又用弹弓把学校刚竖起来的校规牌射了好多"枪眼"；××在写毛笔字时，在教室的墙壁上画了一幅"山水画"；××把在校外捉到的小蛇弄死带到教室放在女同学的书里，引起了一片混乱；××把从家中带来的光盘《赵本山小品集》在教室播放，同学们笑成一片，无心上课……

教育专家指出：没有一个学生不淘气，只是程度不同。那些看似挑战、不听话的举动常惹火老师、惹怒家长，但这正是孩子个性的表现，此时的老师和家长一定要走出"听话教育"的误区。要知道过分听话的孩子往往是缺乏独立性的表现，千万不要认为孩子学习成绩好、听话守纪律就行，而忽视了对孩子的个性及其潜能的开发与培养。淘气是每个人童年的天性，是任何一个孩子生理、心理发展到一定程度必然出现的现象。淘气的孩子往往比较聪明，有个人主见，意志比较坚强。如果老师和家长善于引导，淘气的孩子将更有可能成为一个极具创造力的人。孩子的淘气有时正是在显示自己的"不平庸"。淘气毕竟不是恶劣的行为，只要淘气不是以愤怒、残忍或怀有恶意的心态做出对人身体有伤害的行为，老师家长都应当大度一些，宽容一些。从一个人的成长过程来看，淘气行为是天生的，它是一个人不断走向成熟的必然经历。家长和老师不能将淘气作为孩子的缺点，淘气之中往往蕴含着创造，是孩子智慧发展的推动力。如果每一位老师和家长都能正确地对待孩子的顽皮行为，进行有目的的引导，激活和培养孩子的个性特长，这可能成为孩子成功路上的"第一桶金"。

"听话"孩子问题多

"'听话'儿童往往是'问题儿童'。"

"淘气的男孩是好的，淘气的女孩是巧的。"

"一个民族的个体总是在'听话'的氛围中被训导，便会失去思考和判断的能力，那么，这个民族被奴役的机会就增大。"

这些名人的言论是在为孩子的淘气找理由吗？当然不是，"中国城市独生子女人格发展现状研究报告表明，在被看作"听话"的孩子中，自述胆小的占34.3%，不爱提问题的有38.2%，对创造发明不感兴趣的占27.5%。这一数据难道不会让我们疑惑孩子听话到底是不是好事？毕竟我们最早接受的教育观念便是"淘气不好""好孩子就应该听大人的话"。教育科学研究专家孙云晓在《改变学校、家庭教育的28个观念》一文中说过这样的观点："听话儿童往往是问题儿童。"这话听来有点让人不能接受。不过，我们稍加观察就可发现，所谓"听话儿童"常见的特点是"独立性差"和"胆小"，他们有问题也不提出来，更不与长辈争论，大多缺乏主见和意志力。实际上，只强调"听话"特别容易培养儿童的奴性，使他们丧失对问题的敏感性，缺少个人观点，易于迁就不正确的言行，对邪恶势力无力抗争，更容易封闭自己，产生心理障碍，以致人格扭曲，最终成为"问题儿童"。

某医院儿童精神科病房里住着一个曾经让父母无比骄傲的孩子，他叫李涵。这个品学兼优的孩子从来都没让父母操过心，可偏偏在考试前不愿去上学。无奈之下父母只好带他上医院检查，诊断的结果出乎父母的意料——焦虑症。李涵的妈妈不敢相信这个结果，"我家孩子一贯听话，在学校是好学生，在家是乖宝贝，我们平时对他照顾得无微不至，从来没让他在生活上烦心过，怎么会这样啊！"母亲眼中流露出的无助让人十分心酸。

　　李涵的父母对孩子的要求十分严格，小时候孩子不听话就会挨打，因此，自从李涵上学开始就变得很乖，只要是父母、老师说的他都会听，也会照做。在严格的教育下，李涵的成绩一直十分优异，是父母和老师眼中的好孩子。可在上六年级这个升学最关键的时刻李涵却突然不听话了。"我们的心愿就是他能考上重点中学，所以学习上对他更加严格，他并没有反抗。但是，去年年底，他却不愿意上学了，把自己锁在房间内，我们怎么劝他都不肯出来，一开始我们只好假称他生病了，跟老师请假。但是，几天下来，他还是不肯上学，把我们急坏了，不管我们怎么骂、怎么劝都没有用，只能跟老师说了实话。从老师那儿我们才了解到，我们家的乖儿子前不久竟然跟班上同学发生了激烈的争执，差点动起手来。"

　　在老师的建议下，父母把李涵带到了该市著名的医院。心理医生跟他单独交流后才知道，这么多年来，李涵一直活得很压抑，为了做个听话的好孩子，他失去了自我。长期的压抑使他在与同学的争执中爆发了，他认为同学们都在背后说他坏话，大家都不喜欢他，所以他不愿意去上学。经过医生诊断，李涵已经出现了焦虑症的症状。由于病情比较严重，他不得不接受住院治疗。了解实情后，李涵的父母不敢再管他，反而事事都顺着他，原本听话的孩子变得跋扈起来，动不动就对父母大声呵斥，父母深感为难。

　　从各种媒介中我们也能经常见到这样的报道：某某孩子自杀或犯罪了，可那孩子平时是个非常听话的好孩子。照理，听话的孩子不应该出这样的事。

实际上往往在"听话"的背后，隐藏着问题。这些问题由于孩子的自我"封闭"，平时不易外露；更由于孩子的"听话"，家长便容易放松对孩子的疏导和警惕，使这些孩子易于受到较一般孩子更沉重的心理压力。

另外，"听话"的孩子也很难有创造精神，在这个全球化的信息时代，缺乏创新，注定将是平庸的一族。因此家长一味要求淘气的孩子"听话"并不一定对孩子的成长有益，尤其是当孩子因为好奇心淘气而受到父母责罚时，可能就会渐渐失去创新思维。

其实我国现代教育的先行者陶行知先生很早就认识到了一味强调"听话"的缺陷。他提出的"六大主张"，正是解决这一问题的良方：解放儿童的头脑，使其从道德、成见、幻想中解放出来；解放儿童的双手，使其从"这也不许动，那也不许动"的束缚中解放出来；解放儿童的嘴巴，使其有提问的自由，从"不许多说话"中解放出来；解放儿童的空间，使其接触大自然、大社会，从鸟笼似的学校解放出来；解放儿童的时间，不过紧安排，从过分的考试制度下解放出来；给予民主生活和自觉纪律，因材施教。

为了避免类似李涵这样的事情再次发生，做家长的应该懂得"放纵"孩子的"淘气"，让孩子从"听话"的桎梏中解放出来，获得主动而活泼的发展。我们都知道，发明家爱迪生小时候做过很多"淘气"的事；著名医学家麦克劳德上中学时，为了看看狗的内脏，居然把校长家的宠物狗给偷偷地杀了，可算得上是"淘气大王"。这些"淘气"的行为正是他们创造性和好奇心的良好体现，家长应注意保护和引导。麦克劳德的校长失去宠物虽然非常生气，却只用"罚画"的方法处置孩子：让他画一幅人体骨骼图和一幅血液循环图。这就既保护了麦克劳德的好奇心，又激发了他学习生理知识的兴趣。麦克劳德后来的成就与这位校长的苦心是分不开的。如果每位家长都能对淘气孩子因材施教，我们身边是否会出现更多的人才呢？

无个性即无人才。儿童天性好动，喜欢观察、幻想和假设。"听话"的孩子不是没有问题，而是不敢或较少提出问题，并常常压抑自己，久而久之，会抑制个性的发展。偶尔放纵孩子的〝调皮〞则可以使孩子的个性得到更好的发展，并有助于帮助孩子在淘气中学到知识。甚至大人偶尔可以跟孩子淘气一回，与孩子互动、培养感情，了解孩子的世界，陪同孩子成长，如此的天伦之乐不是大家都渴望的吗？记住这句话，〝淘气的男孩是好的，淘气的女孩是巧的〞。我们的孩子真需要少一点〝奴性〞，多一点〝血性〞。不要让孩子总在〝听话〞的氛围中成长，这样可能弱化他们的思考能力和判断能力。

第三章
淘气宝贝是不是被我们宠坏了

是谁给了孩子淘气的权力

六位"鸡妈妈"，一个"熊猫宝宝"

"一切为了孩子"到底错在哪儿

"以赏代罚"致使孩子恃宠而骄

缺爱滥宠，扭曲孩子的心理

放纵孩子的占有欲，致使他们不懂分享的快乐

"最好的"给予，却培养不出最好的孩子

中国家庭教育最大的误区之一便是"一切为了孩子"，这样的爱，孩子可能受不起，也不愿承受！

是谁给了孩子淘气的权力

究竟是谁给了孩子淘气的权力？是他们的自主意识，还是大人们的推波助澜？或者两者兼有？

之前有提到孩子淘气的缘由，其实还有一点在当时没有指出来，那就是"不正当的教育方法引发孩子淘气"。这主要体现在两个方面：一是有的家长过于顺从孩子，即使是孩子常常恶作剧地调皮捣蛋，家长也不会给予惩罚，久而久之，孩子自然只把家长的话当作耳旁风而不加理睬；二是有的家长望子成龙、望女成凤，常常给孩子提出些过高的要求，这些要求往往是违背孩子的兴趣和愿望的，这种情况下孩子不愿意照着做而淘气也属事出有因。教育在孩子的成长过程中相当重要，过于放纵和过于严苛都无法使孩子明理懂事。过于放纵会导致孩子变得嚣张跋扈、目中无人，在任何人面前都可能"放肆"；过于严苛则可能使孩子厌恶家长的说教，使彼此间的交流减少，增加孩子叛逆的心理。

现在的年轻人压力很大，所以绝大多数人会选择让老人来带孩子，因此隔代教育最突出的一个问题就出现了，那就是"宠溺"。

赵女士在休完产假后必须返回北京上班了，由于自己和先生的工作都相对较忙，所以不得不将孩子留在老家让老人照看。起初夫妻俩对老人对孩子无微不至的照顾很是欣慰，毕竟这为他们省了不少事，再说自己也没带孩子的经验，让老人照顾孩子也十分放心。可随着孩子日渐长大，隔代教育的弊端开始显现出来了。老人都是退休员工，在家也没别的事干，好不容易抱上孙子，对这个小宝贝那真是"捧在手里怕掉了，含在嘴里怕化了"，把万千宠爱都给了他一人。不仅打不得、骂不得，他犯错误了，赵女士和丈夫批评孩子的语气稍微重一点，都会被老人驳斥。在老人眼中孩子干什么都是好的，是孩子童真的表现，大人都应该包容而不是教育。有长辈的庇护，孩子变得越来越淘气，赵女士和丈夫说的话，他大多不听，一说他，他就嚷着要回爷爷奶奶身边再也不回家了。为此赵女士没少跟丈夫抱怨，有好几次都差点跟老人吵起来。对如今孩子会变得目中无人、任性、捣蛋，她也没少埋怨自己当初把孩子放在老人身边。她十分担心将来孩子长大了性格不好，很难处理好人际关系；也怕孩子在宠溺下承压能力低，心理素质差，没法在当今这个竞争激烈的社会生存。但面对长辈的压力，她也无可奈何，只能寄希望于孩子再大点时能变得懂事些。

爱孩子是没问题的，但过分的宠溺、过分的顺从却成了孩子淘气的资本。幼年时的过分迁就、宠溺，将影响孩子的心理，一旦他们意识到通过拿"不吃饭""大哭大闹""满地打滚"为手段要挟家长，就能够最终如愿以偿时，他们就会变得越来越任性、淘气。他们常常肆无忌惮地在大人面前炫耀自己的"权力"，因为他们知道自己是"宝"，家人总是以他们为中心，总会顺从他们的意愿，这是长久形成的一种"惯例"，家长的宠溺成了他们淘气的最大资本。

在宠溺下成长的孩子凭着长辈的"呵护"而变得淘气，而在严苛教育下成长的孩子则常常凭着骨子里的反叛精神和维护权力的愿望而变得淘气！

现实生活中，做父母的在家庭教育中溺爱、娇惯、放任、迁就孩子的现象固然不少见，但还有的家长不顾及孩子的自尊心，总是摆出家长的架子。不管在什么场合，不管在场的人多人少，也不管什么人在场，只要见到孩子的毛病，甚至只是家长的主观猜测，他们就习惯性地训斥孩子。

王华以优异的成绩考上了当地的重点中学，周围的人都十分为孩子高兴，每每聊到这个懂事的孩子，大家都会羡慕地夸耀孩子聪明，家长教育得好。王华的父母心里高兴但却从来没夸过孩子一次，而是常对人说："他这样还差得远呢。"上了一年中学后，王华的成绩有所下降，父母就开始经常在外人面前评论孩子："这孩子学习成绩总也上不去，脑瓜子跟我们一样像个榆木疙瘩，不开窍，没啥出息！"渐渐地父母发现，孩子不仅成绩变差了，就连脾气也越来越坏，父母说话时，他经常头一甩，走了，留下尴尬的父母感叹孩子真是越大越难教。

孩子是因为长大才变得任性、叛逆、淘气的吗？据心理学家分析，孩子在3～5岁和12～13岁这两个成长阶段，容易出现逆反心理。但孩子的任性和逆反更多的是后天教育不当造成的。在这个例子中，王华父母的否定并不是对孩子的成绩不满意，而是怕孩子骄傲，希望孩子能再接再厉取得更好的成绩。然而这种望子成龙、望女成凤的教育方式，却忽视了孩子的自尊，使孩子感到大大地丢了"面子"，自我形象和自我价值受到了不应有的贬低和损害。孩子为了保全自己的面子，就容易产生逆反心理，不自觉地和家长对抗起来。

并不是孩子难懂、难教，而是父母常常以主观愿望来看待孩子，忽略了孩子的真实想法、尊严。做家长的要是能调整自己和孩子之间的关系，多与孩子沟通，多了解孩子的真实想法，正确引导教育，那孩子还会任性捣蛋吗？我想应该不会的，孩子同样需要被爱，需要被了解，需要被尊重，需要有自我。

六位"鸡妈妈"，一个"熊猫宝宝"

　　如今的孩子已注定是一大家子的宝，除了爸爸妈妈，还有爷爷奶奶外公外婆的疼爱，可以说是集万千宠爱于一身。平时父母教育孩子时，不说体罚，就是言语过重也难免会遭到长辈们的责骂。于是由六位"鸡妈妈"一同带大的"熊猫宝宝"常常变得自私自利、唯我独尊、无情无义，从不管他人的感受。

　　生活中我们没少听到过母亲们对孩子的抱怨，说孩子淘气、爱闯祸是大家预料中的，但当母亲说到孩子无情而潸然泪下时，旁边的人也难免会跟着悲泣起来。

　　北京的一位妈妈，平时对儿子关心得无微不至，可儿子对她则十分冷淡。"我过生日那天，朋友往家里打电话。恰巧我不在家，儿子接的电话，朋友告诉他今天是我的生日。没想到儿子却冷冷地说：'我妈过生日关我屁事！'听了这话，我的心都伤透了，每次他过生日，我给他买这买那，他怎么都忘了？"

　　天津的一位下岗女工，知道孩子喜欢吃鸡爪，咬咬牙从菜市场买来鸡爪，卤好一盘端上桌，看着孩子津津有味地吃着，自己舍不得动一筷子。眼看孩子吃完饭了，她终于忍不住想去尝一下剩下的鸡爪，没想到12岁的孩子竟然向她喝道："别动！那是我的！"讲到此时，母亲已是泪眼朦胧。

广州有一位母亲，为了儿子，为了丈夫，放弃自己不错的工作，整天在家相夫教子，风里来雨里去，骑车送儿子上学，打零工换钱供丈夫攻读学位。苦熬多年后，丈夫终于功成名就有了钱，却抛弃了她这个"糟糠之妻"，还带走了她的儿子。儿子成了大款的儿子，上了贵族学校。妈妈想儿子，特意买了一件新衣服，到学校去看儿子，儿子却嫌母亲穿得太"土"给他丢脸，告诉同学这是他的"老乡"。后来，竟提出了一个无情的要求：让母亲做他的"地下妈妈"，否则就不认她这个妈！母亲哭诉无门，痛不欲生。她不明白，为什么天下会有这样无情无义的孩子？自己究竟犯了什么错，要受到这样的惩罚？十几年的爱得到的为什么是冷酷无情的回报？

是孩子生下来就不会爱别人吗？不。那么孩子们为何会将爱人的能力丢失了呢？仔细想想这可都是家长的"极度关爱""过分溺爱""无限纵容"造成的恶果啊！1996年至1997年，中国青少年研究中心少年儿童研究所组织进行了"中国城市独生子女人格发展现状及教育"的大型调查研究。调查发现，尽管中国城市独生子女具有充满自信、乐于助人、渴望友谊等优点；但同时也存在着一些不可忽视的人格缺陷，如：在克服一定困难以取得某项成功方面的动力较弱、在伙伴交往中容易伤害别人、勤劳节俭表现较差、学习兴趣缺乏等。而这些缺点很大程度上与六位"鸡妈妈"无私的"奉献"有关。

重庆的林强是家中的独生子，父母均是学校的老师，在学习上对林强的辅导自然比别人多，因此他的学习成绩一直都十分优异，父母对他也十分放心。对于这样一个好孩子，父母通常都是有求必应的，可没想到这种一味满足他要求的行为竟会毁了这个孩子。高中毕业时成绩优异的林强被保送到天津上了一所重点大学，但谁也没想到大四快毕业时，林强却因故意伤害罪被判5年有期徒刑。到底怎么回事呢？原来林强一直都在父母的教育下一个人好好学习，上了大学后却发现远离家人后一个人的日子是如此难过。不久他喜欢上了一个女孩儿，大二下学期两人开始瞒着家人交往起来。可惜好景不长，大三寒假返校后女友突然提出跟他分手，理由是家人知道了他们的事非常反对。尽管林强苦苦哀求但女友仍没有一丝回头的意愿。随后的一段日子，林强天天逃课，整日沉迷于网游，完全不是当初那个一心向学的样子。

两个月后，宿舍的人告诉他女友跟他分手的原因并不是什么家人反对，而是她又有了新欢。得知这个消息后林强气愤难当，并找女友质问。当听到女友"是又怎么样"的回答后，林强仇恨的种子算是埋下了。

大四快开学了，林强因为家远提前了三天来到学校。8月21日11时左右，林强像往常一样去食堂吃饭，由于还没开学，食堂的人并不多，因此进食堂后前女友和一男子的亲昵举动正好映入他的眼帘。他狠狠瞪了对方几眼，朝着食堂窗口走去。就在这时，该男子也朝着窗口走来，两人便在窗口争抢着谁先谁后。食堂工作人员正在劝阻之时，林强突然从衣袋中掏出一把折叠刀，猛地向男子腹部刺去，并气愤地说："什么都跟我抢，是吗？我让你抢！我的就是我的！"看着鲜血喷到自己衣服上，他才回过神来，明白自己干了什么。该男子被送往医院后被诊断为腹腔大出血，经抢救后算是脱离了生命危险，林强则因此事被学校开除并入狱5年。

一个原本品学兼优的好孩子会走上犯罪的道路，是许多人始料不及的，林强的父母更是没有想到孩子会变成这样。是爱情害了林强吗？不尽然。如果林强的父母不是从小对孩子有求必应，林强也不会形成"我的东西就是我的，别人别想抢走"的心理，更不会在这种自私心理的驱使下走上犯罪的道路。

父母对孩子的过度溺爱和过度保护，会造成孩子的性格缺陷。过分的宠爱、无休止的满足，渐渐地使孩子养成了自私自利、任性乃至放荡不羁的性格；过分保护的最终结果则可能使孩子缺乏自信心、独立生存能力差、经受不了挫折和失败。

作为家长，我们爱孩子不应该是一切都以孩子为中心，容不得孩子吃一点苦、受一点气。我们应该渐渐培养孩子的独立精神，适当让孩子吃点"苦头"以培养孩子的抗挫折能力，并要以身作则让孩子懂得与人分享、与人合作的重要性。这样教育出来的孩子才不会是自私自利、唯我独尊的"熊猫宝宝"！

"一切为了孩子"到底错在哪儿

"既然生了他，我们就必须对他负责，抚养他、教育他，我们所做的一切不都是为了他？难道这样也错了？难道这样他还不满足？"一位父亲在医院急诊室外掩面痛哭，他的妻子正在里面抢救。而让人无法想象的是将妻子伤害至此的不是别人，正是父亲痛哭中那个一切都愿意为他做的儿子文萧。

文萧是江苏某中学初三学生，是家中的独子，父母平日自然是对他宠爱有加，总是想方设法为他创造最好的学习和生活条件。父母将他们所有的爱都倾注到了这个孩子身上，希望孩子能快乐地长大。然而他们怎么也没料到这样的爱竟然会让孩子变得如此无情。

那天早上文先生因会议的急需文件落在家中而驱车回家取，没想到开门后看到的竟然是倒在血泊中的妻子。惊恐之下文先生立刻拨打120将妻子送往医院，并报了案。从家中的监控录像上文先生看到了整个事情的经过，他万万没想到重伤妻子的竟然是自己刚满16岁的儿子。

初见文萧的人很难想象这样一个温和的孩子会是重伤亲生母亲的人。文萧的个子在同龄人中不算高，白皙的皮肤，架着一副眼镜，十分清瘦，当警方找到他时，他一直很沉默。当警方问他为何要对自己的母亲下手时，他的回答很淡漠："我从没把他们当成我的父母，就像他们从没把我当成他们的儿子一样。我只是他们炫耀的工具，他们只是把我当宠物、当商品一样留着。"

作为家中的独子，文萧的降生给这个忙碌的家庭带来了些许安慰，从孩子降生那一刻起，文先生就希望能把孩子培养成商界的精英。文萧从小住在半山别墅，有专人负责他的饮食起居。从记事起，他要学的东西很多，除了需要培养对数字的敏感度，他还要学习钢琴、社交礼仪等。可这当中有的并不是他喜欢的，他试过用哭、淘气的方式来改变父母的主意，但每次都会被他们说"不争气"。每每吃饭时听到父母说："我们那么卖命还不都是为了你，你吃的、用的、穿的、学的哪样不是最好的……"他就压抑不住心中的怒火。

"那天爸走后，我觉得身体不舒服不想去学校，妈就开始唠叨，说我不争气，说他们做这么多都是为了我……钢琴专业十级算什么，扼杀我的童年就是为我好？天天逼着我学习，不管我是否过得开心也是为了我好？我讨厌那些交际，他们却总是拉我出去炫耀而从不顾我的感受，还是为我好？就连我身体不舒服都没有察觉，也能说是为了我好？我越想越生气，正好看到餐桌上的水果刀……"文萧对自己的犯罪事实供认不讳，尽管伤害的是自己的母亲，可从他的言谈中，我们找不到半点亲人间的温情，也看不到多少懊悔和伤心，更多的是不满和愤恨。

"一切为了孩子"是无数家长经常挂在嘴边的一句话。孩子是爱情的结晶，是父母精神的寄托，是家庭未来的希望。一切都为孩子着想，这看似没有什么过错，然而中国父母对孩子的付出却远远超出了我们的预想，并因此犯下了不少过错。

一位父亲，在公司欠下外债、岌岌可危时，毅然选择与妻子离婚，目的是给儿子留下足够他生活的"财产"。两年后这位父亲的公司真的倒闭了，他带着疲惫的身体回到母子身边时，儿子的话却让他伤心透顶："你现在没钱了就想起来找我们了，当初你那么大个公司就给我们留这点，你还好意思让我养你下半辈子啊？"

一位母亲把自己骄纵任性的女儿照顾得无微不至，一天在给孩子洗澡的时候，她好奇地问道："宝宝，有一天妈妈老了、病了，你能像妈妈现在照顾你一样照顾妈妈吗？"女儿迟疑了一下，她的回答差点没让这位母亲晕过去："妈妈，你还是安乐死吧！"

一位父亲在大雨天接到11岁的儿子打来的电话，让他立刻赶去学校。他冒着大雨赶到学校后才知道，原来是孩子的自行车车胎被扎破没气了。但让他不解的是，紧挨着学校边上就有一个修车铺，孩子为什么不知道把车送那去，反而是求"远水"打电话找他来解决问题？

家长很难相信自己不顾一切的付出换来的竟然是孩子的冷漠、无情和无能。人们经常责备如今的孩子缺乏爱心、没有礼貌、缺少吃苦耐劳的精神、竞争意识和独立生活能力差，但这些问题不正是我们家长自己过于呵护、照顾孩子造成的吗？

人的一生，从小到大，都在领受他人的关爱。从小时候父母的养育、师长的教诲，到大了朋友、爱人的关爱，可谓是受尽了人间的"爱"。可现实中有不少在关爱中长大的人却不懂去关爱别人，变得冷漠、无情。中国的父母喜欢把"一切为了孩子"作为行事的准则，可从小过度的宠爱却使孩子认为他人的付出与关爱都是理所应当、天经地义的，对他人的不尊重、不关心也是无关紧要的，而他人对自己的要求则变成了苛刻的、无理取闹的。这种扭曲的心态不仅会让孩子变得冷漠，还会让孩子产生唯我独尊的心理。

"一切为了孩子"的思想也让中国的父母总是什么都愿意为孩子做，他们常常认为多替孩子想一点、做一点，就可以让孩子少辛苦一点；他们也总是担心孩子会走弯路，会承受不了生活的重担，因此，他们愿意对孩子谆谆教导，为孩子权衡利弊，帮孩子去设定"美好"的人生。可父母们却忘了千百年的古训"吃一堑，长一智"，挫折也是学习的方式之一。有些发现是在走完冤枉路之后才出现的，自己辛苦后获得的成果才特别甜美。它们带给

孩子的"知"的喜悦，会使之前的挫折感一扫而空。而父母的一味保护，实际上是剥夺了孩子从失败中获取经验的机会，也剥夺了孩子证明自己能力的机会，更剥夺了孩子开动脑筋的机会。那么这样的"一切为了孩子"还能说是为了孩子好吗？

"以赏代罚"致使孩子恃宠而骄

客厅里，平息了怒气的妈妈将冰激凌放到5岁的儿子手上："好了，现在你可以不再往地上泼水了吧？过来把饭吃完，你就可以吃冰激凌了……"

商场里，无奈的母亲捡起地上的玩具车，冲着4岁的女儿道："现在妈妈就去结账，你可以起来不哭了吗？要是还赖在地上，那我可真不管你了……"

书房里，气愤的父亲捧着一摞漫画放到书桌上，对坐在对面上初二的女儿说道："宫崎骏的漫画没错吧？偷拿同学的漫画是好事吗？现在我全给你买回来了，要是你下次考试又掉出了前十名，那这些东西我就全部没收，要是你还敢偷拿同学的东西，看我怎么收拾你……"

生活中我们经常能看到家长这样有意或无奈的"以赏代罚"的教子行为。有教育专家提出"教育孩子奖励比惩罚有用"，因为奖励更能鼓舞孩子向家长预期的方向发展，而惩罚则容易使孩子产生逆反心理。那"以赏代罚"的教育态度就合理吗？

"若法令不明，赏罚不信，金之不止，鼓之不进，虽有百万，何益于用？"这是战国初期卓越的军事家吴起说过的一句话。但它的应用绝不单在军事上。一个企业能有所发展，它的管理者必然是赏罚分明者；一个人能有所成就，他的家长也必然是奖惩有度者。以赏代罚，奖惩不明，势必导致孩子恃宠而骄、任性妄为。俗话说，"国有国法，家有家规""无规矩不成方圆"，家庭是人类社会中最

基本的群体形式，它的存在必须要有一定的形式和管理方式。赏罚分明就是"一家之主"保证家庭正常运转的必需态度。在孩子的教育过程中，能否做到赏罚分明也显得尤为重要。不少家长会认为小奖励如果能平息孩子捣乱的风波，那也不失为明智的处理方法，然而真是这样吗？

这是一位年轻妈妈的苦恼：

我家丹丹原本是个极其可爱的孩子，嘴也特甜，因此十分讨小区里的叔叔、阿姨、爷爷、奶奶欢心。但这孩子的占有欲很强，每次看到社区里别的孩子有好玩的、好吃的，她就想据为己有。不是特熟悉她的人，没几个能招架得了她那张甜嘴；实在不行时，她就赖在地上撒娇，大人们看到孩子这样总是没办法，基本上用上这两招她都能达成目的。我每次说她，她也不听，只要实现目标，她就立马开心起来。日子久了她也变得越来越霸道，几乎成了小区里的小霸王，看到小区里的孩子有了新的玩具，她常常走过去就抢，我教训她一下，她立马就赖在地上打滚，真是让我一点办法都没有。好几次，她硬是不把东西还给别的小朋友，把人家孩子都急得直哭，最后我不得不去买个新的赔给人家。为了她，我不知道跟多少家长道过歉，真不知道该怎么教育她了。

教育犯错的孩子，如果你一面批评他这是错的，另一面又给他爱吃的糖果，这到底是在教育他呢，还是在鼓励他？被这样"教育"的孩子能改正错误吗？这样的家长能在家中树立威信吗？这样能起到教育孩子的作用吗？这种方法无疑是在纵容孩子再次犯错。用奖励的方法制止孩子的错误行为，实际上是贿赂孩子，以使孩子停止淘气。这样的赏罚不明必将使孩子肆无忌惮，淘气不断，犯错不断。试想，如果从一开始这位年轻的母亲就认识到满足孩子的任性和占有欲会使孩子变得如此蛮横霸道，她还会那样纵容孩子的过错吗？其实恰如其分的处罚更能让孩子明白事理，树立正确的价值观、人生观。

在重庆市青少年儿童心理中心，我们见到了无奈的张先生。他有一个七岁大的女儿，现在在市里一所重点小学上学，班上的同学家庭条件都不错，一般都有车。平时有空他也开车接送女儿上下学，但近来因为工作忙，他实在没办法照顾女儿，于是就将母亲接来照顾孩子一段时间。谁知道女儿见到来接她放学的奶奶，竟然嫌弃老人穿着寒酸，怒斥老人："滚，滚，我不想看到你！"然后头也不回地坐公交车自己回了家。老人又委屈又生气，第二天便收拾东西回了自己家。看到女儿的不孝顺，张先生不知该打该骂，十分为难。听完他的叙述后，心理专家建议他给孩子一个适宜的惩罚，让她亲身体验自己的过错，好让她明白自己的言行会给他人造成多大的伤害。

一个周末，张先生带着女儿去逛超市，并提前告诉她，爸爸等会儿要跟她做一个游戏。在超市里，张先生买来一堆瓶瓶罐罐然后带着女儿出来了。在去往停车场的路上，张先生突然脚一滑摔倒在地，袋里的瓶瓶罐罐碎了一地，女儿这时赶紧关切地走过来问："爸爸，你怎么了？"这时张先生却生气地大骂女儿："你一点都不懂事，我早就厌烦你了！"看着古怪的张先生，女儿一脸无辜，此时张先生又骂道："你走，你走，我不想看到你！"此时七岁的女儿再也受不了，无辜地哭了起来。看到女儿哭得如此伤心，张先生才走过来："这就是爸爸要跟你玩的游戏，是不是觉得很委屈？其实爸爸不是真的讨厌你。"张先生趁机告诉女儿，其实奶奶当时也和她现在一样，觉得很难过、很委屈，并告诉她以后说话、做事要多考虑旁人的感受。经过这次的委屈，当晚，女儿就给奶奶打了电话，请老人回来。

教育孩子必须要赏罚分明，孩子做得好要给予奖励，但孩子做了错事时也不能姑息，哪怕只是小错也要进行适度的处罚。孩子识别对错的能力还很差，如果教育孩子一面告诉他这件事是错的，一面却又给予他奖励，那么就更容易混淆孩子的认识了。当孩子犯错时如不能予以一定的惩罚，孩子就无法正视自己的错误，也难以及时改正，这样可能使孩子在错误里越陷越深。以赏代罚，

赏罚不明，如何能帮助孩子成长呢？

针对孩子的赏罚问题，可能很多家长还是不清楚：到底什么时候该赏？什么时候该罚？该怎么赏？又该怎么罚？赏罚的度该如何把握？

家长奖惩孩子的时候如果能牢记以下几条黄金原则，相信会有利无害：

惩罚孩子的黄金原则

1．惩罚要及时

现代教育理论认为，惩罚的效果部分来自条件反射，而条件反射在有条件刺激和无条件刺激的间隔时间越短则效果越好。所以家长一旦发现孩子的行为有错，只要情况许可（非客人在场或公共场所）就应立即予以相应的惩罚。

2．惩罚要有理

孩子犯错后应该受到一定惩罚，但惩罚的目的是让孩子知道自己哪里错了，为什么是错的。可很多家长在惩罚孩子时却忽略了这个问题，于是大部分孩子尤其是年幼的孩子在受到父母惩罚时，都不明白自己到底哪里做错了，也都会有这样的疑惑：为什么爸爸妈妈要惩罚我？是不是大人有权力随便惩罚孩子？因此在惩罚孩子时必须让他明白惩罚他不是爸妈的目的；让他纠正错误、明白道理、培养良好的品质才是爸妈惩罚他的目的。

3．讽刺挖苦最忌讳

父母惩罚孩子应力戒讽刺挖苦，更不能自恃"孩子是我生的、是我养的"而随意用恶毒的语言指责谩骂孩子。实践证明，讽刺挖苦和恶语谩骂超越了孩子理智能够接受的范围，将会刺伤孩子的自尊心。因此，做父母的应该牢记自己惩罚孩子的目的是帮助孩子改正错误，决不是为了图一时嘴巴痛快而去刺激孩子最敏感的自尊心。

4．惩罚教育点到为止

惩罚孩子是为了让他认识错误、吸取教训，而不是为了逞口舌之快，更不是为了解手痒。因此体罚和讽刺挖苦都是不可取的，惩罚要做到点到即止，切不可超出孩子的承受范围。讽刺挖苦会伤害到孩子的自尊心，而体罚孩子则会让孩子身心都受到伤害，容易让孩子憎恨家长甚至有暴力倾向。

5．事后说理莫唠叨

孩子犯错后，有些家长教训起来喜欢没完没了，而且还时不时地喝问孩子"我的话你听见了没有？"孩子慑于家长的威严，只能别无选择地说"听见了"，其实他可能什么都没听进去或者根本就没听。孩子之所以说知道了，只是顺着家长的意思，为了早点结束训斥。于是，当孩子下次再犯同样的错误时，家长便感"痛心疾首"，说孩子不把父母的话当回事、不听话、不懂事。其实这并非孩子不听话，而是父母的唠叨太多了，让孩子分不清主次，不知道听哪一句为好。唠叨多了，也会让孩子习以为常，使教训失去效果。因此，家长在教育孩子时务必要改掉爱唠叨的毛病，凡事点到为止，然后观察孩子的反应再采取适当的应对措施。

奖励孩子的黄金原则

1．奖励要适当，物质奖励少奖为佳

适时、适当的奖励，就相当于给发动机加油，可以起到很好的推动作用，因此奖励切忌太滥。奖的频率太高，其刺激作用就会逐步下降，要想发挥其作用，就必须不断加码，以满足孩子迅速扩张的胃口。而更为严重的是会使孩子形成错误的认识和价值观，孩子如果是为了得到奖励而努力的话，就不能产生真正的有利于他成长的动力。因此，在满足孩子必需的学习用品和生活需要的前提下，要逐步减少奖励的次数，尤其是物质方面的奖励。

2．奖励不能太功利

大多数家长是以分数或者名次来设定奖项和决定是否奖励的，其实最好的方法是根据孩子的学习态度和做事态度来进行奖励。因为从长远来看，态度和努力的程度比一两次的分数更为重要。因此家长奖励孩子不能太功利，把分数和名次作为奖励的标准，容易让孩子形成"我是为爸妈学习"的错误观念。另

外，用分数和名次作为奖励的标准，也有可能出现孩子已经非常努力了，但因为一些偶然因素而没有达到设定的奖励目标，结果没有得到父母的奖励，这反而会打击孩子的学习积极性。

3. 只奖孩子适合他的东西

奖励孩子的东西必须适合他的年龄段，价值也不要太高，其价值和奖品要与孩子的年龄、取得的成绩等相适应。有些家庭条件较好，形成了奖励不断加码的习惯，常常给孩子价值过高和不适当的奖励，那样反而会害了孩子。比如有的孩子习惯在得到奖励后互相比较，导致孩子产生拜金思想和攀比心理；有的家长因为孩子某次考试得了满分，就给孩子买电脑、买游戏机，导致孩子玩物丧志、不思进取。因此家长在奖励孩子的时候一定要做到"适宜"。

4. 信守承诺，有奖必奖

如果和孩子有了约定——考到多少分或考到第几名可以得到什么奖赏，就一定要兑现。如果孩子达到了约定的要求，做家长的就一定要实现承诺，奖励孩子，否则可能会严重挫伤孩子的学习热情，更为严重的是给孩子树立了言而无信的"榜样"。如果孩子没有达到设立的目标，也不可迁就他，看他可怜先给了他奖励然后再告诉他要努力争取下次达到目标，这样容易让孩子形成讨价还价的习惯。与其怕影响孩子的情绪而改变初衷去迁就他，还不如没有这样的约定。因此跟孩子的奖励约定必须言必行，打不得一点儿折扣。

5. 精神鼓励为主，物质鼓励为辅

很多家长给孩子的奖励是以物质享受的吃、穿、玩、用为主，这样做的弊端是容易把孩子向享受主义引导，让孩子长大后耽于物质享受，而在精神文化层面得不到提高。其实最好的奖品有两类：一是学习用品，特别是书籍；二是精神鼓励，如赞扬的话语、欣赏的目光、认可的态度。这两类鼓励将更有利于树立孩子正确的价值观和优良的品德。送书籍给孩子能有助于开拓他的眼界，增多他的人文知识；赞许和欣赏则有助于树立孩子的自信心，有利于孩子的成长。

掌握奖惩的原则，那么教育起孩子来也就不会那么吃力、苦恼了。

缺爱滥宠，扭曲孩子的心理

有人说现在的每个家庭更像是生活在自己封闭的小空间里，缺乏与周围家庭的互动。在这个封闭的小空间里，爸爸、妈妈是孩子生活下去的情感和物质基础，不论失去了哪一方，孩子的世界都可能崩溃。为了弥补另一方爱的缺失，在单亲家庭长大的孩子，父亲或母亲往往都会给予他更多的关爱。但这反而容易使孩子心理不健康，性格出现缺失，并可能走向极端：

2006年5月，刚满14岁的小华因涉嫌持刀抢劫和故意伤害被汕头市警方带走。14岁，一个稚气未脱的年龄，一个本应该坐在教室里享受教育的年龄，然而小华却只能在少管所里度过。

2006年5月1日凌晨2时许，小华伙同上网时认识的程某和梁某，在汕头市一公园旁用匕首抵住王女士的后背，抢走了她身上的项链、手机、手表和200元现金。被抢后的王女士惊恐万分，立即找来男朋友，随后两人一同向公安机关报了案。从公园周围的监控录像中警方很快确定犯罪嫌疑人，5月20日，警方在离该公园不远的一网吧内将三人一并抓获。

在调查中，警方发现小华之所以发展到今天这一步，跟他成长的环境有着密切关系。其实小华的家境很好，父亲是一家民营企业的老板，也不少给他钱花，按理说这样的孩子不可能为了钱而去持刀抢劫的。原来在小华5岁时，他母亲认识了一个香港商人，没过多久便与父亲离了婚。而还应该依恋在母亲怀里的孩子一下子变成了单亲孩子，这在5岁大的孩子心里形成了阴影。后来小华的父亲便一心扑在事业上，希望能用物质来弥补孩子心中的空缺。在生活上小华不缺吃不缺穿，平时他的零用钱也比别的孩子多好几倍，他每次提出的要求父亲也基本会满足他。因为缺少母爱，所以父亲对他向来很宽容，从来不曾对他红过脸，万事也都是顺着他。尽管小华在父亲的宠爱下有些任性，但他懂事地很少在父亲面前追问母亲的事情。

可后来小华迷上了网游，学校也不爱去了，天天沉迷在网络世界里不能自拔。一次父亲出差回来，发现小华竟然为了打游戏一个星期都没有去学校。气愤难当的父亲当场给了小华一个耳光，并决定将他送到学校寄宿。小华是越想越生气，觉得父母都不想管自己，都嫌自己是累赘。当晚，小华便离家出走了。为了报复父亲的那巴掌，他更是疯狂地玩游戏，在网吧里他结识了比自己大两岁的程某和大三岁的梁某，三人在一起吃住、游戏了一个星期后，身上的钱也花得差不多了，可小华还是没想过回家。他觉得父母都对不起他，他不想回到那个不能称之为"家"的地方去，甚至他觉得整个社会对他都是不公平的，因为别人有的他却没有……这种对家对社会的仇恨在网游血腥的砍杀中变得越来越强烈，后来在程某的提议下，三人萌生了抢劫的念头，于是便发生了王女士在公园被抢的那一幕。

如果有一个完整的家庭，能获得完整的爱，或是在缺少母爱后，小华的父亲能以平常心引导孩子，小华的悲剧应该就不会发生。

专家指出，孩子越小越需要安全感、需要爱，尤其是单亲家庭的孩子，爱的缺失比较严重。但是小孩子不会像大人一样理性地来看待这个问题，孩子是感性的。比如他看到别的同学都是爸爸妈妈来接，而自己只有爸爸或妈妈；有的同学会拿着爸爸妈妈买的礼物向大家炫耀，"这是我爸爸（妈妈）出差给我买的"。这些事情就算老师再回避，再注意，但孩子的眼睛是亮的，他会比较，因为小孩子都是爱模仿的，他会觉得自己少了爸爸（妈妈），跟别人不一样。这些都会带给孩子内心一种震荡，而且这种震荡不是短期的，是时时发生的。这是孩子爱的缺失，缺失多了孩子就没有安全感，他会觉得自己是孤独的，是不被人喜欢的，是被人忘记的。父母离婚往往会对孩子的情绪产生干扰，如果没有一个持续的调整的话，他的性格会出现问题，然后在心理的发展、人格的发展上都会受影响。

小华在失去母亲后，心理本就比别的孩子更脆弱，父亲的疼爱可能暂时让他找到了一点平衡，但在成长过程中的比较仍会让他认识到这种不完整，这种爱的缺失、家庭的遗憾。因此他时常会有孤独感，有被遗弃的感觉。而父亲的百般呵护更让他心理脆弱，不敢正视这个问题。因此在父亲的那一巴掌下，他彻底崩溃了，多年郁积在心中的那些挫败感、失落感一下爆发出来，让他选择了以自暴自弃的方式来报复父亲。

这样一个悲剧的发生，到底是缺爱还是溺爱造成的呢？单亲家庭中的家长其实都明白自己要将孩子抚养成人肯定会比别人付出得更多，他们也愿意为孩子全身心地付出，但他们很多时候并不知道孩子内心真正需要的是什么，尤其是对学龄阶段的孩子而言。更多的家长可能最关注的是孩子的学习，希望孩子将来能成才，而忽略了孩子的心理健康。

对心理教育的忽略，容易使单亲家庭的孩子觉得自己是孤独的，是不受欢迎的。其实孩子在年幼时都不可能形成完整的自我认知，他们常常是以大人的认知来确定自己的认知的，这是低龄孩子的一个特点。对于别人的关心、疼爱，如果没有大人给予正确的引导，他们会认为这一切都是理所应当的，继而发展成大人眼中的"任性""霸道"；而一旦失去这种理所应当的关爱，他们也就容易产生别人愧对他们的想法。另外，这个阶段的孩子可塑性很强，但他们的自我评价却是很低的，所以，周围人对他们的好他们也并不一定能认识到，这就需要大人合理地引导。"你看同学们多关心你呀，你也应该学会去关心他们啊""你看叔叔多疼你，这可是他特地给你带回来的礼物""同桌借给你橡皮，其实她也需要用的，她当你是她的好朋友才会借你的，你是不是也应该这么把她当朋友呢"……类似这样的话都能让孩子感受到周围的温暖，认识到别人对他的关心，认识关爱应该是互相的，这样才更容易让受伤的孩子从自我封闭的空间里走出来，融入集体中去，开始崭新的生活。

放纵孩子的占有欲，致使他们不懂分享的快乐

占有更多的疼爱、控制身边所有的东西，这是致使幼龄儿童间发生争斗的主要原因之一。教育专家研究发现，两岁左右的孩子在玩的时候最容易和他人发生争抢玩具、争抢食物的事，而在一岁前和三岁后这种现象会少很多。这是因为一岁以前的小孩以个体活动为主，尚分不清自己和客体的区别，和其他小孩交往时，有互相争抢玩具的现象，也有小孩主动扔掉自己的玩具或给他人的现象，这和幼儿自我意识发展不足有关；而三岁后的小孩，已经能清楚地区别主体和客体的关系了，他们头脑中已基本明确了"我的""你的""他的"的概念，并能意识到"我的"是"我的"、"你的"是"你的"这个现实。这一时期，小孩一般都懂得玩别人的玩具需要借，自己的玩具也可以借给其他小朋友玩，因为他们已知道"我的"和"你的"是不同的概念。可两岁左右的孩子，他们对主体和客体的意识虽然开始有了，但这些概念还很模糊，因此，他们更喜欢和别人"争斗"。这种现象随着年纪的增长、心智的成熟将渐渐改善，此时家长大可不必把孩子划分到"自私"的行列里去。可要是孩子三岁之后仍然经常出现与他人争吃、争穿、争抢玩具等现象，那家长就不能袖手旁观、纵容他的占有欲了。

下面的故事，讲述的是一位移居美国的年轻妈妈的困惑：

今天，本是个很快乐的日子，一早我就接到邻居朋友的电话，让我带着聪聪到她家去玩。在她家里，有个比聪聪大半岁的女孩，想想两个孩子能在一起玩我也很开心，聪聪更是兴奋得一遍遍催促我快去。

　　来到朋友家里两个小朋友就开始玩起来了，可不一会儿问题就出来了。只听到那个小朋友不停地在喊："NO，这是我的东西，你不要玩，你不许碰它。你要想玩，也要等我玩够才可以。"一开始我也没有太在意这种事情，因为我觉得孩子之间是需要一个慢慢熟悉的过程的。然而接下来的事情，使我感到自己这次是不是来错了。

　　事情起因是放在这个小朋友家阳台上的一辆三轮车，由于小聪聪到了之后什么也不能玩，只能看着姐姐玩。于是，她就一个人来到了阳台上，当她好不容易看到那辆没有人玩的三轮车时就兴奋地叫起来："姐姐，我想玩三轮车！我可以骑三轮车吗？"不一会儿，那个小女孩跟了过来大声说道："你现在不可以玩三轮车，因为三轮车放在外面很冰的，我要把它拿到屋子里来用热水袋焐热，等热了你再骑吧。"于是，她就把三轮车拿到了屋里，并且很快坐在了上面骑了起来。小聪聪天真地说："姐姐，你不是说很冰的吗？快下来吧，等会儿热了再骑吧，要生病的。"这时，我看了看孩子的妈妈，只见她在笑，仿佛觉得孩子说的很有道理。

　　接下来的事情就更离谱了：聪聪想小便了，于是来到卫生间，当她刚刚想方便的时候，那个小朋友又冲了进来，对着聪聪和我说道："这个小马桶是我的，你不可以用，你只能用大马桶。"然后对着我说，"你可以抱她到大马桶上的。"我当时就被这个三岁半孩子的"个性"惊得目瞪口呆。其实，在这种情况下，我只需要找个借口带聪聪离开就可以了，可是我碍于情面想可能再过一会儿，孩子们就会好的，因为毕竟大家在国外都很不容易的。就是由于我心太软，最不想看到的事情终于发生了。聪聪去拿小朋友的洋泡泡，小朋友大声说："洋泡泡会爆炸的，你不要玩。"可她却把洋泡泡狠狠地扔在了小聪聪的脸上。这时，聪聪大哭了起来，一下子扑到了我的怀里："妈妈，我要回家，我

不想在这里玩了。"这时，女孩的妈妈才过来跟我道歉，让我不要介意。

回家的路上，聪聪一直都在问我："为什么呀，为什么姐姐不让我玩啊？"我真不知道自己该说些什么，当时的我脑子嗡嗡作响，我不知道该怎样解释孩子才可以放松。回到家不一会儿，聪聪就在我怀里睡着了。望着她那挂着泪滴的小脸，我真的很心疼。聪聪是我自己带大的，很多时候她都是由我陪着到外面一起去参加跳舞班、唱歌班、亲子活动等，所以在她的观念里东西从来都是该拿最好最满意的与其他小朋友分享的；今天遇到这种事可能让她很疑惑，以她的认知，她是不可能去理解今天所发生的事情的。

我现在也很疑惑自己这样的教育方式对孩子好不好了，要是明天孩子继续问起这个问题，我该怎么回答她呢？我实在不想让孩子过早接受这么多负面的影响，简单、善良、快乐地长大是我对她的期望，可这样还是让她受伤了，我也顿时感觉自己是那么没用。

这个年轻妈妈的困惑肯定也困扰过不少家长，因为每位家长的教育方式都不可能一样。年轻妈妈以"与人分享"来教育孩子，而故事里另一个女孩儿的妈妈却习惯了"纵容孩子"，这两种教育态度培养出来的孩子显然认知、性格都是不可能相同的。性格的形成和完善，主要取决于后天各自所处的生活环境。性格可以通过新的、自觉的自我调适，以及积极的实践来加以改变。世界上完全没有性格弱点的人几乎是不存在的，还没有成长起来的孩子在性格上的弱点就更多了。纵容孩子性格弱点的父母显然不是好家长，在孩子的自我认知能力很差的时候，家长的指导是十分重要的。

故事中那个三岁半的小女孩有着极强的占有欲，她对细节的重视，甚至会用"欺骗"的手段来达到独占目的的行为，几乎可以用"自私"来形容了，而她自己可能并没有认识到这一点，她只知道什么是"我的"，"我的"就是"我的"，不想与人分享。这就需要家长帮助她了解自己个性中的缺陷，并给她树立好的学习榜样，而不是固执地认为孩子还小，等她长大了肯定能改，便一味放纵她的占有心理。作为家长，一方面要帮助孩子认识自己行为的不恰当，一方面再合理引导孩子向好的个性方向发展，这样才更能帮助孩子培养出好的个性。

　　当然，作为家长不想让孩子成为"小霸王"，我们首先应该要多引导孩子"合群"，培养他们习惯和别人平等相处，决不迁就孩子多占或什么都想占为己有的欲望，使他们逐渐明白好的东西是大家的，不属于"我"一个人。其次，还应该多让孩子与比他稍大的小孩一起玩，因为大点的小孩更懂得维护自己的权利，使自己的利益不受侵犯，这样也更利于抑制小孩的占有欲。第三，家长也应该给小孩以适当的满足，不能无原则地拒绝他的一切要求。不分具体情况，就要求小孩"礼让"，容易引起某些小孩更强烈的占有欲望，从而变得更加自私。

"最好的"给予，却培养不出最好的孩子

有句古话"皇帝爱长子，百姓爱幺儿"，其实无论是在什么样的家庭中，最容易受宠的孩子仍然是第一个孩子，而现代家庭中大多是独生子女，所以对孩子的宠爱则更甚。然而对于那些无法生育的夫妻而言，抱养的孩子则更是他们期盼已久的心灵慰藉，因此这样的孩子也更容易受宠。因为怕失去，这份宠爱也会更有分量，因此这样的孩子更容易被宠坏。表现对孩子的爱于家长而言，给予他们最好的，无疑是最直接也是最能表达爱意的方式，然而"最好的"给予就一定能培养出最好的孩子吗？我们先来看看下面这个故事：

贝贝如今5岁零3个月，如果是在一般家庭长大的孩子，此时的他应该也能小懂事理了，可他是苏衍夫妇抱养回来的。因此在夫妻俩的"呵护"下，小贝贝渐渐变成了一个"无法无天"的淘气孩子。

结婚13年，苏衍夫妻俩不是没想过要孩子，婚后第三年妻子好不容易怀上了孩子，但没到三个月就意外流产了，当医生告诉他妻子以后再也不可能怀孕时，他并不相信。在之后长达10年的时间里他们走访过各地的名医，甚至连民间偏方也用上了，但妻子仍然没能怀上一男半女。后来在计生部门的帮助下，他们收养了被人遗弃在收容站的男婴。为了感谢上天赐予他们做父母的权利，他们给孩子取名为"贝贝"，自然俩人对这个天赐宝贝也是宠爱有加，尤其是

在物质上，苏衍夫妇更是什么都给孩子最好的。每次带孩子上超市，妻子看到贝贝挑选的东西，总习惯教育他说："这个不好，我们买最好的。"上幼儿园之前，对幼儿园也是挑挑拣拣，然后说了一句："我们贝贝，就该上最好的幼儿园。"因此在贝贝心里也逐渐有了自己就应该拥有最好的的观念，在家人的引导下，他也能区分什么是"最好"，并也懂得向家人要求"最好的"。

在他5岁生日时，同学们来家里为他过生日，并且每人都带来了礼物，其中有位小朋友带了自己平时最喜欢吃的巧克力来，可贝贝看到后非但没有开心，反而说："这个不是最好的，我不要。"听到5岁的孩子说出这样的话，双方的父母都非常尴尬。生日会后，父母质问孩子怎么这么说同学的礼物，没想到贝贝却说："妈妈，爸爸，不是你们说我应该要最好的东西的吗？"这句话让夫妻俩半天没有回过神来。

苏衍夫妻俩总是把"最好的"挂在嘴边，也总是言出必行，把"最好的"都留给了孩子，然而这样的宠爱却让孩子形成了嫌贫爱富的价值观，这难道就是为了孩子好吗？这难道就是家长给予孩子"最好的"所想要的结果吗？

其实大部分家长都知道不该溺爱孩子，然而在教育孩子的时候，又有多少家长能真正做到严于教子呢？父母无不害怕孩子受苦，中国家长有句常挂在嘴边的话，"苦了什么都不能苦了孩子"。因此家长常常把"给孩子最好的""迁就孩子的任性"当成是对孩子好，以为只有这样才能让孩子感到幸福。然而这些家长却不知道，这样一味地迁就孩子、满足孩子、给予孩子最好的非但不能让他们感受到幸福，反而容易让他们感受到痛苦。看到这里相信很多家长都会跳起来："什么都顺着他们，让他们自由自在，他们怎么可能会痛苦？他们肯定是幸福快乐的啊。"儿童教育专家、北京师范大学教科所研究员赵忠心却不这么认为。他指出：家长往往以为，孩子的任何要求都是"天然的合理"。有的家长认为，只有这样满足孩子才是真正爱孩子，也只有这样才能让孩子获得"幸福"，否则，就会给孩子带来痛苦。然而家长却没有意识到正是他们的"好心"，给孩子制造了许多痛苦。

有条件的父母总希望能给孩子最好的，可家长能确保一生都给予孩子最好的吗？不能。周围的人也不是为满足孩子的种种需要和要求而存在的，周围的人更做不到什么都听孩子的"支配"和"调遣"，这种差别就使得孩子难以事事顺心如意。因此这些在家里习惯了被给予最好的的孩子，在日常生活中就常常会碰钉子、受打击、受挫折。离开家庭的呵护后，这些被宠溺的孩子会常常觉得周围的人都跟自己过不去，凡事都是针对自己，因此他们时常感到非常痛苦，这些对他们的身心都会产生不良的影响。而他们又不能主动地、自觉地对自己的心理状态进行调整，总是与周围的人和事处于一种对峙状态，时间长了，就很可能造成心理疾病，如忧郁、偏执、狂躁等。

一项对全国22个省市的调查显示，我国儿童、青少年行为问题的检出率为12.97%，其中在人际关系、情绪稳定和学习适应方面的问题尤为突出。而导致孩子心理不健康的重要因素之一，就是家长对他们的放任自流和过分呵护。实际上，家长怕孩子受苦，总是给予他们最好的，这样并不能让孩子感受到幸福，也不利于孩子的成长。家长要是真正爱孩子的话，就应该讲究科学的教育方法，从小严格要求、严格训练孩子，不能让他们养成任性的毛病，免得让孩子任性一时，而痛苦终生。这才是为了孩子好，才算是对孩子的最好给予。

第四章

爸爸、妈妈，你们够好吗

你是否在孩子的成长过程中缺位

看看自己是不是好榜样

孩子的隐私你别那么八卦

"粗暴"的言语是割伤孩子的"利刃"

你们的家庭是否够和谐

孩子的无能和你有关

是谁导演了孩子的"自甘堕落"

"孟母三迁"的典故你不可能没有听过。优秀的孩子必然有优秀的父母，那淘气孩子的父母又会是什么样的？责骂孩子淘气、不懂事时，家长是否想过自己是不是优秀的父母？

你是否在孩子的成长过程中缺位

　　时间对所有人来说都是公平的，错过了就不可能回去，而孩子成长的那段时间做父母的要是错过了，留下的就不仅仅是遗憾，还有可能是许多无法弥补的缺失。

　　如今的年轻人尽管都在为事业生活努力打拼着，他们很忙，很忙，但是被问到带孩子的问题时，大部分人都选择愿意自己带，因为他们不想给人生留下太多遗憾，也不想在孩子成长过程中"缺位"。其中不乏有过"空巢"经历的人，他们深刻地体会过在那段成长过程中没有父母陪伴的滋味。

　　改革开放以来，中国经济得以飞速发展，我们不得不感谢那些为中国经济默默奋斗着的中坚人群。然而这种奉献背后，却"造就"了一批批"留守人员"，他们中有上了年纪的老人，更有不懂事的孩子。在我国，尤其是劳动力输出非常普遍的山区、农村里，为了生计的年轻一代不得不肩负起外出务工养家糊口的责任，因此在这些地方随处可见的是空巢老人与留守儿童相依为命的隔代家庭。在不健康的家庭模式里，空巢老人孤独的晚景，留守儿童荒芜的童年，只有那些同样也被留守过的人才能体会。在这样氛围中长大的孩子内心世界将会如何？有的也许能变得更加坚强，可有的却在一次次等待的折磨中心灵变得扭曲。2010年6月一则父母寻女的消息在网上传开，这是一则让人听了多少有点心酸和无奈的故事：

在过去1年半左右的时间里，13岁的女孩小婷已离家出走10次，似乎对此上了瘾，走一次找一次，父母对此也是苦无良策。就在2010年5月24日这一天，小婷选择了第11次离家出走，一个月快过去了仍杳无音讯。无奈的母亲不得不找到媒体和警方寻求帮助。

"再找不到她，我们这个家就完了！"林女士含着热泪，急切地说着。女儿小婷，自2009年从老家来厦门以后，算上这次，离家出走了11次。5月24日早上，林女士将小婷送进学校，可一个多小时后，小婷的班主任却打来电话，说小婷把书包放在位子上后，人就不见了。从那以后，就谁也没有见到过她。

林女士与老公都是陕西咸阳人，1999年家里因盖房子欠了人家的钱，两人就双双离家来厦打工。当时女儿小婷两岁，林女士虽然千般舍不得，但迫于生计，只得先将小婷寄养在奶奶家。十年间，林女士每年最多回家待一两个月，与小婷交流甚少。林女士说，小婷在家十分霸道，甚至还动手打奶奶，因此2009年1月，夫妻俩将小婷从老家接到厦门，安排了她到学校读书。

据林女士回忆，小婷第一次离家出走是来厦不久。有天，小婷跑到楼顶大便，被房东看到向林女士告状，林女士听了又羞又气，就把小婷教训了一顿，并告诫她如果下次再犯，就让她"吃掉"。可没过几天，小婷又犯了。"她还振振有词，说我当时没打她，所以她觉得再拉一次没事。"林女士非常生气，狠狠地说了她一顿，没想到小婷竟趁她洗衣服时跑了。这一跑就是好几天，林女士和老公请了假疯了一样地拿着小婷的照片到处找，最终在租住地附近的一个废品收购站门口找到了她。"她出门没带钱，饿了就捡矿泉水瓶卖钱换馒头，是废品站的老板认出了照片中的小婷。"林女士说。

从那以后，小婷似乎就对出走"上了瘾"，周末早上不愿写作业、不小心弄丢了"好记星"等一些鸡毛蒜皮的事，她都要离家出走。而且每次离家出走，小婷都会故意躲着熟悉的人不让他们找到，有几次林女士是在一家小工厂找到小婷的，她竟然已开始打工了。

就在小婷第11次离家出走前不久，因为担心女儿离家成瘾，林女士还专门带小婷去看了精神科医生，尽管医生说她没什么问题，但林女士仍然十分担心。"你不知道，她已经把我和她爸都为难得不知道该怎么教育了。"林女士说，"现在她犯错我们看见了也不敢多说，唯恐她一生气又要离家出走。"但5月24日早上，小婷又跑了。"除了作业没完成，我们想来想去没其他理由了。"林女士无奈地说，这次小婷回家拿了几个水果，仍然是身无分文地出走。掐指算来，小婷已出走近一个月，夫妻俩都很担心小婷有什么不测。林女士说，老公有严重的肺病，女儿出走后老公日夜揪心，眼看就要复发。而医生曾千叮万嘱，不能再受刺激，否则将无力回天。为此她也祈求各界好心人见到小婷后能尽快和她联系。

面对声泪俱下的母亲，估计不少人会谴责孩子的任性。我们在感叹"可怜天下父母心"的时候，是否也该想想是什么原因促使一个13岁的孩子选择屡屡出走的呢？真的仅仅是那些不足为道的小事吗？我想不是吧。看到这则消息后，厦门心灵空间心理师林一芳就表示："小婷是典型的'被剥离'心理，是一种心理上的严重创伤。"因为在小婷10年的成长时间里，父母确实是"缺席"了，所以现在小婷的心里一定有种曾被父母抛弃的感觉。"所以她现在的潜意识里，可能是'你们当时为什么不要我，我现在也不要你们了'。"林一芳说，小婷自己可能没意识到，但体现出来就是频繁地离家出走，以这种极端的方式来惩罚报复父母。这样扭曲的心理已不是父母能解决的问题了，而需要专门的心理机构给予帮助。

近年来，留守儿童成长教育的问题越来越被人们关注，但这些问题却没有得到根本性的解决，因此每年的寒暑假都会上演一幕幕留守儿童千里寻亲的感人故事：

2010年7月，又是一年暑假，留守儿童小虞兄妹俩满怀团聚喜悦独自南下广东寻亲，不料，初次出门的兄妹俩却因为紧张而坐过了站。焦急不安的虞父转而向韶关铁警求助，最终在韶关铁警及列车乘警的合力帮助下，小虞兄妹才得以与父母顺利团聚。

这对兄妹无疑是幸运的、幸福的，毕竟他们还有关爱自己的父母，毕竟在各方的帮助下，他们最终还是回到了父母的身边。相对而言，2009年这位同样是千里寻亲的留守儿童小辉就没那么幸运了：

2009年2月，7岁的小辉在叔叔的陪同下从吉林远赴大连寻找父母。其实在这个幼小的孩子心中，父母并不是他最亲的人，他们更像是一个符号。小辉两岁那年，父母离了婚，于是在城里打工的父亲就把年幼的孩子送回老家，跟着年迈的爷爷和残疾的大伯一起生活。可2009年刚刚来到，不幸再次降临到这个本不算完整的家庭中。小辉72岁的爷爷因为癌症晚期，并"一直未做任何治疗"，没能熬到春节来临，就在那个寂静的深夜里，倒在了自家破旧的土坑上。之后不久，残疾的大伯也因生活无法自理，在民政部门的帮助下，被送到了敬老院。新的一年刚开始，原本残缺的家中就只剩下7岁的小辉和刚刚刑满释放且视力有点障碍的叔叔了。连自己都无法养活的叔叔只能遵照父亲的遗命带着小辉南下去寻找他的亲生父亲。但他们的寻亲之路并不顺利。小辉的父亲在小辉的爷爷过世后不久就"消失"了，工地上的回答永远是"已经不在这儿干了"；手机里传来的声音也永远是"对不起，您拨打的电话已停机"。

叔侄俩来到大连经济开发区找了20多天，仍然没有小辉父亲的消息。看着寻亲未果、却在寒风中依然保持着纯真笑脸的小辉，叔叔不得不说："这孩子好像一点都不难过，可能是对父母没什么感情吧。"尽管叔叔一再跟小辉强调父母是他"最亲的人"，然而小辉并不那么认为，在他的心中，最亲的人是爷爷和大伯，他最怀念的是和大伯一起上山拾柴，和爷爷一起烧火做饭。对于父母，小辉没有多少感情，甚至坦言："即使找到了，我也不想和他们一起过。"

要是小辉的父母听到孩子这样的"坦承",不知该作何感想？7岁的孩子，正当依偎在父母身边寻求关爱，然而小辉却不得不在举目无亲的情况下背井离乡千里寻亲。对于不负责任的父母而言，孩子可能是妨碍他们"发展"的包袱，抛掉包袱对他们来说未来是自由的；而对孩子来说，这样的经历会给他们造成多大的伤害呢？是对亲情的冷漠，还是对社会的仇视？我们都不好说。父母在孩子成长过程中应该扮演重要的角色，是不允许"缺席"的，这是在为人父母前就应该明白的道理，否则你就可能成为不负责任的父亲或母亲。

当然，有许多留守儿童的父母选择将孩子放在家中由老人看管、自己外出务工也属无奈，毕竟生活的重担让他们不得不作此打算。但对孩子的关爱和教育却是不能忽视的问题，物质的满足并不能让孩子感到温暖，物质的给予也并不能让孩子通晓事理。其实可以说，如今的家庭，不仅在那些劳动力输出较大的山区和农村存在留守儿童，在劳动力大量输入的城市也有许多留守儿童，因为他们虽然和父母同生活在一个屋檐下，却也因为父母忙碌的"事业"而无暇被"顾及"，他们是一种新的"留守形态"。这种形态下被"留守"的孩子们更容易被父母冠上"淘气"的帽子，因为，他们如此接近父母，却又无法得到父母的关注和疼爱，这样的"在一起"和"缺席"又有多大的差别呢？为此，这些孩子甚至不惜"铤而走险"，以各种"犯错"来引起父母的关注，可父母却没有明白。这种焦虑、渴望也就渐渐地将他们变成了大人眼中淘气、任性的"坏孩子"。

看看自己是不是好榜样 ▌▌▌▌

众所周知，历史上真正成为天才的人并不多，大多数人是在平庸与无奈中度过了一生。许多人在其成长之初也有过"过人才华"，更曾被父母与亲人寄予过很高的期望，但他们并未成长为"天才"，原因何在？许多教育专家都指出：社会环境对一个人的成长有着至关重要的作用。对于一个刚刚出生的孩子来说，他的社会环境就是他的家庭、他的父母、他身边的亲人，这些人的影响将决定孩子的未来。家庭教育对孩子的成功有着决定性的意义。

从培养人才的角度讲，家庭教育是人才培养的奠基工程，只要家长善于为孩子提供适宜的条件，教育得法，几乎每个孩子都能得到良好的发展，显示出智慧和才能的光彩。国内外大量实验表明：大凡才智出众的人，其成长过程中，一般都受过良好的家庭教育。家庭教育与学校教育是相辅相成、互相配合的。但是在不同年龄段里，它们的各自作用是不同的。早期的家庭教育在孩子的成长过程中显得尤为重要，因为此时孩子正处在智力发展最迅速的时期，通过家庭教育，培养和发展孩子智力，对他的成功有着决定性的意义。美国心理学家本杰明·布鲁姆的研究认为：若人在17岁所达到的智力水平为100%，那么他在4岁时已具备了其中的50%，4~8岁又获得了30%，而8~17岁这一阶段只增加了20%。由此可见，家庭教育对儿童早期智力开发的重要性。因此，不夸张地说，家庭教育既是学校教育的必要前提与基础，

也是培养孩子成才的关键所在。而在关键的家庭教育中充当最主要教育者的人就是父母，因此父母的言行、教育方式，将对孩子的一生产生重大影响。作为孩子的"启蒙老师"，家长要对孩子的未来负责，要为孩子树立优良榜样。

上海《新民晚报》上曾刊登过这样一则有趣的育儿讲座记录：

在一次家长会上，幼儿园邀请了某育儿专家给大家做讲座。讲座刚开始，专家设计的一个小游戏就让在座的家长们认识到了自己在教子中的重要作用。

游戏是这样的，育儿专家先让大家举起右手，然后听他的口令做动作。专家也举起右手示范："请大家都把右手放到下巴上去。"说着，他把自己的右手放在了额头上。结果大部分家长都跟着他把右手放在了额头上，也有少数人先把手放到下巴上，看到育儿专家把手放在额头上，然后也把手放在了额头了。动作结束后，只听育儿专家大声说："我明明喊的是把右手放在下巴上，为什么你们都放在额头上？"大家回答说是看他放了才放的。这时育儿专家说了句话："这个游戏说明了一个简单的道理：身教重于言教，对小孩的教育尤其是这样。"大家这才都恍然大悟。

这个游戏很简单，却让在场的家长受益匪浅。实事上的确如此，对小孩的教育，说得再多，往往不如家长现身示范。比如明明教育孩子要遵守交通规则，自己在带着孩子时却闯红灯；明明教育孩子一定不要撒谎，自己却在不想接电话时，让孩子帮忙告诉对方自己不在家等等。自己不能以身作则，以实际行动影响孩子，为孩子树立一个好的学习榜样，又怎么能教育好孩子？家庭是美德的第一课堂。要在孩子心中建立道德的丰碑，就必须从家庭做起。有这样一个故事，可以反映家庭对孩子的影响有多大：

一位父亲因下岗而意志消沉，每天借酒消愁，虽然这样，但他对孩子的教育却十分严格，他希望孩子能努力学习，将来有所成就以弥补他人生的缺憾。但事与愿违，不管他怎么说服、教育孩子，孩子还是逃课、说谎，一副破罐子破摔的样子。这使他很苦恼。

　　日子就在他苦恼的心情中走过了一年。冬季的一天，外面下着大雪，但他还是执意去喝酒，当他喝得酩酊大醉时，突然看到孩子拿着一把伞来到他身边，他既感动又好奇，忙问孩子怎么知道来酒吧的路，孩子说："我是顺着你的脚步找来的。"孩子一句简单的话让他的心深深地震撼了：孩子既然能沿着他的脚步走来，会不会沿着他的思想性格、生活态度成长呢？他暗暗下定决心，为了教育孩子，自己决不能再消沉下去。第二天，他衣着整齐、精神抖擞地去应聘了。接下来，意想不到的事情发生了，他虽然没有对孩子教育什么，但过去那个不思进取的孩子也开始努力学习了。

　　故事结束了，但故事带给我们的启示却有很多。如何教育好孩子呢？有的家长选择了苦口婆心的说服，有的家长选择了不择手段的打骂。但事实上这些效果都不会很好。什么样的教育方式才能达到最佳效果呢？有这样一个教育的公式也许对家长朋友有所帮助，那就是：家长的行为对孩子的教育占55％，思想性格对孩子的教育占38％，而说服教育只占7％。这则故事也说明了家庭教育"言传不如身教"这个简单的道理。家长们为了教育孩子想了很多办法，其实最好的方法就是家长提高自身修养，用自身良好的行为去教育孩子。很难想象一个嗜酒如命的父亲能教育出滴酒不沾的孩子，一个意志消沉的母亲能教育出积极上进的孩子。

　　孩子的淘气、任性不是没有缘由的。爱模仿是每个孩子的共性，他不仅会模仿周围人的动作，同样也会模范周围人的言行方式、思维特点，甚至连家长都未发现的"小毛病"也可能逃不过孩子的法眼。家长们总是很疑惑：为何孩子学坏总比学好快？这个问题为难过不少教育专家，甚至有人开玩笑说："也许等到宇宙奥秘被揭开那一天，人的意识仍然是个无法解释的谜团。"其实，如果家长能以身作则将好的品行贯穿于生活始终，难道孩子还不能学好吗？教育好孩子是每一位家长的心愿，为了孩子的健康成长，我们最应该做的就是做好自己，为孩子树立最好的榜样。

孩子的隐私你别那么八卦

没有一位当家长的会认为自己是容易的。从孩子在妈妈肚子里起，父母就开始为孩子的将来谋划；孩子出生之后，事无巨细，家长都要体察入微、正确处理。可以说父母是天底下最具挑战性的工作之一。在教育孩子的过程中，无数的父母在不断地思索着这样一些问题：到底我要培养一个什么样的孩子？我怎样才能将孩子培养好？我要怎样才能跟孩子走得更近，更了解他的想法……

父母想要了解孩子、亲近孩子的心情是所有人都能理解的，然而过多地刺探孩子的隐私却容易引起孩子的反感，这反而容易影响到亲子间的关系。

娟娟对着最好的朋友哭诉了一整天，并一连几天都不理妈妈了，起因是妈妈背着她偷看了她的东西。

今年13岁的娟娟，从上学第一天起最得意的就是自己有个小书桌，书桌上有个抽屉，一把小锁就可以把自己的小秘密锁在里面。可就在上周的一天，刚放学回家，娟娟便发现自己书桌抽屉上的小锁不知道怎么被砸开了，打开一看，里面的东西和日记好像都被翻过。娟娟赶紧跑到厨房，问正在做饭的妈妈："妈妈，抽屉上的锁头谁给砸开了？"妈妈听后，却轻松地说："哦，是我砸开的，我想看看你的抽屉里到底有什么东西。"娟娟听完后，当时急得说不出话来，便哭着离家而去，过了好几天依然没有想要理会妈妈的打算。看到女

儿如此，娟娟妈妈十分感慨：为何女儿就是不能明白她的良苦用心呢？

在娟娟妈妈看来，孩子还小，自己有义不容辞的监护权和教导义务，翻看女儿的东西，能从中准确、及时地了解孩子的思想动态，从而有针对地对孩子进行教育，能有效地把问题消灭在萌芽之中，这样做是为了孩子好；而在娟娟看来，妈妈的行为却是对她的严重不信任、不尊重，没考虑过她也应该有隐私。

孩子有隐私？可能不少家长都持否定的态度。对部分家长而言，孩子更像是他们的私有财产，孩子的一举一动都应该在家长的监护范围之内，怎么能允许他对自己藏着掖着呢？在2007年修订后的《未成年人保护法》正式生效前，有人曾对学校的学生和家长作过这样一个关于"未成年人隐私问题"的调查。调查显示：被调查的学生中，100%都知道什么是"隐私"；80%的知道隐私是属于个人的事；有75%的学生讨厌家长强迫他们说出不想说的事。而接受调查的家长中，竟有60%的人不认为学生有隐私权；甚至有10%的家长反对学生有隐私权；只有30%的家长认为学生可以有一定的隐私权，认为这有利于保护他们的自尊，培养他们独立自主的人格。家长的态度，不免让不少孩子心寒，难道自己就真的不能有点小秘密吗？难道真必须在父母面前做个"透明人"吗？

家长总是感叹世界上最难懂的就是孩子的心，时代变了，环境变了，孩子的心也变了，变得越来越让人难以揣摩。

一次留堂作业中，老师给同学们布置了一个命题作文"我的生日愿望"。作业收上来后，有的希望爸爸妈妈能送给他心仪已久的玩具，有的希望能少上点补习班，有的希望能跟父母一起外出旅游，但有几个孩子作文中的"奇思妙想"却让老师大跌眼镜，她怎么也没想到这些平时活泼好动的孩子心中竟然有这样的烦恼。

一个小女孩这样写道："我的生日愿望是能拥有一种魔法，可以让我的日记本隐身，只有我自己能看到，我最讨厌妈妈来翻我的日记……"

另一个孩子这么写道："我的生日愿望是，有一天我能在妈妈身上安装一个GPS定位系统，我能监控的那种，这样我就可以知道我不在家的时候，她有没有进入我的房间了……"

再有一个孩子写道："我的生日愿望是能得到一种神奇的药水，可以让人忘掉一些记忆，我要把它给妈妈吃，希望她能忘掉我日记上的那些话。她每天都跟我唠叨这件事让我很烦恼，又不是我要让她看的……"

孩子们无不希望家长能读懂自己的心思，为此他们也十分苦恼。有的家长难免疑惑，当初自己哪来这么好的生活条件、教育条件，这些孩子真是不知足。确实，从物质世界来看，今天大部分孩子的生活是富足的；但从精神世界来看，他们的心灵却处在一种"饥渴"的状态，他们需要被理解、信任、肯定。他们缺的不是物质，也不是教育，而是人文关怀和心灵上的沟通。一位初中女孩的妈妈如是跟朋友哭诉：

"女儿上了初中后，不怎么愿意跟我交流了，她总是把自己的东西锁得严严实实的，钥匙藏在自己的兜里。一天晚上，我忽然发现，女儿把钥匙放在桌子上，我喜出望外，拿了钥匙准备去开女儿的柜子。她爸在旁边说：'别这么干，让你闺女知道了，跟你没完。'我想，算了，别招惹她了，就把钥匙放回了原处。没想到第二天一早，女儿醒后便大叫起来：'你们偷看我的东西！'我冷静地说：'没看！'女儿不信，自己打开柜子确定里面的东西纹丝未动，才说：'对不起，冤枉你们了，你们是没有看我的东西。告诉你们吧，我所有的东西上都有暗号！'女儿把我们当成特务了。"

原本跟自己无话不谈的孩子，进入青春期后，却突然开始有瞒着自己的"秘密"了，这让许多家长刚一开始都难以释怀，可这一天却不会因为家长的介怀而不到来。孩子总是要长大的，在成长的过程中孩子会形成自己独特的思

维方式，不管是在学习、情感、交际上，还是在身心变化上，他们都会有一些不愿与父母分享的秘密。有人称青春期是"心理的断乳期"，这时的孩子，往往强烈地希望别人能把他们当作成人看待，也希望别人能给他们自由的成长空间。父母要是不信任他们，并不问来由地干涉他们，就容易引起他们的反感情绪，并激化他们的叛逆心理。因此，我们强烈建议"专制"的家长，不要以自己的喜好、猜测来粗暴地干涉孩子的行为，要给予孩子充分的尊重，并要好好维护孩子的隐私权，给孩子自由的成长空间。

"粗暴"的言语是割伤孩子的"利刃"

家庭教育在未成年人成长的过程中有着极其重要的作用，有人曾统计过，大凡有所作为的人都接受过很好的家庭教育。家庭教育的方式也将影响孩子的性格、认知，文明的教育方式才能培养出文明的孩子，粗暴的教育方式势必影响孩子的身心健康。

13岁的湖南衡南县人小阳，已经离家出走、在外流浪4年。2005年5月29日，因为倒卖假火车票，他再次被广州火车站派出所民警抓到公安受案室里。一走进到受案室，他就主动掏出身上的20多张假火车票。民警在做笔录时，问他什么答什么，很是流利。但当民警提出要送他回家时，他却号啕大哭起来："我就是在外面冻死、饿死，也不回家。"

据广州火车站派出所民警介绍，小阳已被抓过不下十回了。从最初害怕到平静，再到现在非常坦然地面对民警，被抓对他来说已是家常便饭了。小阳说，他是家里最小的孩子，上面还有两个哥哥、一个姐姐，母亲是个"药罐子"，父亲是个"酒鬼"。家里一贫如洗，他没上过一天学，父亲稍不如意就对他拳打脚踢，喝醉了还会用扁担抽他。9岁那年，他离家出走到处流浪，先后去过昆明、武汉、长沙等地，一直流落街头，靠捡破烂为生。去年3月来到广州后，他被一个票贩子"收留"，开始替这个票贩子到广州火车站倒卖火车票。

民警也曾多次联系救助站和当地民政部门将小阳送回老家，然而，每次民警前脚刚走，他后脚就出来继续替票贩子炒票、混饭吃。这种屡教不改的行为让民警们也很无奈。

对孩子拳打脚踢的家长固然可恶，但看似"温和"的语言教育就不会对孩子造成伤害了吗？那倒未必，要知道孩子也有细腻敏感的一面，大人随意的不文明话语不仅容易让孩子记住，还可能触动孩子敏感的心灵。

随着人们工作和生活节奏的不断加快，在生活细节上人们越来越有走向随意的趋势。有些家长在社会交往中缺少文明礼貌，喜欢讲粗话脏话且无所顾忌，试想这样的家庭环境怎能使孩子健康地成长？特别是有些家长对孩子的某些小毛病也会随口出怨言，甚至打骂孩子，这对孩子的自尊心会产生很大的伤害，严重时可使孩子对家长的依赖减少，从而减少亲子间的感情交流，影响孩子心理健康。

5月28日，在深圳民警的帮助下，4名离家出走的初中少年终于安全回到重庆。看到孩子安然无恙，父母们是喜极而泣，而4个孩子则是一脸冷漠，不愿跟父母回家。原来4名少年同在一个小区，因为平时成绩都不好，在家经常被父母责骂，说他们"笨"，说他们从来不会为父母考虑，"我们每天那么辛苦工作不都是为了你，你还不知道珍惜，还这么不争气……"并经常拿他们跟别的优秀的孩子作比较，说他们"怎么就不如××"。

眼看着升学考试就要到来，4个孩子害怕再次让父母失望，于是分别留下同样的字条："爸爸妈妈，马上要升学考试了。我肯定考不上重点高中，还是早点出去打工，减轻你们的负担，免得你们又失望。我和另外三个同学一起到深圳去了，不要找我们，不要为我们担心……"

幸好在民警的帮助下4名少年得以安全回家，否则接下来会不会发生什么

难以挽回的遗憾是我们所不能预料的。家长们可能还会有不平："现在的孩子真是越来越难教了，我生他、养他，怎么，他做得不好，我说说都不成了？"说当然可以，但需要技巧，需要尊重孩子，父母对孩子说话一定要讲究教育性、鼓励性，绝对不能对孩子说些会伤害他们的话。要知道孩子对语言的敏感期持续时间各不相同，而且在不同的阶段孩子都有不同的形式和内容来反映他们的敏感，家长们千万别忽略了自己的语言可能对敏感的孩子产生的影响，尤其是可能对孩子产生的伤害。看完下面东子妈妈的日志，你可能会有所感悟：

5岁的东子性子很急，常常受点委屈、辩不过对方，或者达不到目的，就来找我们哇哇大哭。后来我就开始教育他："哭有什么用？能解决问题吗？你应该这样问问对方……你要提出自己的想法，想办法达到目的。你光哭、光会回来告状是没用的。"我希望孩子能懂事，能通过文明理论的方式来维护自己的权利。没想到被我"教育"后，孩子遇到困难后真的很少只知道哭了，他开始企图用"辩论"来达到目的了。

记得有一次，东子一天都没有好好吃饭，到了晚上还是不肯好好吃，我当时就急了，夹起菜就往他嘴里塞。他就是咬紧牙关对抗着筷子。我塞不进去，他也决不吃这口，这样僵持了一会儿，我算是放弃了。看我放下筷子，东子眼里噙着泪质问我："你这样有用吗？你这样是没用的。你应该问问人家想不想吃呀！你犯错误了，你去那边反省，想好了再跟我说话！"声音都呜咽了，泪珠也流了下来，小家伙愣是擦干泪水，没哭出来，没有像以往那样受了委屈就知道哭。看着他的样子我又好气又好笑，最后反省、跟他道了歉才算了事。

东子的"克隆"行为让我认识到，家长在孩子的成长过程中扮演着多么重要的角色。孩子不仅在不断"克隆"着我们对他教育的话，就连语气、神情他都模仿得很像，他不断体验到使用大人语言带来的力量，于是乐此不疲。当然孩子"克隆"行为也不是没让我担忧过，试想他学习我们告诉他的积极的言行那么快，那他对不好的言行接收应该也不会太慢吧？所以我希望所有家长都能以身作则，从言行上约束自己，把孩子教育好。

　　确实，家长对孩子的教育有着不可推卸的责任，但教育不是责骂，更不是体罚；教育孩子需要有爱心、有耐心，需要用心，也需要不断地反省、持续地自我约束。在言语教育中要分清什么是一个家长该说的，什么是应该避讳的。语言的鼓励作用很大，同样语言的杀伤力也很强，一句"周郎妙计安天下，赔了夫人又折兵"可以让一代英雄周瑜气得吐血，那对于少不更事的孩子来说，粗暴的言语对他们的伤害更可想而知了。类似这样的话，家长是不应该用来说孩子的，它们不仅可能伤到孩子的自信心，还可能刺激孩子朝极端的个性发展。

1. "你真让人烦死了"

◎ 类似表达方式

"你又把饮料弄洒了，你不会好好拿杯子吗？你怎么就这么笨？"

"连这都不会！你是我儿子吗？"

◎ 这样的语言会对孩子造成什么伤害呢？

这些会给他们带来羞愧感，孩子还会因此惧怕受到惩罚。要知道学龄前儿童出现各种状况是常见的事，必须记住，孩子们不是故意要这样做的。

2. "我所做的一切都是为了你！"

◎ 类似表达方式

"我一下班就回来做好吃的给你，你还不吃！"

"因为你我放弃了多少东西呀！"

◎ 这样的语言会对孩子造成什么伤害呢？

你的孩子并没有自己要求出生，他不必为自己的存在而感到负罪。你在使他感到自己的低级、多余和毫无价值，你的话语还在暗示他无法离开你。

3．"我对你说过多次，不要乱跑！"

◎ 类似表达方式

"不要乱跑，我没有对你说过吗？"

"又弄坏了吧？跟你说了，别弄，你就是不听！"

◎ 这样的语言会对孩子造成什么伤害呢？

这样的话会使孩子产生挫败感，容易使孩子因无法把事情做好而失去信心。

4．"为什么你不像××那样听话？"

◎ 类似表达方式

"邻居小妹妹就不怕黑，她比你还小呢！"

"××的积木搭得多好，你怎么就不能像他一样安心搭呢？"

◎ 这样的语言会对孩子造成什么伤害呢？

我们都希望自己的孩子比别人的孩子聪明、勇敢，因此经常用他跟别的孩子作比较，希望他能赶超那个孩子。但这种比较反而会让孩子觉得自己就是不如别人，从而感到没有希望而放弃一切，甚至还会使别的孩子成为他愤恨的目标。

5．"你从不听我讲的话。"

◎ 类似表达方式

"你要我怎么教你？怎么教你都不改！"

"你从不替大人想想！"

◎ 这样的语言会对孩子造成什么伤害呢？

在你和孩子的关系中，你是主要的，不能让孩子为你承担罪责。你应正面教孩子如何遵守规矩、体谅大人，还要教他解决问题的方法，而不是埋怨他；否则会让孩子觉得自己是多余的，是家庭的麻烦、负担，孩子也就更容易对家庭失去依赖，对自己失去信心。

以上这些言语可能是父母在无奈时发泄情绪的方式，可要是父母长期用这

些不良的话"教导"孩子，就很容易伤害到他们，而后果则是不堪设想的，要知道随意的怒言是要付出代价、承受后果的。

一位母亲经常当着孩子的面对别人说："这孩子只爱听故事，不爱讲故事；爱乱画，不爱写字；胆子大得谁都不怕……"结果，孩子上学后，不愿回答老师的提问，不愿意写字，课堂上她就爱自己乱画，而且常常不顾老师的劝阻和批评破坏纪律。老师和家长都以为她是个弱智儿童，可是智力测验的结果却是"智力正常"。在老师的建议下，这位母亲不得不带孩子去找心理医生，经过专家鉴定，才知道孩子患上了"语言性智愚症"，其病因就是母亲那经常性的口头强化。

之前的章节中提到过，孩子的自我认知能力是有限的，他们常常以大人对他们的认识来认识自己，家长要是从不鼓励孩子、不表扬孩子的优良之处，而总是挑剔孩子的毛病、"讽刺"孩子不好，那孩子也会渐渐朝着这个"不好"的方向去发展。这就是家长语言教育对孩子的影响力。

第二次世界大战期间，美国军方招募了一批纪律散漫、不听指挥的人到前线打仗，当局请来了心理学家帮助管理这些人。基本了解这些人的情况后，心理学家想出了一个办法，他要求这些人每个月都给家人写一封信，当然信的内容是由心理学家拟好，告诉亲人他们在前线如何勇敢，如何听指挥和取得战功等。半年之后，奇迹在这些人身上发生了，他们个个竟都变了样，变得像信中所说的那样勇敢和守纪律了。

不少人会奇怪，一封家书的作用有那么大吗？如此简单就能使一群生性散漫的人变"好"吗？这位心理学家无疑是聪明的人，他认识到了良好的愿望对人可能产生的暗示作用，它能诱导人积极地向这个愿望靠齐。大人如此，又何况小孩子呢？所以父母在教育孩子时首先要看到孩子的好行为，看到他的长处和进步，哪怕是微小的进步都要给予鼓励，发现了孩子的闪光点就要表扬，要使孩子充满信心从而更加积极起来。至于孩子的不良行为，则要明确地指出来，并告诉他"这是不对的"。否则，由于孩子的判断力差，你含蓄的表达还可能让他误认为你是在表扬他呢，这样的话，他将会更加"我行我素"。再则，要让孩子学会自我竞赛，自我比较，认识到自己的进步。

　　总之，不要没完没了地唠叨孩子的不良行为，也不要总是在否定孩子，否则"淘气孩子""坏孩子""任性孩子"可能就真诞生在家长的言语之中。

你们的家庭是否够和谐

家庭关系和谐与否是影响孩子成长的一个重要因素。研究表明，影响孩子成功与否的因素除了智力因素外，更重要的是非智力因素。科学证实，孩子将来的发展在智力上确实存在着差别，但大多数孩子的智力水平相差并不大，因此智力因素对孩子的成功与否影响不大。影响孩子发展更重要的是非智力因素，包括学习的动机、兴趣、情感、意志、性格等。而在和谐、温馨的家庭环境中成长起来的孩子，其非智力因素明显比不和谐家庭中长大的孩子强，这就将影响到孩子的健康成长和一生发展。曾听过这样一则故事，可以很好地解释这一点：

以前有个青年颇爱武功，18岁时，他已经成为颇有些名气的侠士了。可后来，无论他怎么勤奋练习，武功都很难再有长进。经人点拨，他来到少林寺向方丈讨教。方丈知道其来意后，要他演示一下自己的武功。青年便在方丈面前打了自己最得意的一套拳，方丈看后却说："年轻人，你这套拳法，招招带有杀气，式式含有报复，说明你从小就生活在一个极端的环境里，在你心里总是认为命运对你不公，骨子里也总透着对世人的敌意，所以你的功夫到了一定水平后就难以继续长进了。"

的确如此，这个青年从小丧父，跟着母亲迁入现在的居处后受尽了"外乡人"的待遇。他从小便发誓要练习武功报复那些曾欺负过他们母子的人。在方丈的建议下，这个青年决定留在少林寺修行。在这里他不仅继续练习武功，更重要的是方丈每日会教导他研习佛法，在佛法的熏陶下，他开始修心养性。后来，他的武功长进很大，并成了少林寺的一代宗师。

　　通过这个故事，我们应该可以理解家庭环境对孩子的发展会有多大的影响了。家庭环境对没有独立生活能力、完全依赖父母的孩子来说，影响很大。两个同龄的孩子，一个生活在和谐幸福的家庭里，另一个却生活在充满危机的家庭里，那他们的性格和心理必然会有很大的差别。前者会以积极乐观的心态去面对生活，应对困难；而后者则常以自卑、憎恶的心态面对生活，看待社会。和谐的环境能够塑造出孩子美好的心灵，充分挖掘出孩子的潜力；而不和谐的家庭环境则可能导致孩子厌世，仇视他人，仇视社会。

　　来自同一个芭蕾舞蹈班上的两个孩子，她们同样都被称为"少年芭蕾舞天才"，老师们对她们也都投入了悉心的教导。但五年之后，其中的一个终于如愿以偿地站到了凡尔纳国际芭蕾舞比赛的领奖台上，另一个却成了一名普普通通的伴舞者。两个人的际遇难免让旁观者难以理解，只有真正接触过她们的人才知道，使两人的发展产生如此大差异的原因不是别的，正是她们的家庭。

　　能够实现自己梦想的幸运女孩来自一个幸福的家庭，父亲是位杰出的钢琴家，母亲也是位芭蕾舞者。酷爱音乐和舞蹈的一家人在一起总是能心有灵犀，即便遇到瓶颈时，在一家人的共同努力下，他们也总是能把生活演奏成最美妙的音符。相比之下，第二个女孩就没那么幸运了。尽管女孩的母亲也是一名杰出的舞蹈家，但在一次重要的表演中，她不幸受伤，导致跟腱断裂，从那之后便再没跳过舞。可以说这位母亲的不幸经历导致了孩子的不成功。当女孩刚会走，这位抑郁不得志的母亲便开始严格地教导孩子学习芭蕾，把所有的心血都倾注到了孩子身上，她希望孩子能帮她赢回那些应该属于她的辉煌。在母亲的强迫下，孩子对芭蕾越发恐惧，她不想跳却又必须跳，一有比赛就焦虑万分；站在舞台上，她总是害怕捕捉到那充满期待又咄咄逼人的目光。因为有着扎实的基础和加倍的努力，从参加比赛以来，她赢得了一个又一个奖项，可母亲总是不满意，总说她表情不到位，说她没有跳出舞者的灵魂来。为此，她不知偷偷躲在被窝里哭过多少回。随着年龄的增长，她骨子里的反叛也在成长。终于，在忍受不了母亲再一次的刁难时，她选择了和母亲大吵一架，然后离家出走，开始了自己的伴舞生涯。

有人问她是否后悔当初那么冲动选择离家，她却说："我确实后悔，可我后悔的是为什么没有早点离开。因为当我真正下定决心过我自己的人生时，才发现除了跳舞我什么都不会，虽然我不喜欢，但为了生活我却不得不跳。如果可以的话，我真希望，我，没有生在那个家……"

读完这则故事，难免让人觉得有些感伤，有哪个孩子不想得到家的温暖？又有哪个孩子真正想要远离家、远离父母，和家庭亲情断绝一切来往？没有。孩子降生在这个世界不是为了来报复父母，也不是为了来向父母还债。有人说，每个孩子都是牵着上帝的手来到人间的天使。那么他们带来的应该是爱，想要收获的也应该是爱。而不和谐的家庭环境势必将这份爱抹杀，让孩子变得冷漠，甚至仇视一切。

儿童教育专家指出，和谐的家庭环境有利于培养孩子良好的性格和心理，不和谐的家庭环境容易导致孩子性格的极端化。和谐的家庭环境中，父母常常是和颜悦色、相濡以沫的；孩子遇到困难时，父母也必然是善于引导的；他们能为孩子提供一个宽松、愉悦的学习、生活环境，这将有利于孩子的成长。而在气氛紧张、父母关系不和谐的家庭里，父亲和母亲常常是烦恼不安、性情暴

躁、言语粗鲁的，甚至有的对待长辈也缺少孝敬或是虐待。在这样的环境中，孩子容易情绪紧张。孩子长期处在这种情绪中，缺少温暖和关爱，容易养成孤僻、自私、玩世不恭等不良品质，对自身的心理健康产生负面影响。另外，孩子的认知能力还比较差，如果长期处于这种不和谐的环境中，不和谐因素之间的碰撞不仅不利于孩子形成正确的认知，还可能使孩子在价值取向上出现一些分裂行为。以下是一位年轻的母亲在极度愧疚的情况下给教育专家寄来的一封信，在信中她描述了自己女儿在不和谐的家庭环境下出现的价值观混乱的表现：

××老师：

您好！谈到今天这个问题，我真的感到很内疚，但我真的不知道应该怎样面对孩子了。女儿现在才两周岁零三个月，但似乎比别的孩子早熟。我最近和老公经常吵架，也让懂事的女儿很受刺激。前两天，我和老公又吵架了，老公气愤地把杯子摔到了地上，坐在地上玩耍的女儿当时就吓坏了，一直哭个不停。我把她抱下楼，女儿一边哭着，一边委屈地说："我不想看到爸爸了……坏爸爸……"看着女儿不停地用小手擦着眼泪，我心都快碎了，只能劝她："好，咱们不要爸爸了，咱们不要坏爸爸了。"

我哄了女儿一下午，她好像也没完全从惊吓中走出来。晚上，我照旧哄着女儿睡觉，老公也回来了。女儿看到他没有像往常一样特别热情地叫爸爸，而是好长时间都不出声音。老公可能也看出来，于是就来屋里哄女儿，并一直让她叫爸爸。玩了一阵子后，女儿又热情地叫他："好爸爸回来啦！"

当时我真觉得孩子挺假的，不过也挺为难孩子的。这次是这么哄好了，但孩子能经受得住这样反复的争吵吗？我们俩的脾气都有点大，以前没有孩子的时候还能互相迁就；有了孩子之后，可能生活压力也比较大了，再加上一些比较私人的原因，所以最近我们也吵得比较频繁。也想过离婚，但我们的关系

还没有到完全无法挽回的地步。我就是单亲家庭长大的孩子，那种痛苦我经历过，我不希望我的孩子也过那样的日子。我爱我的女儿，我不想她受到伤害，可我和她爸爸的关系目前又没法得到解决。所以我想问问专家，从教育这方面我做母亲的应该怎么办，我知道家庭环境不是我一个人就能给得了的，但我真的不想女儿再受伤。我们俩的问题也不是三言两语就能解释清楚的。看着女儿这么夹在我们中间、想要两头讨好的样子就心酸，我该怎么办呢？

一位真诚的母亲

在这封信中，我们可以看到，这个两岁多的孩子明显出现了"分裂忠诚创伤"。她夹在父母的矛盾冲突中，不知道该怎么选择，也不知道该向哪一方表示忠诚。很显然，孩子对父母都是爱的。当父母发生矛盾后，孩子的内心很挣扎、迷茫，她不知道是该帮爸爸，还是帮妈妈。面对妈妈的时候，她说爸爸坏，面对爸爸的时候，她又说爸爸好。在大人看来，会觉得小孩子怎么就能学得如此"虚伪"，其实这正是矛盾的心理让她不知道该忠于哪方了，这不正是父母给孩子出的难题吗？孩子可能会顾及到另一方的感受而强迫自己，也有可能出于害怕再次冲突，而装作很乖以讨好父母的自我保护心理。这种内心的挣扎和分裂，如果长时间潜在，很容易使孩子产生情绪障碍，严重的会导致忧郁症、焦虑症以及饮食功能失调。没有意识到这一点的家长需要多留意些。

另外，教育专家还指出家庭环境对儿童的成长影响巨大，不和谐的家庭环境对12岁以下儿童的伤害明显大于12岁以上的孩子。儿童期心理的主要关系是亲情联系，许多成年后的行为、情绪问题，都是从这个时期衍生的。可能很多家长不知道，孩子的心理是极其敏感的，他们能感知家庭的不和谐存在；充满吵闹、打骂、离婚的不和谐家庭环境，很可能孕育有问题的孩子，如反叛心理、学习不认真、抗拒权威、焦虑症或忧郁症等。而当孩子出现问题时，家长

还常常会认为这都是孩子自己的问题，其实解决孩子问题的关键在于家长。身为家长应该懂得克制自己的情绪，多进行家庭成员间的沟通协调，而不是动不动就吵闹、打骂，甚至常常在孩子面前提离婚。家长要知道，有些伤害在孩子心中是难以弥补的。为了孩子的健康成长，家长们有责任和义务为孩子营造一个和谐的家庭环境。即使是难以避免地闹了矛盾，家长也不能在孩子面前互相指责，而应以平和、简单的方式向孩子做出解释，向孩子表示歉意。但是有矛盾就难免会对孩子造成伤害，所以家长们应该尽可能地让家庭环境和谐起来，这样才能让孩子感知到幸福、快乐，才有益于孩子的健康成长。

孩子的无能和你有关

孩子在成长过程中会遇到很多问题，有些是父母可以解决的，有些是需要父母当帮手、当引导者的，而有些则是需要孩子自己来处理的。我们时常感叹为什么欧美孩子的动手能力和创新能力会高于中国孩子，是我们中国孩子的智商低吗？当然不是。这涉及许多方面的原因，其中家庭教育的弊端也是这一结果的主要原因之一。家庭教育的方式直接影响着孩子能力的形成。

开学第一天，在成都某私人幼儿园里，年轻的老师正在照顾孩子们加餐，接着一个声音吸引了她的注意，坐在前排的小女孩儿正在用手使劲儿地捶打着桌上的点心袋。老师走过来问："宝宝，怎么了？不喜欢吃点心吗？""不是。""那为什么要拼命地捶它呢？弄碎了就不好吃了哦。""老师，这点心跟我们家的不一样，我们家的点心都是放在碟子里的。"说着她将桌上的点心举起，"这个，拿不到！"听完那稚嫩的声音，年轻的老师真不知道该如何解释。

为孩子做我们力所能及的事是每位家长都愿意的。对孩子的照顾无微不至确实能帮孩子减少许多麻烦，但这样的呵护并不利于孩子的成长。在这一点上许多欧美的家长认识显然更为清楚。孩子遇到同样的问题时，欧美的家长可能习惯引导孩子开动脑筋解决问题，而中国的家长更多的是手把手地教；当孩子犯错误时，欧美的家长可能更习惯将错就错让孩子自己去体会这个错误带来的损失，而中国的家长更多的时候是先威吓继而寻找办法为孩子弥补犯错带来的损失。下面这个小故事可能对你有所启发：

在美国一个广场上，年轻的中国妈妈带着孩子终于找到了刚才一起聊天的美国妈妈和她的孩子。中国妈妈万分抱歉地说："真是对不起，孩子不懂事，这是他用纸飞机交换来的玩具车，现在还给你们。"听完中国妈妈的话，美国妈妈只是笑笑说："没关系，这个就送给你的孩子吧。玩具是孩子自己的，他有自己处理的权力，我们家长没权干涉。""可是，可是这个玩具车比我们的纸飞机贵重多了。""我就是要让孩子明白自己的行为将给他带来的损失有多大，等他明白过来后就不会再犯同样冲动的错误了。"

同样的事情要是发生在中国，中国家长会如何处理？多半是损失大的一方先责骂孩子的无知，然后再带着孩子去讨回自己的玩具吧。正是由于家庭教育方式的不同，我们才看到了比中国孩子创新能力、应变能力更强的欧美孩子。

中国现在的孩子多出生在"独生子"家庭，从"爱"的角度来讲，他们是生而逢时，是极其幸运的，有很多爱的温情萦绕在他们身边：集爸爸妈妈、爷爷奶奶、外公外婆的爱于一身。可从成长的角度来说，他们又是不幸的，在众多的呵护中，孩子从小应该培养的好习惯就缺失了应有的温床。在这样的家庭中孩子处于中心位置，家长有一种"顶在头上怕摔，捧在手上怕冻，含在口里怕化"的心理，想要什么就可以得到什么，想做什么总是有人帮忙，什么都是无所谓的状态，致使相当一部分孩子不仅形成了自私、任性、懒惰、贪图享受等不良品性，更糟糕的是，这些宠爱还使得孩子连许多基本的生存技能都没有学会，又何谈成才？

欧美的孩子成年后就基本可以独立生活，不管是上学还是工作，他们都将用自己的方法去解决问题而不会再多麻烦家人。而在中国，不管孩子是否成年，只要他还在继续上学，父母的监护和抚养就不会停止，这可以从每年的大学新生报到上看出点儿端倪。每年的大学新生报到期间，在各大媒体总是能看到各种各样的奇闻和各种各样感慨"可怜天下父母心"的报道。

2009年8月，新生报到的日子又快到了，网上一个题为《大学新生必备品》的帖子受到热捧，刚刚考上西南大学的新生杨阳也在网上打印了该必备清单，可在采购与整理"必备品"时却遇到了麻烦。"要买的东西实在太多了，四大包都装不下，可能还需要父母一起去报到。"看着眼前凌乱的东西，杨阳着实后悔，"这哪里是去上学，简直就是搬家。"细心的人士发现，这些所谓的"必备品"真可谓包罗万象，清单中罗列的64种"必备品"中，生活用品大到空调被，小到针线包、杀虫剂、酒精棉都未落下，甚至连今后买的零食吃不完也有提醒要提前预计如何保存，如准备好"牛皮筋"来扎未吃完的零食袋子，还建议准备密封罐用来装蜜饯等零食；学习用品自然也是少不了的，大到电脑、词典，小到回形针、修正液、胶带都没遗漏。

看到这个"必备清单"，不少人都会感叹"现在的孩子真是懂得享受"，但这份"体贴"的清单似乎忘了一个最关键的问题，孩子是去学习的，而不是去享受、度假的。除了这篇热帖，媒体也没少报道过诸如下面的新闻：某高校大一女生开学报到带百斤行李，其中鞋就有17双；某高校新生报到，父母陪同，加长林肯护送，携带行李19箱，专职导游两名。很难想象如此追求物质享受的孩子在大学如何静心学习，如何把自己培养成才。当然，除了这些夸张的"必备"物品，送新的"亲友团"也着实让人人跌眼镜。

2006年8月19日凌晨4点23分，一个网名叫"大胃李"的学生在水木清华的BBS上发出了一篇题为《可怜天下父母心》的文章。作者在帖中展示了6幅学生家长睡在清华大学紫荆公寓前足球场上及周围门廊、走道上的图片。该帖立刻引起了各界人士的广泛关注，清华大学也积极采取各种措施来应对该问题。

　　同年的8月31日，记者从浙江大学紫金港校区也了解到，强大的送新团给学校带来了巨大的考验。5500名新生报到的校园内却多出了两万余名陪同的家长，为此学校不得不加紧调集大量的校内资源和校外资源，为这些送新的家长提供便利。庞大的"亲友团"也让该校区"亚洲最大的学生食堂"备感压力，食堂休闲区的负责人老王指着一个能供应50人饭量的超级大锅感叹："都烧了100锅饭了，居然还不够，平时只要70来锅就行了。"

　　2007年8月26日，复旦大学迎来了大一新生的"大部队"，整个校园放眼望去，挤满的不仅是学生的身影，更多的还有那些满怀期望的家长。记者了解到每名新生少则有一名家长在侧，多则有三四名家长陪着，甚至还有一位坐着轮椅的老奶奶，她是来自黑龙江的送新老人。记者现场随访还发现，有不少家庭的送新费用均达万元以上，一位来自青海的郑先生甚至向记者坦言，这次的送学费用花掉了妻子半年的工资。

　　2009年8月21日，福州大学的一位辅导员向记者透露："每年新生报到时，学校里总是能看到家长奔波忙碌的身影，今年也不例外。据我所知，没有父母陪伴的新生不会超过30%，而我所见过的'陪同团'最高人数是10人。"

　　看到一系列的送新报道，不得不引用"大胃李"的那个标题，真是"可怜天下父母心"哪！中国有句老话："儿行千里母担忧。"在中国家长的眼中，护送孩子上学似乎是理所应当的事。"现在社会这么复杂，有时连我们都难免上当受骗，何况涉世未深的孩子。"这是大部分中国家长的心声。父母精心呵护、培养了近二十年的孩子第一次远离家门，走向外界，家长想通过实地考察，对孩子即将度过四年的大学校园有所了解，这种心理是可以理解的。但家长似乎忘了自己也是那么成长过来的，吃一堑方能长一智，孩子有自己必须面对的人生转折点，他们需要在不同的环境中锻炼成长，家长的过分呵护势必影响孩子的成长。如果一个成年的孩子连这点事情都无法处理好，总是需要家长的"呵护"，那他将来又如何独自面临社会的挑战、面对未来的风雨？记得曾有教育专家说过这样的话："不让孩子吃亏犯错，就是拒绝让孩子成长！"众多父母对孩子的宠爱是不想让他们输在起跑线上，但却不知道过分的宠爱可能让孩子在奔跑途中输得体无完肤。当家长感叹孩子"技不如人""才逊一筹"的时候是否该想想这样的结果跟自己的教育有没有关系？

究竟什么样的孩子才称得上才能卓越？这是中国家长教育中的盲区。分数、奖状、证书这些可以证明一个孩子的才能吗？看完下面这个故事，望子成龙、望女成凤的父母们应该有所觉悟：

1983年5月，一个后来被称为"少年天才"的孩子在湖南华容县两名机械厂普通职工的家里呱呱落地，父母给他取名为陈康。陈康能被称为"少年天才"自然与他的过人智慧密切相关：8个月大时陈康已经可以清楚发音；两岁多时他就能认一千多个汉字；4岁时他已掌握了初中的部分知识，并了解了二元一次方程；6岁时他连跳两级直接上了小学六年级；1996年7月，13岁的陈康便与比自己年龄大很多的同学一同参加了高考，并以优异的成绩考上了湘潭大学物理系；2000年，年仅17岁的陈康便以优异的成绩考上了中国科学院高能物理研究所硕博连读的研究生。

人们谈论起"少年天才"陈康时，都会情不自禁地流露出羡慕和钦佩的语气。然而，就是这个头顶光环的天才，却因为性格障碍，不得不从中科院辍学回家。

不管是在哪个学习阶段，老师们都感叹陈康确实是个天才，老师教的东西他马上就能领悟。对于知识他常常是无师自通，不会的东西，只要听上20来分钟的课他就能弄懂。在学习上，他的智力是同龄人无法相比的；可在生活上，他自理能力的欠缺也让同龄人觉得可怕。2000年9月，陈康踏上北去的列车，开始在中科院求学，这是他第一次离开母亲独立生活。没有了妈妈的照料，陈康显得束手无策，寸步难行。因为不会挤牙膏，他很少洗脸刷牙；没有人倒水，脚基本上不洗；衣服从来不知道要换，更不用说洗了。在中科院读书的3年时间里，他的被子从来没有拆洗过。吃饭的盆子更脏，北京天冷，饭后的油腻很难洗净，他就用水马马虎虎冲一下，根本就没有冲干净。时间长了，饭盆里积了一层厚厚的油垢，但他照用不误。据陈康在中科院的老师和同学称，他在生活上确实是一个低能儿，天冷了他不知道自己加衣服，有时下雪天还穿着单衣、拖鞋到处跑。更重要的是，由于长期与外界隔绝，陈康的社会常识少得可怜，对社会一无所知，他成了社会规则中的一个异类。

大学时陈康就曾因看了一些关于"文革"的书而在网上发帖称"某某是物理系的走资派"，到了中科院后他又犯了同样的错误，在网上散布了一些对美国不友好的言论，结果差点儿因此被学校开除；2001年下学期的期中考试，陈康竟然忘了重要的《高能物理学》考试而跑到香山去玩了一天，结果该科被记零分；更夸张的是，2003年陈康攻读硕士的最后一年，他竟然忘了导师交代的要在4月份完成毕业论文，结果使他与硕士学位失之交臂。最后，鉴于陈康在校的种种表现，中科院高能物理研究所做出决定：取消他的硕博连读资格。

"少年天才"的陨落究竟是谁之过？陈康的母亲认为是自己没有陪陈康到北京去上学。而看过陈康故事的人在对他惋惜之余，更多的是在感慨陈康母亲那密不透风的爱让一个"少年天才"走到了这样的境地。

论分数、智力有几个同龄人能比得过陈康？然而尽管顶着"少年天才"的光环，可真正评定起来，陈康能称为有才能的人吗？应该不能。因为一个真正有才能的人不仅要智能卓越，还要有不错的社交、生活等能力，可陈康在除智能外的其他方面明显是欠缺的。陈康母亲密不透风的爱和望子成龙的迫切心情，最终让这个天才少年变成了生活、社交中的低能儿。陈康的故事告诫天下的家长："爱用得恰当时，是温暖人心的甘露；要是用得不恰当，它就会变成害人性命的毒药。"

其实，不仅过分的关爱会让孩子变得无能，过分的刺激、指责也会导致孩子的无能。

现在的家长时常苦恼"为何孩子总犯错"，而孩子则总是感慨"为何父母总爱鸡蛋里挑骨头"。眼看着昔日聪明好动的宝贝变得郁郁寡欢、畏畏缩缩，父母才开始思考是不是自己的教育方式出了错，这是不是有点晚？如果家长总是认为孩子是错的，总是对孩子说诸如"你老是这样，从没做好过""你怎么这么笨，什么都不会"的话，孩子能树立起信心吗？不能。在长辈的指责、抱怨中，孩子只能渐渐认同大人对自己的评价，渐渐承认自己的无能。哪有不犯错的孩子？如果在他犯错时家长能在旁细心地提醒，适当指点他问题的所在，并相信他一定能成功，孩子还会一步步走向无能的深渊吗？

刘先生在女儿上幼儿园时就发现孩子有个小毛病始终改不过来，那就是每次喝完水都会忘记把水壶盖子拧紧。今年孩子上小学了，为了改掉女儿的这个毛病，刘先生决定实施一周计划。首先，他跟女儿说最近一个星期自己工作比较忙，放学让女儿跟同学一同回家；然后，他每天都照常给女儿备好一壶水放在她书包里。

第一天，女儿回家了，刘先生一看女儿书包上的水印就知道她肯定是忘了拧紧壶盖了，于是他让女儿把书包打开。拉开拉链的一瞬间，女儿难以置信地看着被浸湿的作业本，一脸委屈。这时刘先生赶忙找来吹风机，一边帮孩子把书包和书本吹干，一边跟女儿说："你检查一下，是不是你的水壶盖没有拧紧？"女儿一看，问题果然出在这里。

第二天，刘先生回家后看到女儿又是一脸委屈地告诉他："爸爸，我今天半路上才想起来水壶盖又忘拧紧了，结果，本子又被弄湿了。"听完孩子的"自首"，刘先生知道事情正在按着自己的计划进行，于是对女儿说："没事，你看今天不是记起来了吗？来，咱们先把它弄干。"女儿拿着书包跟着刘先生来到客厅，这时刘先生又开始启发女儿："如果实在记不住，弄个小字条提醒自己也行啊。"女儿立马点点头："好，我这就去弄。"

第三天，看着刘先生回家，女儿飞快地跑出来："爸爸，我今天可乖了，没有把书包弄湿哦！""是吗？怎么做到的呢？""我按您的方法，写了一张纸条贴在我的课桌上，放学时自然就不会忘了啊。"

一个月后，刘先生一家去郊游，当太太正准备把水放到车上时，女儿突然叫道："妈妈别急，让我先检查一下盖子拧紧了没有，把车弄湿了就不好了。"听完女儿的话，刘先生十分欣慰。

刘先生的良苦用心确实没有白费，仅仅用了三天的时间就让孩子认识到了问题的所在，经过引导终于让孩子改正了错误、培养了好的习惯。如果刘先生不是采用诱导的方式来改正孩子的毛病，而是当孩子犯错时就指责甚至打骂她，孩子是否能这么愉快地改正错误呢？应该不会。孩子在犯错误时其实是很需要家长灌输积极的态度的，如果家长总是埋怨孩子的过错，总是嫌弃孩子这个也做不好、那个也做不好，那孩子就真的可能以后什么都做不好了。消极的指责很容易让孩子"破罐子破摔"，无能到底。因此想要培养一个有才能的孩子就不能挑剔孩子的错误，积极的父母才能培养出敢于挑战困难的孩子。在孩子懵懵懂懂的成长过程中，由于身体和思维等方面发育都不成熟，做事难免会出错。大人认为一件微不足道的小事，在孩子看来也许并不那么容易。因此孩子做错了事，我们不能以成人的眼光和标准去评判，而应该以一颗宽容的心给孩子犯错的机会。

是谁导演了孩子的"自甘堕落"

"这点成绩你就满足啦""这也能叫好啊，你看看××""没志气的孩子""你能不能长进一点"……类似这样的话语我们经常能从一些家长口中听到。几乎每个孩子最初听到父母这么批评自己的时候都会铆足劲儿让父母看看自己是"行"的。可不管自己多努力，受到了别人多大的表扬，取得了多好的成绩，在家长那里能听到的永远是那样几句带着轻蔑和讽刺的话语，渐渐地大多数孩子都没有了斗志，并开始破罐子破摔，自甘堕落。

其实，孩子想要的并不多，他们只是希望在自己遇到挫折的时候，能得到父母一个安慰的拥抱；在自己有进步和取得成功的时候，能听到父母一句称赞的话语；在自己难以突破瓶颈、止步不前的时候，能看到父母鼓励和信任的眼神。这样的奖励难道也过分吗？奖励在我们生活中是无所不在的。其实，我们整个社会都是建立在某种奖励强化的体系上的。工作者辛勤劳动，每个周末或月末获得一定的工资报酬，这是一种奖励；战士在战场上或国家、人民有困难时，英勇保卫祖国和人民不受侵犯，被授予英勇勋章，这也是一种奖励；各行各业的成功人士，在自己的行业内苦心钻研力求开拓，而得到各种表彰的奖杯，这同样是一种奖励。给予那些努力的人、为社会做出相应贡献的人、有责任心的人一定的回报，这就是成人世界运转的方式之一。成人都希望在自己努力的时候能得到别人的鼓励和相应的回报，却常常忽视孩子这种需要鼓励的心理。很多父母本能地不愿使用奖励的方法教育孩子，可能他们把奖励看成了"溺爱"或是"贿赂"孩子的方式。另外，这也跟我们的文化背景有着密切的联系。东方人表达情感的方式向来含蓄，称赞之词是不会轻易说出口的，因此在教育孩子的过程中家长也常常不愿表扬孩子，一是觉得赞扬自己的孩子大有"自卖自夸"的感觉，二是怕表扬了孩子会让他们骄傲自满、不知进取。因此故作轻蔑、宁贬不褒，希望以此来刺激孩子再接再厉，取得更大的成功。殊不知只知道用贬抑的方式来教育孩子，往往适得其反。适当的赞扬和鼓励不仅能激起孩子学习的热情，还能促使孩子奋进。

一位退休老教授在公园晨练时认识了一位老大爷，两人闲聊时经常听到这位老大爷说自己5岁的孙女："各方面都很好，就是脑袋笨，算术老转不过弯儿。"一次偶然的机会，老教授在公园里看到了那位被爷爷埋怨"笨"的小女孩。但小丫头给他的第一印象并不像孩子爷爷说的那样，小女孩很活泼可爱，也很伶俐，一点儿也看不出哪里笨。老教授便试着问了问孩子："小朋友，你们数学学什么了？会算加减法了吗？算对了爷爷奶奶们给你鼓掌。"结果小丫头算了一个又一个，都对了；后来给她出了几个对5岁的孩子来说算难的算术，她也解答对了，大伙儿为她鼓掌手都拍红了。到最后这孩子还拉着老教授说："我还会！我还会！你再给我出题吧……"看到这么聪明伶俐的孩子，老教授侧过脸问孩子的爷爷："笨什么啊？"没想到孙女能有那么出色的表现，老大爷也不好意思起来。

孩子真的笨吗？她仅仅是缺少鼓励和赞赏而已，幸亏老教授做了这个小小的试验，要不时间长了，说不定孩子就因为她爷爷说她笨，真在数学上笨了起来。孩子其实对家长的态度是十分敏感的，家长对他的态度、观点不用直接告诉他，通过一些事情他也能分析出来。如果家长在生活中总有意暗示孩子在这件事上不行或避免让孩子做某件事，他慢慢也能觉察出来。他会渐渐认为自

己在这件事上真的不行，没有信心，也不愿去碰这颗钉子。当家长发现孩子不好学、不长进、不努力，确定孩子没出息时，有没有想过正是自己长期的暗示让孩子变成现在这个样子的？因此在家庭关系中爸爸妈妈爷爷奶奶必须要特别小心自己的言辞和态度，不要让自己的言行成为阻碍孩子成长的障碍，也不要让自己的言行充当扼杀孩子天才细胞的"杀手"。家长想要孩子知进取、懂努力、有出息，就不能总在孩子面前做负面强调，正面暗示和鼓励可能更有利于孩子成长。

在爸妈眼里易阳是个只会玩的淘气孩子，对学习从来不上心，成绩也总是排在班上倒数几名，一天到晚就会玩电脑游戏。父母是打也打了、骂也骂了，可易阳照样我行我素，该玩的玩，该吃的吃，丝毫没有上进的想法。为了这个孩子，易家爸妈是操碎了心，可惜孩子就是不明白爸妈的苦心。

一天易爸爸在报纸上看到一篇关于"赏识教育"的文章，激动不已，感到这才是他教育儿子应该有的态度。文章的大致内容是说教育孩子的过程中有时奖励比惩罚更重要，赏识孩子将更有利于孩子的成长和发展。之后易爸爸又找了几位专家和老师询问"赏识教育"的事情。在有了一定认识之后，易爸爸决定去发现儿子的兴趣和才能，然后鼓励儿子做他真正感兴趣的事情，从而调动孩子学习的兴趣以促进他全面发展。

经过一段时间的观察，易爸爸发现原来儿子在电脑游戏方面确实很有天赋，他不仅游戏玩得好，还能指出游戏中的不足之处，而且还能自己做一定修改。于是易爸爸逐渐认可了儿子玩游戏，并在得到儿子认可的情况下为他报了一个电脑班。在得知儿子想要自己开发网络游戏之后，易爸爸更是全力支持。父子俩终于有了共同的奋斗目标，感情也越来越好。经过一年的培训，易阳在电脑方面的才能逐渐凸显出来，加上父亲的鼓励，易阳也越来越有干劲，最终竟然成功开发了一款小游戏，并得到了业内人士的赞赏。在取得小小成功后，易爸爸又鼓励易阳说："如果你真想在网络游戏方面有所发展，就不能停留在现在的知识水平上，你必须得接受更好的电脑教育，懂得更多的知识才能开发出更多优秀的游戏来。"看到父亲为自己理想的努力，易阳明白了父亲的苦心，这才开始认真学习起来，并渐渐对学习产生了兴趣。

孩子自制力都较差，尤其是年纪较小的，他们会因此犯这样或那样的错误，这时，父母要是只懂得去责骂、惩罚他们，恐怕不是明智之举。例如，想要年幼的孩子自己收拾玩具，可孩子通常不会主动想起这么去做，当父母要求他去做时，他也常常觉得这是并不重要的事情。如果这样父母就惩罚他，很可能会引起孩子的反感；即使惩罚之后他照着父母的意思去做了，也是非常不情愿的，并不能明白自己这么做的真实意义所在，也不知道为什么自己就是错的、父母就是对的。如果亲子互动成了这样的模式，等孩子年纪大一点儿就会对父母的要求置之不理，甚至会专挑父母不愿意看到的来做，破罐子破摔，告诉父母："你们不是认为我是这样的吗？你们不是说我不争气、什么都做不好吗？我就是这样的，我就这样做给你们看。"另外，孩子在年幼时自我评价还没发展好，他们的自我评价是完全建立在他人对他们的评价上的。如果孩子经常受到父母负面的评价，对他们的自尊心将是一种伤害，这样的孩子长大后容易走向两个极端：一是如前所说变得叛逆、我行我素；二是表现为自信心不足，机会来了不敢去争取，遇到挫折不敢面对，也不敢挑战困难，更不用说去开拓创新了。前者容易把对家庭的不满发泄到社会上，走上犯罪的道路；而后者则会因为自己的极度不自信而"自甘堕落"，止步不前。总之，两种情况都不利于孩子的发展。

所以家长必须慎重地评价孩子，教育中要谨慎自己的言行，要尽量少地批评、责备、惩罚孩子，而要尽量多地表扬、欣赏、鼓励孩子，这将会让孩子受益无穷。其实，家长完全可以采用积极正面的方法来强化孩子对自己的认识，通过"奖励"的手段来鼓励孩子重视并发展正确良好的行为。想象一下，某一天，当爸爸下班回家，孩子帮爸爸把拖鞋拿过来，爸爸高兴地说："哇！今天宝宝这么乖呀，把爸爸的拖鞋都拿好了。谢谢！"听到爸爸的称赞，第二天，当爸爸回家时，他通常还会帮爸爸拿拖鞋。孩子偶尔的行为，会因为大人的称赞而被强化，从而形成良好的品行。在日常生活中，家长最好不要吝啬自己的称赞和奖励。当孩子自动做了某件事情，比如洗盘子、倒垃圾，这时家长就该给他适当的称赞。给孩子精神上的鼓励对巩固孩子良好的行为非常有效。

不想让孩子碌碌无为，家长就必须适时适当地鼓励孩子，让他们树立成功的自信心。

第五章
听听孩子的心：是谁将我逼离家

羽翼未丰的孩子为何屡屡选择出走？是理想、信念使然，还是压迫、压抑使然？我们的家长到底有没有认真听过孩子的心声？

孩子的心声——越长大越孤单

　　据《中国青年报》2006年初报道，北京青少年研究所发布的一项调查表明：34.9％的青少年对〝孤独〞感到担心、忧虑。这项调查历时一年，共访问了北京市1000名大学、中学学生。负责该项调查的研究员纪秋发说，调查中很多青少年经常提及〝孤独〞〝郁闷〞之类的词。

　　〝你孤独吗？你害怕孤独吗？〞16岁的王蕴（化名）几乎每天都要上网，在她的网络圈子里，这句话已成为朋友间的暗号和彼此的问候语。〝别看我老和一大帮人一起唱歌、聚会，可我找不到可以交心的朋友，没有人可以真的理解我的感受。虽然跟爸妈住在一起，但他们也不能理解我。上小学那会儿，我每天早上起床时，爸妈早去上班了，到很晚才会回来，我们根本就没有交流的时间。〞王蕴说，〝我最好的'朋友'就是博客和日记。〞

　　〝我抬起头，看见所有人都在疯狂地学习，转过头想和别人说话，四周没有一个人理我，同学们都憋着劲儿互相拼名次。回到家，妈妈拿着新买的习题，告诉我几天之内必须完成。〞一个初中女孩在日记本上用凌乱的字迹写道：〝谁能救救我！〞

过去人们都说童年是天真烂漫的，似乎孩子并不会懂得什么是孤独，也不可能有孤独感的存在；其实不然，北京某医院青少年心理专家就指出："现在的孩子交往很肤浅，只是表面上的，得不到心灵的满足，这是他们经常会觉得孤独的重要原因。"该专家还指出："在接诊的青少年心理问题中，超过1/3是源于'孤独'，大部分来看病的学生都在埋怨家庭、学校、老师，但却无力改变现状。"家庭和学校的生活对孩子的成长影响都很大，可今天的家庭和学校却不是常告诉孩子什么叫友爱，而总是在不厌其烦地提醒他们什么是竞争。一名从业多年的高中教师如是说："现在的学校，不会花时间告诉孩子什么叫友爱、关怀，相反，总是不厌其烦地提醒他们学习、竞争以及不许与异性交往。"

每个人都期待能有人读懂自己，处在青春期的孩子则更希望能找到可以交心的对象。当一个孩子怀着忐忑不安的心准备和父母分享自己的快乐、不安或懵懂的心事时，家长却给他泼了一盆冷水，告诉孩子要"以学业为重"，这必然会断了孩子再次与家长交流的念头。父母要是不能理解孩子内心的渴望，不能在孩子急需倾诉时采用正确的方法与之沟通，将直接导致两代人的交流减少，甚至形成亲子之间更大的鸿沟。而孩子若找不到一个合适的倾听者，久而久之就会变得抑郁、迷茫、恐慌；长期得不到心灵上的慰藉，他就很容易将自己封闭起来，形成孤僻的性格，这对孩子的成长和未来的发展都是有害的。因此聪明的家长应该懂得多与孩子沟通，做孩子可以交心的朋友，而不是让孩子独自承受心灵上的孤寂。

如果说青春期的孩子已稍懂人事因而懂得孤独算是情理之中的事，那不懂人事的婴幼儿是不是就不知道什么是孤独，也不会害怕孤独了呢？当然不是。生活中，你可能会发现孩子渐渐有了偏食、偎人、爱哭闹、爱吸手指、喜欢触摸生殖器官等坏习惯，当你疑惑孩子是不是学坏了的时候，有没有考虑过孩子是不是太无聊、太孤独、太想找点儿有乐趣的事情来做了？

一般成年人在无聊时会感到孤独、寂寞，甚至烦躁不安，其实婴幼儿亦是如此。大人不要总认为孩子一天到晚就只知道玩，哪里会有什么无聊、寂寞。

其实这些情绪孩子照样会有，只是常常被大人忽视而已。为什么这么说？人们在长大后回忆起童年时应该都有这样的体会：犯错后固然害怕挨打，但更怕的是被父母漠视，甚至被父母关到小黑屋里反省。这说明寂寞照样会侵蚀幼小的心灵，照样会让孩子觉得恐惧。

当孩子无聊、孤独的情绪得不到及时关注时，他们就会想办法自救。有的孩子在寂寞时自学了心理调节策略：没人理会，他们就自己玩，自己玩得开心了也就不打扰别人了。不懂得自我心理调节的孩子就会开始吵闹或恶作剧。如果这种淘气的行为第一次吸引了大人的注意力，孩子因此不再孤独了，他们就会尝试第二次，并屡试不爽。于是短暂的情绪问题就演变成了长久的习惯问题，孩子也因此培养出了一些不良的行为习惯。因此家长也必须重视婴幼儿阶段孩子的孤独问题。

针对青春期孩子的交流问题，刘墉采用了写信的方式来和子女们进行交流，而另一位重庆教师廖女士则借用了刘墉的妙招，只是将信改成了便签纸：

廖女士的儿子上初二了，母子俩的关系一直很好，可最近廖女士发现孩子有些事开始避着自己了。那天，儿子约同学来家复习功课，刚把同学迎进卧室，儿子立马把房间门关了起来，似乎在躲避她什么。于是廖女士拿着准备好的点心想进去看看孩子们在干什么。进去后，她很快发现儿子的练习册下压着一封信，结合最近孩子的表现，廖女士已经对信的内容知道一二了：儿子可能早恋了。

当晚，廖女士翻来覆去就是睡不着。因为从孩子懂事以来，廖女士都是以平等、开明的态度和儿子相处的，要是孩子真的早恋了，为了不影响孩子升学，做妈妈的必须拿出家长的权威把它扼杀，可这样势必会影响自己在孩子心目中的形象，该怎么办呢？一夜未眠的廖女士终于想到了一个和儿子交流的方式。早上出门前，她将早餐做好放在桌上并留下一张便签纸，上面写着："幺儿，记得吃早饭啊，最近怎么不爱搭理妈妈了，难道有女朋友了就想把老妈甩了？"下班回家后，廖女士便看到了儿子的留言："老妈，果然逃不过你的法眼！放心，晚上回来我会给你个交代的。"

儿子放学回家后，与正在厨房做饭的妈妈相视一笑说道："妈，我看上一女娃儿，她人漂亮、聪明、大气，重要的是她也看上我了。""哦，不错嘛，看来我儿子不仅眼光不错，行情也还不错嘛。""那你同意我们交往啦？""哦，那要看你了，你要是决定就在我们这个镇上发展的话，当然可以跟她交往；但是你要想走得远点儿，去看看外头的世界，想到上海、北京，甚至国外去发展的话，就该想想是不是该等到那时候再来考虑这个问题了。"儿子先是迟疑了一下，然后说道："那我还是晚点再来考虑这个问题吧。"

都说青春期的孩子叛逆，但并不代表他们不愿意与人分享、与人交流。青春期的孩子是很期待与人交心的，他们时常会感到心灵的空虚和寂寞。如果家长总是忽视他们想要交流的欲望的话，将会加大两代人之间的隔阂。摸清孩子的脾气和意愿，采用正确的交流策略和方法，将有助于孩子敞开心扉，拉近亲子之间的关系。

与青春期孩子交流时，灵活运用以下6点技巧将有利于你们的沟通：

1．要善于找出孩子的优点，并能进行具体表扬。

对于自信心不足的孩子，要多帮他找找自己值得肯定的地方；但孩子如果很自信了，或者说有时已经表现得有点自傲了，就应该适当地多指出孩子的不足。让孩子既能知道自己的优点，同时又能了解自己的不足，才能促进孩子的健康成长，不能一味地只说优点或者只说缺点。

2．要时常对孩子表示信赖，并告诉他："你一定行！"

信赖是相互的，相信孩子的能力并经常鼓励他，当孩子真遇到问题时也更容易想到与相信他、也值得他信赖的家长进行交流。

3．懂得疏导孩子的负面情绪。

负面情绪需要找到出口才能释放，因此家长在与孩子交流时要让孩子有发

泄情绪与谈论感受的机会。

4. 要尊重孩子的感觉，积极倾听孩子的需要，并能真诚表达自己的感受。

孩子需要发泄情绪，与此同时他也需要长辈给予自己合理的建议，此时家长的真诚就显得尤为重要。很多时候孩子觉得心灵孤寂不单单是因为父母不能理解自己，还因为父母不够真诚。当孩子真诚地将父母作为可倾诉对象的时候，也同样希望能听到父母真诚的感受和建议，而不是一贯的家长腔、家长态度。

5. 能进能退。

交流过程中要善于观察孩子的需要与期待，把握好进退的尺度，既不能强迫孩子交代还不想透露的秘密，也不能无视孩子想要表达的意愿，要使孩子能经常处于愉快和满足的状态中。进退有度将有助于增进亲子关系。

6. 给孩子机会。

如果你暗示后孩子仍然没有要跟你交流的倾向，做家长的一定要有耐心，要给孩子机会。也许有的问题，孩子想要解决后再与你分享，当他的确解决不了问题来找你交流时，你一定要放下家长的架子与孩子一起商讨解决问题的方法，以赢得孩子的信任。

与青春期的孩子交流时，忽视以下6点禁忌可能会毁了你们的沟通：

1. 在双方情绪激动甚至失控的时候，急于与孩子沟通。

这是与青春期的孩子交流的一大忌，因为在情绪激动的情况下，人是无法客观理性地分析问题的。当个人的主观情绪占上风的时候，他很难去接受别人的建议、顾虑别人的感受。这样的交流多半会不欢而散，次数多了势必影响亲子间的关系。

2. 把工作、生活中的消极情绪转嫁到孩子身上。

如果家长一回家就抱怨领导、同事的不是，并把工作中受到的领导、客户的气发泄在爱人或孩子身上，这不仅会影响亲子间的关系，还会使孩子模仿家长，并把各种消极情绪带到学习生活中。因此聪明的家长应懂得把工作的情绪留在办公室，把家庭的情绪留在家里。

3．太过急躁地想要解决问题。

俗话说"心急吃不了热豆腐"，家长的步步紧逼只会让处于叛逆期的孩子更不愿意与之交流，长久下去会使亲子关系越来越紧张，甚至使双方对立起来。

4．专注于成败。

不以成败论英雄，这是家长教育孩子时应该有的基本态度。如果一个简单的亲子游戏，家长都要给孩子下命令，让他一定要成功、一定不能输给别的孩子，那孩子不仅会没了玩兴，还会因此以后都排斥与父母一起游戏。家长要善于发现孩子的闪光点，而不是以成败来看待孩子、看待孩子所做的事。

5．用粗暴的批评、指责的语气来管教孩子。

语言暴力与体罚一样都是对孩子自尊的挑战。家长应该明白暴力是无法解决家庭问题的，它只会加大亲子间的隔阂。

6．常对孩子说"你真笨""你不好""你真傻""你真没用"等否定性话语。

一味地否定是不能促使孩子一路奋起直追的，它不仅会打消孩子的积极性，还很容易让孩子实践父母的"定位"，从此破罐子破摔，一路学坏、变笨到底。

正确的沟通可以让青春期的孩子得到心灵上的慰藉，感受到家的温暖，从而减轻他们的孤独感。可面对沟通能力还没那么强的婴幼儿，家长又该如何做呢？以下6个方法应该有助于家长帮助宝宝排解无聊、孤寂的情绪：

1．做一些不寻常的动作。

孩子的无聊和寂寞常常是因为没有人跟他玩游戏，或是游戏已经玩不下去了。当家长问孩子想玩什么的时候，如果孩子的回答是"不知道"，那么他很可能就要觉得无聊、孤寂了。这时家长就不能再偷懒了，要赶紧动脑筋想一想既简单又好玩的游戏，例如做一些不寻常的动作来唤起宝贝的兴趣：把帽子

放在脚丫上、用手指转纸杯、往头上套个猪头面具、用大浴巾把宝宝裹起来让他在浴巾里滚来滚去，或者爸爸抹上妈妈的口红，这些都将会逗得孩子咯咯发笑。不寻常的动作是孩子最简单的快乐源泉，它能让孩子明白原来开心并不复杂，只要做些变化和创新就可以了。

2. 及时为孩子变换游戏环境。

婴幼儿的专注力和耐心不如成人长久，在一个地方玩得时间长了很容易就腻烦，特别是当成人之间长时间聊天而忘却宝宝时，他们会自己玩着玩着就着急、无聊了，摔玩具、搞破坏、与别的孩子发生争执和打闹，或自己一个人开始哭闹。当孩子开始出现这样的淘气或烦躁情况时，家长就要及时为孩子变换环境。孩子是很容易被新事物吸引的，到了新的环境，他们能很快投入到新事物中去，心情也就会自然转好了。

3. 等待宝贝玩够了再提供新玩具。

玩具并不是越多越好，一次性给孩子提供许多玩具是不明智的，他可能摸摸这个摸摸那个，很快就没有新鲜感了。因此，家长要定期整理宝贝的游戏空间或更换物件。不妨把一些玩具先收藏起来，让小家伙可以专心研究眼前的玩具，等到他玩够了再将收藏起来的玩具拿给他，这样既可以培养孩子的专注力和探索能力，也可以避免使孩子觉得乏味、无聊。

4. 不厌其烦地陪孩子玩他喜欢的游戏。

成年人的无聊与婴幼儿的无聊并不完全一样，一些在成人看来无聊的游戏，孩子却常常乐此不疲。如藏猫猫、不倒翁、拔萝卜、坐坦克和飞机等简单的游戏，孩子常常是重复了一遍又一遍仍觉得玩不够，这时家长就要拿出耐心，尊重和珍惜孩子的童心，陪着他将游戏进行到底，不要因为自己觉得无聊而影响宝宝的兴致。否则他将觉得失落、孤寂。

5. 别用成人的无聊情绪感染孩子。

由于现代社会环境、生活环境、工作压力和工作节奏都发生了很大的变化，成人的心理平衡状态经常受到挑战，因而容易产生无聊的情绪。一些年轻的父母可能还无法正确处理好家庭与事业的矛盾，甚至还有一部分年轻夫妻是因为感觉"生活无聊""自己太寂寞"才要的孩子，这些心理都会影响家长抚养孩子的积极态度。人无聊、孤寂的时候常常表现出没有活力、没有思想、没有情趣，也总是觉得生活很乏味、无趣、无奈，这样的家长很容易带出无聊孤寂的孩子。所以为了孩子健康快乐地成长，家长还要懂得主动调节自己的心理，提高自己的精神生活质量，不要用成人无聊孤寂的情绪感染孩子。

6．学会与宝宝谈话。

胎儿在5～6个月时听觉神经就开始发育了，这时准妈妈对着他说话、唱歌、朗读将有助于孩子智力的开发。经常和婴幼儿交谈，哪怕是"对牛弹琴"，也将有助于孩子语言思维能力的提升。当然，经常和宝宝谈话还有助于排解他孤单无聊的情绪。以下几点是在与婴幼儿交流中应该懂得的技巧：

第一，与宝宝的交流要从图片和口语开始。孩子在4～5个月时就应该每天有计划、有目的、定时地带他阅读一些色彩鲜艳、画面醒目、形象美观的图片、卡片和图书。在孩子开始熟悉这些图片后，就要开始试着用非常口语的话为他解读图片中的故事，反复、轮流、循环地讲述将有助于提高宝宝的认知能力。在宝宝熟知口语之后就可以试着由浅及深地引入一些书面语，这样的一个教授过程能让孩子在理解的情况下接受新的词汇表达，将有助于提高孩子的语言认知能力。

第二，与宝宝交谈时家长需要做到声情并茂，甚至有点夸张。不管他听不听得懂，家长需要做的就是看着他的眼睛，然后表情夸张、有声有色地与他讲这讲那，有时还可以使用一些夸张的发音方式，让他在潜移默化中感知语言的魅力。生动多变的语气、语调更容易给宝宝留下深刻的印象，这样有利于激发孩子的模仿欲望，使孩子在表达起来语汇更丰富、表情更贴切。

第三，与孩子交谈时还应尽可能地做到"有话必答"。不管宝宝是呼唤、询问还是倾诉，甚至是在他自言自语时，家长都应给予他积极、及时的回应。要知道语言是在交流与应用的过程中逐渐熟练和掌握的，处在学习阶段的婴幼儿正需要在这种互相交流的环境中来锻炼语言表述能力，因此家长要多与宝宝

交谈，并在交谈中及时纠正、指导、拓展宝宝的语言表述。只有当宝宝跟家长在一起时觉得有话说，才不会感到无聊。宝宝想说、敢说、愿说了，语言能力也就自然能更好地发展了。

第四，场景演示有助于加强孩子对语言的理解。2002年春节联欢晚会上姜昆和戴志诚表演的相声《妙趣网生》不知道还有多少人记得，其中父亲以打电话的方式为孩子解释"生气""愤怒""发疯""哭笑不得"这四个词语的那段让人记忆深刻。娱乐之余也让不少家长明白，场景演示对提升孩子的认知能力是很有帮助的。选择一些影片、书本中的故事和孩子一同表演，分角色彼此对话。定期更换的主题、不断加入的新情节、逐步渗透的新对白，能让孩子在有趣的角色游戏中很快提高语言表达能力。而且场景演示还有助于孩子克服害羞、怕生等心理问题，使他更易于融入集体，更善于与他人交流。交际范围的扩大也将有利于孩子排解无聊寂寞的情绪。

第五，多问一句培养孩子的发散思维。一个人的时候什么最能让人觉得充实？当然是想象。有的孩子有一大堆人陪着仍会觉得无聊孤独，而有的孩子虽然只是一个人在那堆着积木却是一副怡然自得的样子。由此可见一个富有想象力的孩子即使没有人陪他玩，他照样能觉得充实、有趣。陪孩子看电视时，家长可以多向孩子提问或与他讨论，让孩子猜测故事的发展，让孩子想为什么对话的内容会是这样的。生活中，当孩子看到新鲜事物的时候也可以多问问："宝宝，它像什么？""它在干什么？"渐渐地家长就会发现，孩子的语言越来越丰富且越来越有创意。当然，在培养孩子发散思维的时候，家长还要切记，决不能让孩子一味沉溺于自己的小世界里。

记得有人曾说过，"孤独是吞噬人灵魂的魔鬼"，成年人害怕周末的孤独感，孩子也同样没有独自承受孤独的能力。因此家长不要让孩子时常觉得孤独，孩子无论长幼都一样需要得到父母的关爱、理解，都渴望能和父母多交流。他们没有面对孤独的勇气，他们需要在成长中得到父母的支持。

孩子的坦诚——老成持重是被逼的

说到孩子，几乎每个人都会觉得他们应该是"活泼、开朗、天真、单纯"的，可有的孩子却有所不同，他们表现出来的不是孩子的天真无邪而是成人的世故敏感，用"老成持重"来形容他们一点儿也不夸张。随着社会的发展，可能不少人都发现身边这样老成的孩子越来越多了。于是有不少人在质疑："这样的孩子，还有童真吗？"

2010年5月，随着"成都第二届全国'性情作文'比赛"十佳作文的出炉，网上不少家长论坛中关于孩子作文的话题成了热议。对复赛中选拔出的十篇作文的文笔和思想性，大家似乎并不怀疑。但这到底是不是孩子们的"真性情"？网上网下争议却不断。不少人在对孩子们老成的笔法唏嘘和佩服之余，同时也不得不感叹："现在的孩子怎么了？""与年龄相符的童真哪去了？"

对于孩子们"老到"的笔法，不少人都感叹十篇佳作里的"成熟劲儿"太过于"社会化"了，而缺少了十来岁孩子应该有的童真，不少人也怀疑正是学校和家庭的教育让孩子们被迫"老成"，因而根本显示不出他们的"真性情"来。

其中一位网友指出："这十篇作文确实可算上乘之作，但越看孩子们的作文，我心里就越别扭。不是中小学生的作文比赛吗，怎么都是些成人的调调？"另一位网友则认为孩子们有"故作老成"的嫌疑："一个个都是绷起脸来说话，有的模仿著名童话，有的模仿鲁迅，并非坦诚自己的'真性情'。"
还有一位网友为孩子的老成做了解释："我相信，这些孩子生活中也不完全是这样的，他们一定有他们童真、童趣的时候，只是这些时候、这些表情没有留在作文里。因为大家都习惯了，不深沉一点就是平淡，不特别一点就是俗套，所以，他们才被迫'板起了脸'接受社会的改造。"

在网上热议之时，记者采访的一位从事语文教学多年的老师，她也就孩子们的"成熟劲儿"表示了自己的担忧："我们常说童言无忌，但现在一些小学生的作文满口大人腔，满篇假大空，根本不像是小孩子写的。没有个性特色、没有真情实感的文章，在小学生作文中比比皆是。孩子们常常言不由衷，在今天一些课堂上，作文不再是'我眼看世界，我手写我心'，而成了一种单纯的技能训练，一个为考试而学的'任务'，写作乐趣所剩无几。"

如果说作文中的性情是一种加工后的结果，那生活中的"小大人"是不是更该引起家长们的注意呢？

上周五中午，我孩子带她的一个同学到家里玩，她跟女儿一样都是10岁，可给我的感觉却完全不同。我孩子的一切表现都像个孩子，她的同学却更像个小大人。她很有自己的想法，很懂得自律，也很敏感。比如：我们家看的是联通数字家庭节目，她第一次看，就对节目提了好多自己的看法，如小孩节目不多应该增加等，而我孩子却只知道看节目，从来没提过自己的看法。她的自律性很好，来家后她先是很自觉地写作业，写完后才看电视；而我孩子则是老想看电视，作业经常要督促着她做。中午给她们做好饭后我就去上班了。下班回来后，我发现她还没走，我并没有说什么，反倒是她主动说："我妈妈一会儿就来接我。"当时我就一惊，这孩子怎么会这么敏感？

孩子这么少年老成，是好还是不好呢？我孩子现在还是个小孩样：贪玩，学习爱偷懒，无忧无虑。我也有点担心孩子会输在起跑线上。

这是一位家长的亲身经历。家长无不希望自己的孩子懂事，但看到这样少年老成的孩子，家长又不得不担心这会影响孩子的心理健康。家长千万不要盲目地认为少年老成的孩子有更强的抗压能力，将来一定能成大器。要知道表面的老成并不能代表他们内心够坚强，在高压下长大的孩子其实抗压能力并不那么强，他们会比较在意别人的眼光，心理也会比较脆弱，一遇到触及他们底线的问题，他们就可能让积聚多年的抑郁爆发出来。与之相较，在轻松民主的家庭氛围中长大的孩子会更具有竞争力，他们心态好，更懂得包容，遇事也能很快调节到自己最佳的状态而不会轻易钻牛角尖。家长担心少年老成给孩子的成长带来负面影响不是没有必要的。有的家长看到自己的孩子变得"老气横秋"的时候，也希望孩子能返璞归真，变得单纯快乐。只是他们采取的方法是让孩子自我调整，他们认为这是孩子自己的性格问题，但其实不少孩子的少年老成都是被逼出来的。下面是一位90后的女孩儿总结的关于自己这一代人老成的原因：

　　因为要面子，因为怕输，因为怕被别人看笑话……因此我们学会了老成，因此我们不得不想很多、考虑很多。我们的老成是为了能成为爸爸妈妈的骄傲，为了能向大人证明：看，你的小女孩很独立、很勇敢，她不是扶不起的阿斗。其实有的时候我也想能想得少点、轻松点、简单点，让自己更快乐一些，可能是因为我生在了90年代吧，这个社会教会了我们老成……

　　社会环境使然、家庭环境使然，是这一代人变老成的最根本原因。21世纪被强调得最多的两个词就是"竞争"和"人才"，每位家长都想把自己的孩子培养成才，让他们在竞争中能表现得更出类拔萃，从而获得更多的机会。在职场打拼多年的家长深知社会的巨大压力，为了孩子好，他们不得不把这种压力再施加到孩子身上，让孩子明白竞争的残酷性，希望孩子能为此好好学习，表现得更杰出；他们也不得不逼着孩子去学外语、舞蹈、乐器、书法、下棋等，以培养孩子的"一技之长"，避免他们输在起跑线上。日夜在"压力说"下生活的孩子怎能生活得轻松、开心？孩子的童心也就不得不在压力下收起，变得少年老成。

虽然现在我们看到老成的孩子越来越多了，但他们大多数仍停留在言语、动作上的简单模仿，实际上他们的性格、心理还是比较孩子气的；而有的孩子却从内到外都透露出许多经历世事的大人才有的敏感、善变、善于察言观色以及对世事的冷漠，这就让人很担心了。

一位记者为配合《西部晨风》开设的"社会公德"栏目，前往三门峡市区进行拍摄。在某超市门前她看到几十辆自行车倒在路旁，过往行人却熟视无睹时，心里很不是滋味。可接下来发生的一件小事更让她觉得难过。当她正在拍摄倒在地上的自行车时，一个系着红领巾的小男孩来到她身后，眼睛睁得大大的，问："阿姨，你在拍什么？"听了记者的解释，小男孩调皮地说："那我去扶它们，你就拍我吧！"还没等记者回答，小男孩就走开了，并扭过头做了个鬼脸："我逗你玩呢，傻瓜才会扶自行车呢！"

一个女大学生去亲戚家玩，亲戚家有个正在上高中的男孩儿。当她问男孩儿："你学习成绩挺好的，在班里也没少帮助同学吧？"男孩儿的回答却是："那得看对我有没有好处！"她又问："那同学问你题，你总会告诉他吧？"他的回答更令人惊愕："那不白痴吗？让他考试名次超过我呀！"

一位年轻妈妈向朋友抱怨："我真想带着孩子搬到乡下去住，城市里真是太复杂了……你不知道我们小区的孩子有多'小大人'，他们在一起还比谁家的车好、谁的玩具贵、谁的学校好，真受不了，我只希望我的宝宝能简简单单、快快乐乐地成长！"

每个大人都很喜欢听到别人称赞自己的孩子"真懂事，真有本事，超过了同龄人的水平"，于是家长们努力让孩子朝着大人看齐。可教育专家们却渐渐发现：现在的孩子普遍缺乏公共意识、互助意识、宽容意识和责任意识。为什么会这样？这都是向大人看齐的结果。当家长跟孩子强调："以后别再跟××家的孩子玩了，他爸爸是个清洁工，他妈妈在餐厅当服务员，你跟他玩是没有出息的……"于是孩子明白了出身的重要性；当家长跟孩子强调："你又不好好学习了，你要考不上名牌大学，你要没有一技之长，就会像我们公司的××，干不了多久就得下岗……"于是孩子又明白了竞争的残酷性。孩子是有样学样的。今天的孩子会逐渐变得老成，社会环境是一个原因，而家庭教育则是导致这一结果的直接推动力。

现在孩子的老成表现有很大一部分直接继承自家长，他们说话是成人的措辞，打扮也是成人的风格，丝毫没有童真。我们不该批判孩子老成世故，而应该让家长检讨自己的言行。如果你希望孩子能开朗天真，就别一天到晚都对他板着脸；如果你想要孩子具有良好的功德心，就别在他面前为一点蝇头小利沾沾自喜；如果你希望孩子树立正确的价值观，就不要在他面前宣扬金钱的魅力。

老成持重不该是一个孩子应该有的真性情，孩子的本色就该是天真，引用著名海派清口表演者周立波的一句话："如果说这个国家的孩子没有了天真，那么这个国家的未来一定缺乏想象。"为了孩子的未来，家长们请释放孩子的童真吧！

孩子的无奈——没有兴趣的兴趣班

目前，社会上的培训班真是五花八门、种类繁多，很多孩子在三四岁以后，就会被家长带着去参加各种兴趣培训。从某种程度上来说这应该是件好事，毕竟说明现在的家长很注重开发和培养孩子的兴趣。可当看着一个个瘦弱的孩子愁容满面地从一个兴趣班赶往另一个兴趣班时，家长是不是该反省一下：到底自己的重视是否有利于培养孩子的兴趣，是否有利于孩子的成长呢？

以下是一篇小学六年级学生的获奖作文，看完文中孩子的无奈和希望后，不知道家长该作何感想：

当同学们对《喜羊羊与灰太狼》津津乐道的时候，我一片茫然；当同学们在父母陪同下观看《2012》的时候，我在家里努力地学着法语；当同学们被《阿凡达》所震憾的时候，我又被日语的家教老师折腾得难受；当同学们闪着清澈明亮的眼睛时，我却感到视力越来越模糊；当同学们登上了天安门城楼，并尽情地在各自喜欢的旅游景点飞舞着双手时，我的假期却在被钢琴、舞蹈、书法、棋画、奥数及作文等所包围。

亲爱的爸爸妈妈，你们的苦心我不是不明白。当你们花费这么多的钱，请来了各式各样的老师为我辅导时，说实话我的内心是无比的感激。可我还是个孩子，无法一下子吸收这么多的知识，更何况有一些还是我根本就不感兴趣甚至讨厌的，叫我如何能够投入地去学习？你们有没有想过，当同学们都能活泼天真地做着自己喜欢的事，而我却要为实现你们的期望、硬着头皮逼着自己少年老成时，我是什么样的感受？

我原来的成绩都在前三名，而现在因为要接受太多的课外培训，成绩已经降到了全班的中游。亲爱的爸爸妈妈！当你们希望我在学习上得到全面发展的时候，你们在意过我的心情和日渐消瘦的身体吗？其实我现在并不快乐，因为你们把我当成了学习的机器，因为我无法像同学们一样感受这个年龄段的纯真童年。曾经我渴望假期，但现在我却害怕它的到来，因为我担心自己会被铺天盖地的课外辅导所淹没。

马上就是寒假了，我想在这段时间先补习语文，然后选一两个自己感兴趣的课外才艺辅导。我已经是六年级的学生了，知道该如何支配学习的时间，且一定会努力地重返前三名，争取以优异的成绩考上重点中学。请你们给我留一些属于自己的空间，让我有时间去跟同学们一起玩耍，好吗？这样也容易了解和感受这个时代的新鲜事物。亲爱的爸爸妈妈你们能答应我吗？请相信你们的儿子最终一定会成为你们一生的骄傲！

看完儿子的获奖作文，据说那位父亲含着泪告诉儿子："爸爸对不起你，我没想到这些给了你那么大的压力，从现在开始我会尊重你的意见。"

面对名目繁多、品种多样的兴趣班，家长们常常是昏头涨脑，更多的时候并不是去征询孩子们的兴趣所在，而是追随时尚、跟随专家们的脚步。专家说儿童学轮滑有助于骨骼发育，于是家长们就一窝蜂地拥向轮滑班；专家说学习音乐可以培养孩子的情商，于是家长们又跟随着给孩子报了各类乐器班；专家说孩子学习舞蹈可以培养气质，于是家长们又给孩子报了舞蹈班……为了不让自己的孩子输在起跑线上，家长们不惜倾尽所有也要让孩子学习热门的技艺。用家长的话来说："我们现在也就只能这样了，但孩子还有美好的未来，我们不能让他输在起跑线上。"

家长望子成龙、望女成凤的心情可以理解，可孩子背负着自己不喜欢的"兴趣"的无奈心情又有谁能理解呢？《中国教育报》曾刊登过这样一个故事：

一位名叫晶晶的女大学生在记者问及她对现在父母培养孩子业余爱好有什么看法时，她这么说的："所谓的业余爱好，对我来说不啻于一场噩梦。因为它根本就不是我的爱好，父亲把自己的爱好与梦想强加给我，夺走了我童年的欢乐，也扼杀了我对音乐的兴趣。请告诉父母们，孩子不是你们的私有物，让孩子做他们自己想做的事吧。"

原来在晶晶很小的时候，爸爸为了培养她在音乐方面的兴趣，送她去参加了小提琴兴趣班，从那时起，晶晶不仅每周要去两次兴趣班，每天在家还要练琴；上小学后，练琴成了她在课外时间里要做的最主要的事情。后来，随着晶晶小提琴技艺的不断提高，爸爸带她参加各种演出，也获得了很多荣誉。晶晶爸爸的虚荣心得到极大满足，但是对练琴的要求也变本加厉，晶晶稍有懈怠，就会遭到爸爸的批评甚至打骂。晶晶上大学以后，不再受爸爸的约束，就再也没碰过小提琴；而且，她发誓今后再也不拉小提琴了，因为她一看到小提琴，就会回忆起过去那段痛苦的日子。

兴趣应该是用来陶冶情操的，兴趣的培养应该是在尊重孩子主观意愿的前提下来选择的，可现在的家长们在培养孩子兴趣时却常常犯这样的错误：

错误一：把自己的兴趣强加给孩子

都说现在孩子的头上顶着"六座大山"：爸爸、妈妈、爷爷、奶奶、外公、外婆。他们所有人都把这唯一的孩子看成掌上明珠，在对他爱护有加的同时，每个人也都寄予了很高的期望，甚至把自己的愿望都寄托在了孩子的身上。爸爸希望孩子能在电脑方面有所建树，于是孩子从小就得学各种电脑软件；妈妈希望孩子在音乐方面显示才情，于是孩子便得硬着头皮去上音乐培训班；爷爷觉得下棋是个不错的兴趣，于是孩子每周至少上一次围棋班……让孩子承继自己的理想，这大有"子承父业"的味道。这看似天经地义的事，站在孩子的角度考虑却是在剥夺他们的自主权利。一位教育专家就指出：任何学习都不值得以牺牲童年的快乐为代价。所谓的"兴趣班"实际上可以说是家长们的兴趣，也可以说是幼儿园的兴趣，但显然绝对不是孩子的兴趣。

现在的家长常常将孩子作为自己的私有财产来看待，"我没有实现的就希望我的后代能为之奋斗""我所喜欢的就希望孩子能继承并发扬光大"，孩子被迫接受的各种"使命"常常让他们难以应付。不但形体上消瘦了，心理上也抑郁了。长期下来，即使孩子曾经对家长的"兴趣"充满了兴趣，但在家长的逼迫下，却连半点精神也提不起来了。

错误二：把兴趣培训当成上好学校的敲门砖

因为孩子少，因为竞争激烈，所以现在的家长对孩子的成长尤为关心，尤其是在培养孩子的兴趣、技能方面投入更多。

尽管国家已经出台了一系列关于减负的政策，对于学校开设兴趣班也有相关的规定，但家长的需求却一再助长兴趣班的发展壮大。目前，许多家长对兴趣班仍存在错误的认识，大部分家长都认为别的孩子上了兴趣班，自己孩子不上就会落后。可教育专家却指出：这样的认识会让孩子潜意识里觉得学习是父母和学校安排他做的事，容易导致他以后对学习产生逆反心理。

上好的学校固然重要，可塑造一个健全的人则更为重要。在功利性的兴趣培养下，孩子不仅常常因为沉重的培训而体力透支，还可能在长期的压抑下做出极端的行为以示反抗。看完以下这些真实的事件，你就将明白这些"兴趣"给孩子造成了多大的压力：

一个 5 岁的男孩，因母亲逼着他学弹琴而把自己的手指弄断；一个 7 岁的男孩，在众亲友面前说自己最大的理想是放牛，挨了父母一顿毒打后离家出

走；一名湖北大学生，独生女，喜欢哲学，但却在父母的"建议"下学了四年的金属材料，毕业后在北京找工作，四个月无果，绝望之下跳楼自杀；一名江苏大学生，爸爸妈妈都是著名的物理学家，夫妇俩一心想让这唯一的孩子出国深造，于是从小学到大学给孩子安排了众多出国所需的课程，并天天看着儿子学，不给儿子一点儿自由，儿子被压得喘不过气来，终于忍无可忍，就在过16岁生日那天，他用皮带勒死了自己的妈妈和爸爸！

这些事情可能在不少家长听来觉得不可思议："孩子怎么那么不懂事？父母让他学不也是为了他好吗？"是啊，父母总是比孩子考虑得长远，总是能权衡利弊。可孩子毕竟是孩子，他们想要的只是一个快乐自由的童年。学习和玩其实并不冲突，让孩子带着愉快的心情去学习，探索自己真正感兴趣的东西，这不是更好吗？何必一定要让他们在压抑氛围中学习？这样不仅会让孩子憎恨学习、厌恶父母，还会使孩子没有机会自己找到学习的兴趣和动力，在成年后就难以具备成功所需要的想象力、创造力以及内在的动力。而对于真正的成功者来说，内在的动力等要素，要比才华、技能本身重要得多得多！

把兴趣培养当成上好学校的敲门砖，这可能不会使孩子输在起跑线上，但可能让孩子输在终点。为了孩子真正的成功，做家长的是不是该为孩子营造一个轻松的学习氛围呢？

错误三：急于求成、揠苗助长

揠苗助长的故事想必大家都听过，在嘲笑那个宋国人怎么那么傻时，家长们是否想过自己教育孩子的方式很多时候也是在揠苗助长？让两岁的孩子学游泳，让三岁的孩子读MBA，让四岁的孩子念高中英语……这些听似天方夜谭的事情却不断在我们身边发生。面对家长和老师不恰当的教育方式，教育专家们一再呼吁大家要遵循儿童的成长规律来制订相应的教育方法，绝不能揠苗助长。可因为怕孩子输在起跑线上，家长和老师常常对此置之不理。

如今在小学的图书馆中我们已不难发现大部头的中外名著：《红与黑》《飘》《漂亮朋友》《嘉莉妹妹》《悲惨世界》《红楼梦》……这些可能很多大人都未曾看过的名著却进入了孩子的阅读范畴，成了他们的课外阅读推荐书。不少教育专家对此深感无奈：家长和老师希望培养孩子阅读能力、开阔孩子眼界的心情可以理解，但这些名著中所描述的内容是否适合孩子看，这些书所用的字词、所要表达的思想又是否是孩子们能够理解的，家长和老师却没有考虑过，只是单纯地觉得只要是名家、名作就一定对孩子的成长有利。然而，这样的阅读培养常常会把孩子吓住，让他们对文学失去兴趣。

另外，各种早教班也明显存在揠苗助长的痕迹。近年来一项专门为3～6岁儿童开设的名为"EMBA"的课程受到了众多高知家长的追捧。据早教中心介绍，该课程与成人MBA在教育理念上很相似，课堂上老师会为孩子播放各种各样的影片、音乐，然后让孩子讨论、角色扮演、发表自己的观点等，俨然将成人MBA的教学方式用到了幼儿身上。对于这样的教育方式是否真如教育机构所说能培养出具有"知识的整合能力、广阔的全球化视野、丰富的创造力思维、坚强的意志力、非凡的理财能力、团队合作精神及卓越的领导才能"这七大核心能力的优秀儿童，专家们表示怀疑。现在很多教育机构看准了年轻父母望子成龙、望女成凤的心理，于是便开设了各种课程来满足家长们的需求：幼儿音乐、舞蹈培训、婴幼儿游泳课程、幼儿写作辅导、幼儿奥数辅导等，不少课程已成为早教机构的招牌项目。报一个培训班可能花掉几千几万，但家长们并不心疼，因为不少孩子在这样的早教培训中确实学到了东西。可这种揠苗助长的教育方式真就有利于孩子的成长吗？我认识一位从事教育多年的女教师，她就极力反对通过各种各样的课外辅导对孩子进行超前教育。

她说自己教过一个非常聪明的学生，从小就上各种各样的兴趣班，所学内容涵盖从课内到课外的各个领域。孩子很有天分，经过学习，小小年纪的他已经在学习大学英语课程了，钢琴、跆拳道等样样优秀。但孩子上初中后却面临

一个问题，老师讲的全学过了，学校的课程一点儿激发不起他学习的兴趣，为此他开始逃课、玩游戏，最后因跟着一群在网吧认识的社会青年抢劫而被送进了少管所。

当然这只是个非常优秀的孩子的个案，也许并不具有普遍性，但超前教育挫伤孩子学习的积极性和兴趣却应该引起一些家长的反思。正常教育计划是根据孩子在不同年龄阶段的特点和能力制订的，具有一定的科学性。尽管有极少数孩子天资确实非常好，但他们并不能代表所有的孩子。研究表明，超前教育的害处是很多的，不少父母以孩子入学前能写会算为荣。提前让辅导班给孩子灌输了足够多的知识，上学后，孩子对教育内容"不学而能"，这看上去是好事，却导致了孩子形成"上课不用心、下课不尽力"的不良学习态度和学习习惯，这对孩子的成长极为不利。

家长们应该反思以上所列的三种兴趣培养到底给孩子带来了什么。这些所谓的兴趣不仅常常扼杀了孩子的兴趣，还常常让孩子身心俱疲而不能进入一个良好的学习成长状态。

在杭州一个重点小学的门口，一个瘦瘦的小男孩儿一边喝着牛奶，一边慢慢地啃着面包，旁边的妈妈急了："吃快点儿，再不快点儿就赶不上钢琴班的课了。"小男孩儿一脸无辜地看着着急的母亲："妈妈，面包我实在是吃不进去了，下次能给我泡一桶方便面吗？"

在一个小学四年级教室门口，女孩儿拉着老师问问题："老师这道题能再跟我解释一下吗？我还是没听明白。""这道题我上课的时候讲过两遍了……""那这道呢？""……""还有这道。"……女孩儿终于走出校门看到一脸焦急的爸爸："怎么了，今天这么晚？手风琴课还剩下一刻钟就结束了，今天只能跟老师说不去了。""哦，放学后跟老师讨论问题没注意时间，对不起啊爸爸，我下次会注意的。"

　　不要责备这些孩子不懂事、不争气，看看他们的眼神，其实孩子也很无奈，他们不是不明白父母的期望和苦心，但这样的教育真的不适合自己，因此内心自然就生出了反抗情绪。所以家长在帮孩子报兴趣班时最好能顾及孩子的感受，不要把自己的兴趣强加给孩子，要尊重孩子自己的意愿；也不要太功利地让孩子学习，要培养孩子广泛的兴趣爱好，让孩子通过兴趣班能在能力和知识上得到真正的提升；更不要盲目地为孩子报一大堆学习班而占据他所有的课余时间，这样不仅违背了孩子爱玩的天性，还会让孩子没有时间看课外书、参加课外活动，而使孩子将来出现知识面狭窄等一系列问题。对于孩子兴趣的培养应该以孩子为主体，让孩子真正有兴趣去学习探索，才能培养出真正优秀的孩子。

孩子的无助——为什么不肯信任我

在儿童急诊室外一位年轻妈妈满含眼泪，因为她现在才知道孩子并没有欺骗她，她为自己对孩子的不信任懊悔不已。事情是这样的：

李女士带着儿子小明上亲子辅导课，课程刚刚进行到一半，小明却吵着说自己肚子疼，李女士自然认为这是孩子在为不想上课找借口，于是严肃地要求他不要再闹了。小明一边流着泪一边捂着肚子继续上课，直到他疼得受不了晕了过去。把孩子送到医院，大夫诊断为急性肠胃炎，再晚点就有肠穿孔的危险。这时李女士才知道自己对孩子的不信任是多么不应该。

曾几何时，家长以怀疑的眼光来看待孩子不同的需求，将孩子不配合的行为一律归类为逃避的〝花招〞，并以〝孩子是放大疼痛，下课就好了〞的理由来合理化家长自身的冷漠时，是否想过这样断然地拒绝会给孩子造成多大的伤害？家长又是否想过自己对孩子如此不信任，日后又该怎么教导孩子去信任他人？

每个人都有犯错误的权利，也有改正错误的可能，我们都是在不断犯错然后改正的过程中成长起来的。身为家长应当懂得信任是培养巩固亲子关系中必不可少的元素，切不可让不信任毁掉了孩子的大好前程。

每个人都有美好的理想，阿哲也曾怀抱着他的理想无数次站到了领奖台上，那时阿哲总能看到父母慈祥的脸上绽开的满意笑容。可当他渐渐偏离人生轨迹的时候，父母的不信任却又推了他一把，将他彻底送进了罪恶的深渊。

阿哲出生在一个普通的双职工家庭里，父母对他很宠爱，家庭也充满温馨。小学时，阿哲聪明好学、读书用功，在班里的学习成绩一直名列前茅，并且先后在班里担任了组长、班长、学习委员等职务，也是老师的好助手。小学毕业时，他以优异的成绩被市重点中学录取。沉浸在父母、同学和老师的赞扬声中，阿哲开始沾沾自喜、狂妄自大起来。上了中学，父母为了培养阿哲的独立生活能力，开始让他住校。没有了父母在身边看管，阿哲不仅在学习上渐渐松懈了，思想上也出现了滑坡，并和社会青年混在一起学会了抽烟、喝酒，学习成绩自然是直线下降。

了解到阿哲改变的原因后，父母将他接回家住，并严格规定了他放学回家的时间，控制了他零用钱的数量，并不允许他周末出门。开始阿哲确实很反感父母对他的限制，直到有一天他发现母亲在谈论他时泣不成声，才明白了自己的行为已经给父母造成了那么大的伤害，于是决定改过自新。

中学毕业后，父母为了让阿哲与那些所谓的"朋友"彻底断绝来往，决定送他到省会的一所医学院学医。明白父母的苦心后阿哲也终于认真起来，他的聪明才智和勤于钻研的态度得到了老师的认可。虽然刚进学院，但他与高年级学长合作发明的小型医疗仪器却在全省医学科技大赛中取得了第二名的好成绩，在期末考试中他又以全班第三名的好成绩告别了这一学期。因为阿哲的出色表现，学院的老师要求阿哲在寒假能留下来帮他搞课题，为此父母开始紧张起来，他们害怕阿哲在省会没人管再次学坏，于是屡次打电话催促他回家，他的解释父母都听不进去，最后阿哲的爸爸还亲自来学校将他接回了家。对于父母的不信任阿哲十分懊恼，回家后不久便找到社会上的"朋友"一起喝酒谈心。渐渐地阿哲又开始抽烟、喝酒、夜不归宿，父母对他也心寒了。就在这个亲子关系僵持的寒假里，16岁的阿哲伙同他人抢劫并致受害者死亡而被警察带走。

这其实是一个不该发生的悲剧，父母的不信任将一个迷途知返的少年推向了罪恶的深渊。如果能得到家人的信任，阿哲也许会在医学界闯出一片天地吧。可现实留给阿哲的却是冰冷的手铐和高墙铁窗。

每个孩子都希望自己的家庭是幸福温馨的，可这样的家庭必须建立在互相信任的基础上。如果将家庭比喻成星系，那么每个家庭成员就是这个星系中的不同星体，不同星体的磁场自然也不可能完全相同，要使这个星系能正常运行，那信任就是实现这一切的前提。换言之，信任实际上是家庭成员间互动、亲子沟通的基础，一旦家庭成员间失去信任就无法维系家庭星体间彼此的牵引力，不管是对家庭星系失去信任的成员还是被家庭星系不信任的成员都有可能成为这个星系中的孤星或是来去不定的流星。

现在很多的家长都不信任自己的孩子，总认为孩子考试考不好是他们学习不认真、不努力，孩子没完成作业是他们偷懒、不自觉。只要孩子表现不好或犯了错，不管他们怎么解释，家长都会一概以怀疑的态度来看待，殊不知这样不仅会打消孩子承认和改正错误的积极性，还可能影响到亲子间的感情，甚至导致孩子对他人也不再信任。

家长对孩子的不信任常常表现在两个方面：一是如前面提到的，孩子犯错后不信任他们的解释或对他们不再信任；二是孩子成功后不信任他们的能力。

悦悦上美术课回来，拿了一张作品，兴奋地摆着小手让姥爷看，几笔勾勒的小狗，惟妙惟肖。姥爷看后疑惑地问："是你自己画的吗？""是呀！""你自己画的，没有老师帮忙？""没有呀！"……姥爷做不可思议状。爸爸下班回来看完画后又问一遍："你自己画的？""是呀！"……妈妈回来了又重复了一遍，当姥姥回来了继续问她"是你自己画的"时，悦悦已经明显不耐烦了，于是喊道："是我自己画的！！"

悦悦的故事经常发生在幼儿身上，因为孩子年幼，所以家长常常不相信孩子能独立将事情做好，而对孩子的成功持怀疑的态度，总认为这是超乎孩子能力范围的事情，肯定是有别人的帮助才能完成。可父母这样的怀疑却可能浇灭孩子的创造热情和探索欲望。像故事中的悦悦，本来画画让她很有成就感，可家长的质疑却把她激怒了，试想要是家长不以这种态度来质问一个孩子，而是对她说："哇，咱们悦悦真聪明，这小狗画得真漂亮，是怎么画的啊？"先夸奖再引导她，家长就不仅能得到答案还能激发孩子再次创作的热情。

迄今为止，都没有一个人能指出人的能力到底有多大，那么我们又怎么能怀疑孩子的能力呢？我们的孩子对各种新鲜的东西，常常怀着强烈的好奇心，而历史上众多赫赫有名的人也正是凭借着这样的好奇心成就一番伟业的。像牛顿、爱因斯坦、伽利略、居里夫人这些伟大的科学家，凡·高、贝多芬、莫扎特这些知名的艺术家，他们都是在最纯粹的好奇心的推动下自发自动地追求科学、追求艺术的。不是有人曾说过"心有多大就能走多远"吗？其实孩子的好奇心有多强创造力也就有多强。当孩子成功的时候，身为家长该做的是鼓励他、引导他更进一步，而不是怀疑他的成功、否定他的才能，这样只会使他失去进步的动力。

对于那些表现不好或是常犯错的孩子而言，家长的信任也同样是促使他们进步的源泉。孩子犯了错，家长应该做的是去了解孩子犯错的原因以便对症下药，而不是一棍子打死，让他失去改正的信心和愿望。家长应该明白只有相信孩子才能理解他，只有理解他才能尊重他，也只有尊重他才能增强他克服困难、改正缺点的自信和勇气，这才是教育孩子的正确方式。因为相信、理解、尊重是相互的，如果家长能懂得怎样去相信、理解和尊重孩子，孩子也才能相信你是对的、理解你的良苦用心、尊重你的要求，从而使两代人形成一个共同的目标，并努力奋斗来尽量实现这一目标。

所以说信任会让孩子与家长的关系更加亲密无间，而不信任则会让孩子离我们越来越远，和谐的家庭必然是建立在相互信任的基础上的！

孩子的绝望——别把我当"神童"

"神童""天才"，中国的家长无不希望能将自己的孩子归到这一类当中，遇到亲朋好友也总喜欢听到诸如"你们家孩子真聪明""这孩子太有天赋了""这孩子这么伶俐，将来一定有出息"这样的赞美之辞，于是便想尽办法将孩子往天才、神童的道路上推。可这种望子成龙的心态却不知让多少聪颖的孩子失去了学习的积极性。

一对夫妇在家招待一位阔别多年的朋友，该朋友是留美多年的钢琴家。家宴上，夫妻俩对这位钢琴家朋友照顾得无微不至。饭后，大家坐在客厅闲聊，出于对夫妻俩热情招待的感激，这位钢琴家免不了要说些感谢和称赞的话语，当看到夫妻俩5岁的儿子手指漂亮时，钢琴家夸道："这孩子手长得修长漂亮，应该挺有弹钢琴的天赋。"没想到这样一句称赞夫妻俩却记在了心上。

钢琴家走后，夫妻俩便商量着给儿子买钢琴、报钢琴班、请家教老师等一系列的事情。最初孩子确实很喜欢钢琴，学习也很认真，老师也夸奖他很有学钢琴的天赋，小小年纪就能把钢琴弹得那么好实在难得。

之后，这对夫妇便带着儿子参加了各种音乐比赛，儿子的出色表现也给他们赢得了不少艳羡的目光。这种满足感使得夫妻俩更加在意孩子的学习，对孩子的要求也越来越严格。父母的紧逼让男孩儿渐渐开始厌倦钢琴，学习也越来越不上心，为此父母开始打骂孩子。出于报复，男孩儿每次练习后总会将钢琴弄得伤痕累累。最后，因为在一次重要的钢琴比赛中男孩儿故意没弹好输掉比赛，被父母毒打了一顿，伤心的孩子发誓再也不弹钢琴，并拿刀剁掉了自己左手四根手指。

在压力下出现这么极端反应的当然只是个案，但从中我们应该可以明白家长望子成龙的心态和为此采取的极端手段会给孩子带来多大的压力和伤害。孩子的天赋就这样在家长的逼迫下"夭折"了，这不仅是父母的悲哀，也是孩子一生的悲哀。培养孩子成才必须适得其法，否则不仅会打消孩子学习的积极性，还可能引发亲子情感危机，更甚者还可能致使孩子采取一些极端的措施来报复父母的不恰当教育。

2001年12月《北京青年报》上以《望女成凤反成疯》为题，报道了一件令人痛心的事情：在重庆市，一个成绩优异的姑娘，在接到硕博连读录取通知书的前4天，精神失常，疯了！为什么会出现这样的悲剧呢？原来这个姑娘自幼聪明过人，有着过目不忘的本领，可正是这样的才华使得父母对她的期望极高。因此，这个聪明的姑娘在过去十几年生活中的全部内容只有两个字：学习！长久的压抑和巨大的心理压力导致姑娘精神失常了。

不仅中国的家长有这种望子成龙、望女成凤的心态，在国外这种情况其实也是存在的。家长们想要孩子成才的心情固然可以理解，但逼迫孩子成才就太极端了。曾经看到一篇报道，说的是一位母亲将天才儿童逼至自杀的事情，具体是这么一回事：

一个名叫加斯汀的男孩儿，在美国东部素有"神童"之称，《落基山新闻》就曾连载过8页之长的特别报道来介绍加斯汀的成功：他3岁接受智力测验成绩惊人；6岁再次接受智力测验时竟然取得了298分的高分；7岁时他就以

3.75（满分4.0)的总平均分取得了高中毕业证书，并在美国大学SAT考试中获得数学满分800和英文650的高分；8岁不到他就注册就读了罗彻斯特大学……主持过加斯汀智力测验的科罗拉多州某私营智力测验公司的专家希尔佛曼女士也宣称：加斯汀是地球上至今为止最伟大的神童。

不料，神童加斯汀的母亲，29岁的伊丽莎白·恰普曼却忽然被逮捕，并被起诉犯有照料儿童不周罪。而加斯汀则被布鲁姆斯菲尔德郡政府收容，委托给一个家庭代为抚养，不准其母接近。怎么回事？原来这位"神童"在母亲望子成龙的压力，神童声誉造成的社会、生活压力以及保持做神童的自我压力下，承受不了了。8岁的加斯汀企图以自杀来逃避种种压力，被送进丹佛儿童医院抢救，后又被送往一所精神病儿童医疗中心接受医治。主持医护的心理医生表示：加斯汀的神经和感情都出现了混乱，已经无法继续接受母亲给予他的重任。

原来伊丽莎白·恰普曼为了给儿子创造更多自己从来没有得到过的机会，假造了一些文件，才把儿子塑造成了一个"神童"的形象出现在公众视野中。她不仅从邻居家偷了别的孩子的SAT考试成绩单进行涂改伪造了高分数，还曾在智力测验公司考核加斯汀智商之前，从罗彻斯特大学借了一本智商考核的书，并跟儿子一起做了充分准备，使儿子取得了令人称奇的高分。"神童"塑造成功后，为了维持这份荣誉，伊丽莎白又采取了多种极端的方式来教育孩子，她以为这样的"帮助"可以为孩子创造一个更美好的未来，可却不知道这些反而适得其反，最终把儿子逼到了企图自杀的境地。

被捕后，伊丽莎白也对自己的所作所为深表懊悔，并表示对做错的事自己不在乎要付出多少代价，只希望能得到儿子的原谅，并能陪伴着儿子一起长期努力，医治好心灵上的创伤。

伊丽莎白·恰普曼其实只是想当一位好母亲，她想给孩子创造更多的机会，可从没考虑过这样的教育方式是否是孩子能够承受的，最终才导致了这一

悲剧的发生。

希望孩子能成才，父母就不断给孩子灌输"学习才能成才"的观念，并极力将孩子打造成一部"学习机器"，而父母的责任好像就只是给这部机器上油、充电，有的父母甚至还希望自己的孩子就是一部"永动机"，能永远学习，永不停止。在中国，无论孩子是年少聪颖还是资质平庸，父母都希望他们通过各种各样的学习能更上一层楼，因此中国孩子不仅学习持续时间长，而且学习内容也远不只课堂上的知识，课后还要面对家人增加的无数的辅导书、热心亲戚朋友收集提供的各种资料。在仅有的课余时间里家长还会采用各种高压政策和方法，强迫孩子学这学那；别人学什么自己的孩子也不能落下；有意无意中还会责怪自己的孩子不如别人的孩子聪明；批评或表扬子女时也常常以他人为"镜子"；孩子稍有进步就沾沾自喜，稍不如意则贬低孩子无能，恨铁不成钢。父母只是要求孩子"学习学习再学习""努力努力再努力"，却很少顾及孩子的感受、倾听孩子真实的想法。过度地强调学习，反而让孩子产生了厌学情绪；过度地强迫孩子，使孩子无法在家长面前敞开心扉，反而使孩子更加焦虑抑郁。

据统计，中国的青少年中有70%曾产生过厌学的情绪，有60%有过离家出走的想法，而至少有20%的人患上了轻、中度焦虑症。一份由上海市卫生部门和教育部门联合在2500名中小学生中进行的"上海市中小学生自杀行为及危险因素研究"的研究就表明：目前自杀心理行为已普遍存在于上海市的中小学生中，有24.39%的孩子曾有一闪而过的"活着不如死了好"的想法，而曾认真考虑过该想法的人数也达到15.23%，执行过自杀计划的则达到了5.85%；并且自杀想法的发生率随年级的上升而提高，5年级的学生中有自杀想法的达18.16%，初中生接近24%，高二学生自杀想法的发生率竟然达到了37.93%。这一连串的数据应该会让家长和老师感到恐慌，难道只有放弃学习才能让孩子感到轻松愉快吗？其实并非如此，求知欲是每个人都有的，学习也应该是永无止境的，只是家长急于求成的心态和错误的教育方法使得这些孩子感到过于压

抑，才会发生的无数悲剧。

　　活到老学到老，学习伴随着我们一生的成长，可学什么、怎么学却是很有讲究的，这也是天下父母必须认识的问题。

　　学习，首先是学习书本知识，但那些只是人生中很小的一部分。学习不仅是知识的学习，还应该包括学习如何做人、如何做事。但急功近利的父母们似乎想到的只是考试、成绩，所以常常以偏盖全，造成学习内容的单一化，孩子不仅没有机会接触更多有利于成长的新鲜事物，还导致了孩子的厌学情绪。

　　其次，学习应该是一个长期的过程，揠苗助长不利于孩子的成长，最终会欲速则不达：父母的满腔热情，反而换来孩子的悲剧收场。因此，家长在培养孩子时一定要循序渐进，要从孩子的实际情况出发，尊重孩子的年龄特征，尊重孩子的个性，使孩子按照自己的发展规律来发展。

　　最后，学习应该建立在兴趣的基础上，因此家长们要懂得为孩子营造一个轻松愉悦的学习环境，不能强加干预。使孩子带着兴趣去学习，才能真正有利于开发孩子的智力，让孩子珍惜学习的机会。

　　教育孩子是家庭的重要内容，孩子的教育事业是一项全民族的宏大工程，它必须经历一个相当漫长的阶段。家长们应该调整自己的心态，让孩子在自由的环境下快乐成长。孩子也有自己的生存权、发展权，有权选择自己的生活、学习方式，家长们切不可用自己的"热心"去帮倒忙！

孩子的愤怒——别把"教训"当"教育"

幼儿园放学了，爸爸来接小宝，老师将孩子送出园时说："今天小宝又不听话了，在室外活动时他竟然用水泼别的小女孩儿，把孩子都弄哭了，好不容易才劝好。回家问问他怎么了，我们问他他也不说。"爸爸连忙赔笑道："真是让您费心了老师，小宝太淘气了，那孩子没事儿吧？"……"好好，记住了，回家一定好好'教育教育'他。"……听完老师的话后，宝爸自然是一路黑着脸；小宝则沉默不语，看爸爸的样子也知道回家免不了被训斥打骂了……

训斥、打骂到底是教育孩子还是在教训孩子，很多家长可能都没有弄清。中国有句古话"棍棒之下出孝子"，千百年来不少家庭都将其奉为治家名言，不少人还认为"棍棒之下"不仅能出"孝子"，还能出"才子"，于是训斥、打骂成了不少孩子成长过程中的家常便饭。

我们常将家庭比喻成温暖的避风港，它应该是最能让我们感到亲切，也最值得我们依恋的地方了，正如美国宾夕法尼亚州匹兹堡大学的教授、著名教育学家斯特娜夫人所说："家庭应像古代歌词中所说的那样，对孩子来说应该是世界上最美好的地方。"然而事实却证明，不少家庭离温馨已越来越远了，家庭已逐渐成了孩子们最想逃离的场所，成为现代社会一个不可忽视的"暴力策源地"，甚至是一个"血腥的屠宰场"。

2009年3月中国青少年研究中心发布了《中日韩美四国高中生权益状况比较研究报告》，该研究是由中国青少年研究中心、日本青少年研究所、韩国青少年开发院及美国Idea Resource Systems公司联合进行的。虽然报告显示中美两国的高中生明显比日韩两国高中生对未来更有自信，但另一方面也显示出中国学生明显比其他三国学生的学习时间更长、学习压力更大。在中国高中生中竟然有18.7％的人有过离家出走的经历，这一数据值得家长们反思：到底家庭给孩子带来了什么？为何孩子遇到问题时想的不是依靠家庭的力量和家人的智慧共同解决问题，而是选择了逃避？家庭到底有哪些威胁让孩子们恐慌了？

15岁的小曼下定决心离家出走，就算天塌地陷、露宿街头她也不打算再回家了。到底是什么让一个未成年人对家庭如此深恶痛绝？

一天晚上，巡逻人员在公园的长凳上发现了睡着的小曼，将她带到了办公室询问，这才知道了小曼离家出走的原因。原来小曼是家中的长女，下面还有一个妹妹、一个弟弟，爸爸有很强的重男轻女的思想，因此小曼从出生后就从未得到过爸爸的疼爱。弟弟出生后她更沦为了家中的免费保姆，做饭、洗衣、打扫卫生、照顾弟妹是她每天必做的"功课"，她上初中后还得负责接送上幼儿园的弟弟。对于一个未成年的孩子来说，这些繁重的工作已经让她很吃不消了，更让她难以忍受的是她还经常遭到爸爸的毒打：饭煮太硬了会挨打，菜炒咸了会挨打，不小心把弟弟弄哭了会挨打，爸爸在外工作受了气回来还得拿她当出气筒……这些让她恨透了这个家，她每天盼望的就是自己能快点儿长大，有能力脱离这个人间地狱。就在离家出走的前一天晚上，因为弟弟不吃饭、还把碗推到地上打碎了，她又被爸爸毒打了一顿。

青少年离家出走如今已不是鲜见的事情了，来自学习的压力、学校的压力、父母的压力都是孩子出走的原因，但"家庭暴力"在各种原因中却占到了主要位置，父母粗暴的言行常常是未成年人离家出走的导火线。当这些离家出

走的少年被民警或好心人送回家时，大多数父母却并未了解到自己的过失，而是指责孩子不懂事："我们只是'教育教育'他，没想到他脾气那么大，竟然还离家出走，回家非得好好教育教育……"这些话让帮助孩子的人也感到很无奈，难道棍棒就一定能打出孝子？

高小瑞的父母下岗后在小区开了个小卖部勉强度日，他们把所有的希望都寄托在了高小瑞的身上。在教育孩子时，高父信奉"棍棒出孝子"，而高母则百般哄劝。在这样的家庭环境中，高小瑞性格孤僻，成绩也一直不好。一天晚上，高父在街上发现几个流里流气的小青年正调戏一个女孩儿，其中竟然就有高小瑞。气愤之下，高父将其扭回家，用绳子捆住，结结实实地揍了一顿，并不断"提醒"小瑞："你小子给老子听好了，下次再敢闯祸，小心老子剥了你的皮……"第二天高小瑞像往常一样背着书包去上学，却没再回来。两天没见到儿子回来，情急之下的高父跑到公安局报了案。一个星期之后，公安人员来到小瑞家却没有带回小瑞，而是告诉他们高小瑞参加了一个抢劫团伙被抓住了。不久，法院以抢劫罪判处高小瑞有期徒刑2年，这一天离他18岁生日就差10天。

高父不是不想让孩子学好，只是他奉行的是一种专制型的教育，认为"暴力"是解决问题的根本手段。专制型家长往往以"老子"自居，总是摆出威严的、居高临下的架势，绷紧老气横秋的脸孔，用教训斥责的腔调对待孩子，并常常故意制造紧张的气氛，威胁、恐吓、叫骂、体罚，意欲使孩子入耳入脑"牢记不忘"，殊不知这样的教育常常适得其反。有的孩子在这种教育方式下变得抑郁胆小、性格孤僻，有的孩子则耳濡目染有了暴力倾向，还有的孩子在长期的压抑下对父母厌倦、憎恨甚至起了报复的心理。有的家长不仅会用教训的方式来管教自己的孩子，还常常鼓励孩子去教训他人以免受欺负。而这则成了青少年犯罪的主要诱因之一。

无论是用"教训"的方式来教育孩子，还是教育孩子用"教训"他人的方式来维护权益，其结果都会给孩子的心理造成伤害，养成一些难以克服的缺陷。如果孩子是因为害怕家长的"教训"而在父母面前做他们希望自己做的事，那就会间接养成孩子撒谎的习惯。而体罚孩子不仅不能教导孩子培养良好的行为习惯，还可能在无形中让他们形成这样一些不良观念：当别人做了对自己不利或自己不喜欢的事情时，就可以理直气壮地去打骂他人；以大欺小、以强凌弱是天经地义的；别人对自己无礼，最直接有效的解决方式就是暴力；对曾经体罚过自己的人存在恐惧和报复心理……总之，用"教训"的方式教育孩子可能在短时间内会带来一些效果，但长远来看，会给家庭和家长带来更多的烦恼和恶果。

现代家庭教育理论研究表明，亲子关系是基于血缘之上的情感、伦理、教养等关系的总和，家长对孩子的尊重将有助于调和这一关系。家长深情的爱意、恰当的评价、耐心的态度、亲切的语言，能缩短亲子间的心理距离，有助于克服亲子间的认识障碍、情感障碍，从而使孩子消除惧怕感、增强安全感、减少"代沟"、产生对家长的平等亲近感，这将有利于亲子之间实现内心世界高度的和谐统一。如此，家长晓之以理，孩子知理明义；家长导之以行，孩子循规蹈矩。这不仅使家庭教育变得轻松、简单，还将有利于培养亲密无间的亲子关系。因此家长在教育孩子的时候一定不能有专制观念，要抛弃"孩子是我生的我养的，我爱怎么着就怎么着"的观念，决不能凭借自己的性情、脾气对孩子肆意耍态度，更不能错把"教训"当教育。孩子需要的是教育和引导，而不是家长的辱骂和体罚，孩子犯错后适当的惩罚是合情合理的，惩罚的目的应该是让孩子认识到过错并能找出做错的原因而加以改正，而不是用粗暴的言行来震吓他们。

家庭教育的方式将决定家长与孩子之间的亲密程度，家长想要得到孩子的认可、尊重和亲近，就不要错把教训当教育。

孩子的疑惑——是谁夺走了我的幸福

2010年8月7日，首届中国国际积极心理学大会在清华大学开幕，来自国外的著名积极心理学家和我国的著名心理学家、社会心理学工作者等三百余人出席会议。

亚洲积极心理研究院理事长倪子君在大会上公布了《高中学生积极心理教育调查》，调查显示：亚洲各国中中国孩子的幸福指数已排在了低位。"缓解学习考试压力""提高学习积极性""学习兴趣和习惯的培养""与同伴和家长愉快相处""自信的提升"这5项成为中国高中生最希望接受的积极心理教育内容。专家指出，"最希望接受的"也就意味着是"最缺乏的"，由此分析学习考试的压力仍然是目前中国高中生面临的最大的心理困惑，也是他们没有幸福感的主要原因。

据新华社一篇名为《和谐社会需要尊重和鼓励失败者》的文章中引用的数字，我国每年自杀人数达28.7万，还有200万人自杀未遂。也就是说中国每两分钟就有一人死于自杀，同时还有8个人自杀未遂。在中国青少年死亡案例中还可以发现，自杀已经超过了车祸、疾病等成为最大的死因。自杀人数是他杀人数的7倍以上。即使算上成年人，在中国所有死亡人群中，自杀也是第五大死因。白发人送黑发人的惨剧在国内屡屡上演。到底是什么让中国的青年人如此"看不开"？一项研究表明，国内许多自杀者并非是因为患上精神疾病才走上自杀之路的，而是在遇到强烈人际关系冲突后做出的冲动之举，也就是说中国青少年的自杀行为大多源于内心的孤独感、挫败感、不幸福感，他们是在这些主观情感的驱动下选择了自杀。"没有人理解我""我做的总是错的""为什么失败的永远是我"这些是自杀青少年考虑得最多的问题。在家长、老师、同伴那里得不到安慰、不能被理解、难以取得成功，导致他们觉得自己是不幸的，是不能被认可接受的，注定是失败者。对生活环境和人际关系的不满意是他们缺乏安全感和幸福感的主要原因。

作为社会心理体系一部分的幸福感，会受到许多复杂因素的影响。主要包括：经济因素如就业状况、收入水平等；社会因素如教育程度、婚姻质量等；人口因素如性别、年龄等；文化因素如价值观念、传统习惯等；心理因素如民族性格、自尊程度、生活态度、个性特征、成就动机等；政治因素如民主权利、参与机会等。在主观幸福感与社会心理体系诸多因素和层面之间的密切联系中，以下几点是十分独特而重要的：

1. 心理参照系

就社会层面而言，其成员的幸福感将受到他们心理参照系的重大影响。例如在一个封闭社会中，由于缺乏与其他社会之间的比照，尽管这个社会的物质发展水平不高，但由于心理守常和习惯定势的作用，其成员仍能知足常乐，表现出不低的幸福感；而一个处在开放之初的社会，面对外来发达社会的各种冲击，开始有了外在参照，因此，其成员的幸福感便可能呈现下降之势，因为此时他们原有的自尊受到了创伤。就青少年而言，在家里，家长时常会将自己的孩子与别人做比较，认为自己的孩子这也不够好那也不够好。得不到家长的认可，孩子的自尊心肯定会受到损伤。在学校，同学之间也会有各种比较，如她的学习成绩好又是班长，而我学习不好连个小队长都当不上；他爸爸每天开豪华车来接送，而我爸爸只能骑自行车来接送；他妈妈到国外出差买了最好的玩具给他，而我妈妈只会从地摊上买点儿小玩意儿给我；他寒暑假可以出国旅行，而我放假了还得在市场帮爸妈卖菜；她长得漂亮同学们都爱跟她玩，而我长得不好看大家都排斥我……如果不管在哪个参照系中自己永远都是那个最差的，那时间久了孩子肯定就会觉得自己是不幸的。

2．自身的成就意识

大多数青少年都希望自己将来能取得一定成功、能有所成就，并会设定一定的预期抱负目标。因此在青少年成长过程中，他们自身的成就意识就与他们的幸福感有着密切关系。如果他们意识到的自身成就水平高于自己的预期抱负目标，那么，便会产生强烈的幸福感；反之，如果他们意识到的自身成就水平低于自己的预期抱负目标，那么，则不会有幸福感可言。

3．本体安全感

本体安全感指的是个人对于自我认同的连续性、对于所生活的社会环境表现出的信心。这种源自人和物的可靠感，对于形成个体的信任感是极其重要的，而对于外在世界的信任感，既是个体安全感的基础，也是个体抵御焦虑并产生主观幸福感的基础。因此，人的幸福感有时与其经济状况或收入水平之间并未呈现出简单的正相关关系。在现实生活中，一些经济状况不佳的人，其幸福感却不低，而有些百万富翁却整日忧心忡忡。对于青少年而言，他们的安全感会因为学习成绩的不同及家长和老师关爱鼓励程度的不同而有所改变，当他们成绩在上升并得到了家长和老师的鼓励和信任时，就容易感到自己是幸福的；反之，如果他们的成绩出现了下滑，家长和老师也开始怀疑他们最近是不是没有努力，他们自己就容易怀疑自己的能力，怀疑还能不能再次得到家长和老师的信赖与关爱，从而导致幸福感直线下降。

总之，人的幸福感是需要长期有效、积极的心理促进来实现的，正如清华大学副校长谢维和在首届中国国际积极心理学大会上致辞时所说的那样："我们的社会需要更多的表扬、赞许，减少抱怨、愤恨和对立。有更多人用善意的眼光去评价他人，我们的生活质量和幸福感才会成倍增长。"

对于青少年来说什么才是幸福？幸福不是家长送给她的芭比娃娃，不是家长给他买的玩具火车，也不是家长给他的一柜子漂亮衣服。幸福很简单，它可

以是在孩子摔倒时家长给的一个鼓励和关切的眼神，可以是在领到成绩单时家长给予的赞许，还可以是忙碌的爸妈终于有一天能陪他逛一次公园、一起吃顿肯德基。但真正的幸福却有着更深刻的内容，它能培养孩子的精神，让孩子体会到与世界融合的感受，这些将是他一生受用的财富。专家认为，幸福的孩子都具有相同的基本特性，包括自信、乐观、有控制世界的感觉。一旦掌握了好的方法，孩子的这种特性就能很容易被发掘出来。因此，培养孩子的幸福感需要及早进行。家长通过以下这些方法将有助于发掘孩子的幸福特性：

1．让孩子无拘无束

每个孩子都有减压的机会，玩或者学习的时候稍微休息一下、自由活动一下、能让他们的想象自由驰骋；不受时间限制地去捉萤火虫、堆雪人或者看蜘蛛织网，都能给你的孩子带来生命的惊叹。如果你能暂时放下手中的活，从被你排得满满的生活里走出来和孩子一起追寻这种快乐，那他的幸福感将会倍增。

2．教孩子关心别人

孩子需要感受到他是集体中有价值的一员，要让他能够通过一些特别的方式触及别人的生活，要给他更多接触别人的机会，让助人为乐的感受慢慢走进他的心灵，让他学会从帮助别人的过程中获得快乐。在家里，你可以让他选一些自己不想要的玩具送到孤儿院；买学习用品时，你可以让他多挑一套送给山区"手拉手"的同学；在超市里，你可以让他选一些家用商品援助贫困区。在帮助别人的过程中，孩子能发现自己存在的价值和被人需要的快乐，因此教育孩子帮助、关心别人也有利于培养他的幸福感。

3．带孩子亲近自然

和孩子一起去滑雪、爬山，或者一起去公园、郊区玩，亲近自然可以让孩子更健康、更茁壮，还能让他拥有更多的欢笑。经常运动、拥抱大自然能让孩子身心放松，拥有健康的体态，还能让孩子因为自己能完成一些运动或目标而获得自豪感。如果你鼓励他去做他喜欢的运动和探索，或许他还能从中得到更

多的乐趣。

4．让孩子发自内心地大笑

欢笑是放松身心的又一重要方式，幽默、快乐的家长常常能培养出幽默、快乐的孩子，因此家长要懂得在互动时尽可能让孩子能发自内心地大笑。给他讲笑话、唱儿歌、告诉他你自己遇到的可笑的事，这对你自己、对孩子都有好处。当人大笑的时候，可以缓解紧张的情绪，吸入更多的氧气、让心灵自由地翱翔。儿时的欢声笑语大多会成为成年后的幸福记忆。

5．恰当表扬

表扬得有技巧，不要只会对孩子说："做得真棒！"表扬应该要具体。当孩子有进步或者掌握了一门新技能的时候，你要能指出你观察到的细节，如说"你描述的英雄真形象，好像就在我的眼前"或者"我喜欢你这种画树的方法"远比一句空洞的赞扬要好得多。当然，也不能过分奖赏孩子，这样会使孩子更重视他所得到的奖励，而不是他做了什么。

6．让艺术走进孩子的心灵

毫无疑问，你一定听说过古典音乐能促进大脑发育的理论，不光如此，接触音乐、舞蹈以及其他任何类型的艺术，都将能丰富孩子的内心世界。弹钢琴、听音乐能给孩子一个情绪发泄的出口，这是孩子表达自己对世界的感受的一种有创造性的方法。另外，培养孩子喜欢上一门艺术，可以让孩子在艺术中感受到快乐，无论是学钢琴，还是参加学校的演出，都能让孩子觉得他是优秀的，从而提高孩子的自信心，让孩子感到快乐、幸福。

7．让孩子感受"温暖"

形容幸福时，多数人会用到"暖暖的"这个词语，因此要想让孩子感受到幸福就一定要懂得"温暖"孩子。微笑和拥抱是最能让人感受到温暖的方式。对孩子微笑能让孩子感到更舒服，这是在用最快的方法对孩子说"我爱你"。同样拥抱孩子也能让他感受到你对他的爱。有专家说：给一个人拥抱就像给他输送营养，每天给一个人4次拥抱，仅是生存需要；给他8次拥抱，他能保持好

的状态；给他16次拥抱，他才会成长。微笑和拥抱不仅能增强孩子的幸福感，还能增进亲子间的关系，当然家长在这当中也能体会到幸福。

8．聆听孩子的心声

对孩子来说，没有什么比你能专心听他讲话更重要的了，这是在表示你很关注他。想做一个更好的聆听者吗？不要似听非听。如果孩子和你讲话的时候，你正在对账或做家务，请你停下来，把注意力转移到孩子身上。无论他在说什么，都不要打断他，让他把话说完或者直接说出他表达的意思，即使这些话你以前已经听过了。

9．相信孩子

家长都希望自己的孩子是最好的，但孩子却不可能什么都能做好，许多家长在纠正孩子的时候，却不经意间破坏了孩子的信心。如果孩子擦过的地板，你再去重新擦；孩子收拾过的厨房，你再去收拾一遍，你是在告诉孩子他做得不够好，这会让孩子有挫败感，也会打消孩子做事的积极性。因此家长想纠正孩子做过的事前，请先问自己几个问题：第一，孩子这样做会影响健康和安全吗？第二，这件事会从现在开始影响你十年吗？如果答案是"不"，那就顺其自然吧。得到家长的信任会让孩子更有安全感，更容易感受到幸福。

10．教导孩子解决问题

从系鞋带到安全地过马路，孩子每掌握一种技能就是向独立和成功迈出了一步。教导孩子解决问题，能让他觉得自己很棒，能让他觉得预期的目标并不是那么难以实现。当孩子遇到障碍、被同伴笑话或者问题让他迷惑不解的时候，你可以通过以下几步帮助他：第一，告诉他问题是什么；第二，让他描述一下他希望得到的结果；第三，告诉他什么样的步骤能实现这样的结果；第四，判断他是否能通过自己的能力达到目的，是否需要帮助；第五，如果他需要帮助，要让他相信他随时可以得到帮助。授之以鱼不如授之以渔，教会孩子解决问题的本领，当孩子能凭借自己的力量解决问题时，他正面的自我成就意识就会加强，从而更容易感到幸福。

别烦，

11. 给孩子展现自己的机会

孩子都在某个方面有天才般的本领，家长应该做的就是为他提供一个可以展示自我的平台。他要是喜欢朗读，你做饭的时候就可以让他读给你听；他要是对数字敏感，你购物的时候就可以让他帮你挑选价格最合适的商品；他喜欢讲故事，有客人来的时候你就可以让他在大家面前表演。当你调动起孩子的积极性，并展现出你对他的表现很满意时，你就又开辟了另一条让孩子更自信的小路。关注、培养孩子的能力不仅能让他离成功更进一步，还可以让他感受到你对他的爱，感受到幸福。

孩子的幸福感来源于哪里？主要来源于家庭。要让孩子感受到幸福，需要家长持续地给予他积极的心理暗示。让孩子学会用一种积极的方法来解读遇到的事情、困难和复杂的人际关系，这可以激发孩子自身所固有的某些实际的或潜在的积极品质和积极力量，从而使孩子能顺利地走向属于自己的幸福。其次，孩子的幸福感还与学校教育有关。为此，从2007年9月开始，英国部分公立学校为11岁儿童开设了"幸福"课程，以应对青少年学生中出现的越来越多的抑郁、自伤和反社会行为。学校教育作为孩子成长的一个重要部分，如果想让孩子感到自己是幸福的，就一定要通过教育让他们懂得该如何建立自信、如何挑战消极思维、如何清晰表达自己的想法，以及如何更好地适应生活的压力。有研究表明，有清晰自我意识和良好社交技巧的孩子会更自信、更倾向于采取积极乐观的生活态度，从而更容易感到满足、幸福。

任何时候都不要说"放弃"

对犯错的孩子说放弃的家长，不管你有多少所谓的理由，你都注定被称为"不合格的监护人"！

再坚持一下，你就是成功者的父母

不管是在哪个行业，当问及那些成功者取胜的秘诀时，他们无一不是在说：我能成功是因为我坚持下来了。是的，成功贵在坚持，而想要成为成功者的父母，你就必须比别人更努力、更有毅力。坚持、坚持下去，也许仅仅是多坚持一秒钟，你就是成功者的父母了。曾经听过这样一则很有意思的故事：

有一个小和尚，他来到一座很大的寺庙，想跟一位非常有名的大师学些真本事。大师问他："你想学什么？"他抬头看看天空，发现飞翔是一件很自由和惬意的事情，就说："我要学习飞翔。"于是大师准备教他轻功。眨眼间，他又看见湖里有许多鸭子在游泳，也很自在的样子，于是又说："我想学水下功夫。"大师刚让他摆好架势，他又立刻觉得做个大力士似乎更好，可以打败很多人……可想而知，到了最后他还是一无所长。

其实在教育孩子的过程中，父母就像故事里的小和尚，总希望自己能成为最好的父母，能把孩子培养成最优秀的人才，可挑挑拣拣，每一种教育方法都坚持不下来。看到孩子没有进步就改变教育策略，看到孩子退步就放任自流，这样怎么能培养出优秀的孩子？

拿破仑·希尔被誉为全世界最早的现代成功学大师，他的著作和思想影响了两任美国总统和千千万万个读者。他在人际学、创造学、成功学等领域比戴尔·卡耐基有着更高的地位。他创建的成功哲学和十七项成功原则，以及他永不消退的热情，鼓舞了千百万人，因此他也被称为"百万富翁的创造者"。当人们问及他是如何走向成功的时候，他说得最多的就是要感谢他继母对他的持续鼓励。

拿破仑·希尔小时候被认为是一个坏孩子，家人和邻居甚至认为他是一个应该下地狱的人。无论何时出了什么事，诸如牧场的母牛被放跑了、堤坝裂了，或者一棵树神秘地倒了，人人都会怀疑"这是小拿破仑·希尔干的"。在这种情况下，拿破仑·希尔破罐子破摔，一心想表现得比别人形容的更坏。他的母亲去世后，一位新母亲走进了他的家庭。拿破仑原本以为继母是不会给自己半点儿同情的，但是，事实却并非如此。

继母发现了拿破仑·希尔人性中的优点。在继母的赏识和鼓励下，拿破仑·希尔开始改正自己的缺点，并发奋学习。继母用她深厚的爱和不可动摇的信心，塑造了一个全新的拿破仑·希尔。

拿破仑·希尔在他的著作《人人都能成功》中这样形容继母对他的影响："这个陌生的女人第一次走进我们家的那天，我父亲站在她身后，让她独自应付这个场面。她走进每一个房间，很高兴地问候我们每一个人，直到她走到我面前。我倚墙站着，双手交叠在胸前，凝视着她，眼中没有丝毫欢迎的神色。我的父亲说：'这就是拿破仑·希尔，兄弟中最差劲的一个。'我绝不会忘记我的继母是怎样回应他这句话的。她把双手放在我的双肩上，两眼中闪耀着光辉，凝视着我的眼睛，这使我意识到我将永远有一个亲爱的人。她说：'这是最差的孩子吗？完全不是。他恰好是这些孩子中最伶俐的一个。而我们所要做的，无非是都把他自己所具有的好品质发挥出来。'一股暖流涌向我的心底。这一时刻是我生命历程的转折点。我的继母总是鼓励我依靠自身的力量，制订大胆的计划，坚毅地前进。后来证明这种计划就是我事业的支柱。我决不会忘

记她教导过我的话：'当你去鼓励别人的时候，你要使他们有信心。'我的继母造就了我，因为她那深厚的爱和不可动摇的信心，使我努力成为她相信我所能成为的那种孩子。"

继母的赏识和坚持不懈的鼓励让原本被认为"应该下地狱"的拿破仑·希尔燃起了获得成功的斗志。其实每一位父母都应该向这位优秀的母亲学习——努力去发现孩子身上的"天才"细胞，鼓励他、给他信心，并坚持下去，这样你也能塑造一个成功者。正如很多成功者说的那样："我们之所以能成功，是因为我们比别人多了一份幸运，我们幸运地生在了一个能理解我们、认可我们的家庭。"

想要成为成功者的父母，你就应该比别人多一份耐心。

做会赏识孩子的父母 ▌▌▌▌

　　心理学家威廉·詹姆斯曾说过："人性最深层的需要就是渴望别人的赞赏，这是人类区别于动物的地方。"孩子不是不想做好，每个孩子都有自己的天才细胞，他之所以无法将它发挥出来，主要是因为：不管他做什么，都无法被家长认可。

　　成功是每一个孩子都非常渴望的。运动员每一次小小的进步，都需要人们的喝彩和掌声，孩子在成长道路上也是如此。只有每一次小成功累积起来，才能渐渐铺就孩子的大成功。每一个细小的成功都能够带给孩子无限的信心和动力，促使孩子不断努力，取得更大的成功。而赏识正是催人奋进的因子，它可以开拓失败者前进的空间，不断激励胜利者昂扬的斗志。

　　2004年周弘老师的《赏识你的孩子》一书一经推出就受到了家长的追捧，各大媒体也开始大量报道"赏识教育"的理念。周弘这个名字在关注教育的家长耳中并不陌生，他曾用赏识教育法将自己全聋的女儿周婷婷培养成了留美博士，并用相同的教育方法培养了一大批"周婷婷"，而被媒体称为"周婷婷现象"。赏识孩子真的能给他们如此大的力量吗？在《赏识你的孩子》一书中，周弘老师这么形容赏识对孩子成长的影响：

　　没有种不好的庄稼，只有不会种庄稼的农民。农民怎样对待庄稼，决定了

庄稼的命运；家长怎样对待孩子，决定了孩子的命运。

　　家长希望孩子早日成才的心情何尝不是与农民希望庄稼快快成长的心情相同呢？好农民懂得因地制宜，在恰当的时候满足庄稼的需求，才能种出好庄稼。同样，要想成为好父母也需要因材施教，满足孩子心灵深处的需求才能培养出成功的孩子。

　　你的孩子也许不够聪明，也许有很多缺点，也可能是"捣蛋大王"，可是作为父母，你绝对不能对孩子存有偏见，羞辱或嫌弃他。对孩子一定要包容，要有信心，哪怕天下所有人都看不起你的孩子，做父母的也要眼含热泪地欣赏他、拥抱他、赞美他，为自己创造的生命而自豪，让他能感受到你对他的欣赏和爱，这样他才会朝着你期待的那个样子去发展。如何才能成为一个懂得赏识自己孩子的父母呢？周弘老师有一条非常好的经验值得每个父母学习："总让孩子努力，却总不让他尝到成功的甜头，他哪来动力呢？让孩子尝到成功的甜头有个诀窍，不妨称为'够苹果原理'：跳一跳，够得着。父母必须在接纳孩子目前成绩的前提下，承认孩子与孩子之间的差异，面对孩子每一次的成功与失败，要像最初教孩子说话和走路那样，对未来充满信心与希望。要针对孩子的实际情况，不要把尺度定得太高，要定在孩子够得着的范围之内。让孩子在成功的良好感觉下轻松愉快地飞翔，否则只能痛苦而缓慢地爬行。"

**　　首先，家长应该为孩子设定一个小而实际的目标，来增加孩子的信心。**

　　不要简单地认为赏识就是夸奖孩子，运用"赏识教育"首先要树立孩子的自信。家长要针对孩子的实际情况，为他设定一个"够得着"的小目标，这本身就是一种有效的赏识，而且这种情况下的赏识不会产生"副作用"。这里有一个很有意思的童话故事：

　　天鹅妈妈教小天鹅如何飞行，可是怎么教小天鹅也只是在地上奔跑然后扑腾

别烦，

几下就下来了，而每次天鹅妈妈批评它"你得知道你必须飞过崇山峻岭才能到南方去"时，它都不耐烦地说要去玩，不想再飞了。为此天鹅妈妈十分担心，再过不久就要到冬天了，要是小天鹅没法飞过前面那座高山到南方温暖的地方去，它可能会在这里冻死，怎么办呢？焦虑的天鹅妈妈终于想到了好办法。

第二天早上，天鹅妈妈又把小天鹅带到外面学飞行，它们来到一片小树林前，天鹅妈妈说道："孩子，你看到这片矮树林了吗？""嗯。"小天鹅回答道。"今天妈妈带你到树林那边的湖边去玩好吗？只要飞过这片树林，你就能看到碧绿的湖水和活泼的小鱼。""是吗，妈妈？太好了，太好了！"小天鹅兴奋地扑扑翅膀。"准备好了吗？先快速跑动，然后张开翅膀，跟着我朝着你想去的那片湖飞去。"天鹅妈妈一下子就飞到了树林上方，而小天鹅刚开始仍然只能扑腾着飞到半棵树的高度，天鹅妈妈于是鼓励它："你看，你很棒，比昨天飞得高了，再加把劲你就能飞过这片树林到对面的湖边去了。"在妈妈的鼓励下，小天鹅终于飞到了树林上方，跟着妈妈来到湖边，美美地洗了一个澡，吃上了鲜美的小鱼，并和住在湖边的水獭成了好朋友。体会到飞行的快乐后，小天鹅又在湖上来回飞了好几圈。

又过了一天，天鹅妈妈再次告诉小天鹅，在另一个村庄有它从来没见过的风景和活泼机灵的小猴子，于是小天鹅又兴奋地跟着妈妈飞过了一片小丘陵来到了那个村庄。

后来，在妈妈的鼓励下小天鹅又飞过了连绵的小山林、险峻的高峰，看到了一处又一处的美景，结识了许多好朋友，也吃到了各式各样鲜活的鱼。自然，小天鹅的飞行技巧也越来越熟练了。深秋来了，树叶也一片片落下了，而小天鹅则成功地跟着天鹅群一起飞过了崇山峻岭，来到了温暖的南方，等待它的又是新奇的事物和美丽的风景。

看准孩子的心理需求，给他设定一个个小目标，并逐步往大目标靠近，天鹅妈妈就是这么引导着小天鹅走向成功的。了解了孩子贪玩和好奇的心理，天鹅妈妈以新鲜的地方来诱惑孩子，让原来只能扑腾几下的孩子，从飞过矮树林开始练习，然后逐渐飞过丘陵、山林和高峰，最后达到长途飞行、越过崇山峻岭的目标。

教育孩子时必须考虑孩子的实际情况，不能一下子就给他定一个他目前根本就不可能达到的目标，目标最好是小而实际的，需要孩子努力一点点就能实现的。如果孩子不需要努力也能实现，那就失去了目标的意义；但如果孩子已经努力了却够不着，那就不能让孩子获得成功和自信，反而可能让他感觉沮丧。

这个目标要如何设定呢？第一，父母应该对孩子的能力和实际条件有一个正确的认识，切忌急于求成；第二，在目标设定时应该和孩子一起决定，这样不仅能听取孩子的意见，也能让孩子更有积极性；第三，如果父母对孩子的情况把握不准，最好与孩子的老师商量；第四，可以考虑给孩子设定一个只要努力就一定能够得着的目标，像故事中的天鹅妈妈那样。

当然，为孩子设定目标后还要适当地强化孩子的目标意识，让这个目标在孩子心中扎根，比如可以把目标写在墙上悬挂的黑板上，或者用彩色纸写了贴在墙上。如果目标有一定的时间限度，那么再给孩子一本"目标日历"，把目标应该完成的那一天显著地标示出来。让孩子养成一个良好的习惯——在晚上睡觉前问自己一个问题：今天，我为我的目标做了些什么？当孩子实现了某一目标后，做家长的必须给予一定的奖励，当然最好是非物质的，比如，让全家人聚在一起共同分享孩子成功的喜悦，或给孩子颁发家庭达标奖状，或者让孩子选择一件他自己喜欢做的事，看电影、打电脑游戏或者去肯德基吃饭都可以。

其次，在孩子犹豫迟疑的时候给予支持和鼓励，让孩子明白你对他的信任。

赏识最发挥作用的时候，应该是孩子想努力又有点怕的时候。这时，"赏识"就是一只有力的手，在孩子后面用力推一把，他就有力量往前迈进一步。当然鼓励孩子最好不要用外在的物质去诱惑孩子，应该让孩子看到他自身的能量，让他对自己有信心，从而取得进步。当然也不能过分强调孩子的潜能。不

断跟孩子强调"你一定能行"，这种办法对一部分孩子会管用，而对另一些天性比较胆怯的孩子来说，可能反而增加了他们的心理负担，让他感到难以承受。因此，在孩子犹豫迟疑的时候，家长可以从这几方面来鼓励他们：

第一，最好能给孩子做个漂亮的示范。如果你玩过一些刺激性的游戏，比如拓展或蹦极，你就会有这种体验，你前面的那个人对你有很大的影响。如果排在你前面的人玩得很顺利，而且一副兴高采烈的样子，你也会跃跃欲试；相反，如果他怕得要死，你恐怕也会有些犹豫。孩子更是这样，给他们一个漂亮的示范，孩子的信心就会增强。

第二，让孩子想象自己成功的样子。让孩子在头脑里细致地描绘成功的图画，让它越来越清晰，清晰到如同身临其境。这种方法在心理学上已经得到了肯定，它能有效地增强人的信心。

第三，解除孩子的后顾之忧。孩子为何会犹豫不决，很多时候不是因为他没有能力去完成这项挑战，而是他怕失败了自己承担不起，这个时候你就需要跟孩子说一句："你放手去做，做好了算你的，做坏了算我的。"让孩子解除对失败的恐惧，这不仅会让孩子知道你是支持他的，也将有利于增强孩子的勇气。

第四，激一激孩子。激将法用以鼓励有能力却不敢放手去做的孩子很有用。比如有一种游戏是走吊桥，吊桥晃来晃去，又没有扶手，孩子往往都会害怕。这时，父母不妨先走过去，然后激一激他："你要是不过来，我们就走了。"让孩子处于一种必须靠自己的力量克服困难的境地，才能将他的潜能激发出来。

最后，在孩子失败的时候更要说出你对他的赏识，这样才能激发他再次挑战的信心。

失败的时候也需要赏识？有些父母可能不解。其实，孩子失败的时候会更需要家长的鼓励，如果这时不"赏识"孩子，孩子可能得到的不仅是失败，而且还有失败留给他的沮丧心情，这比失败本身可怕多了。而有了家人的鼓励，孩子反而能从失败中得到一些可贵的东西——经验、面对失败的态度、对人的关爱，而这些对孩子的成长绝对有利。

不要讳言孩子的失败。失败就是失败，怎么样也不能把失败说成功，这是没有说服力的。同时，也不能把失败归因于客观因素，让孩子正视自己的失败，这是第一课，也是很重要的一课。父母不妨多与孩子讲讲人们失败的例子，历史故事也好，名人逸事也好，自己的亲身经历也好。总之，要让孩子知道，失败是每时每刻都在发生的，每个人也都会遇上，这是人生的常态，谁也无法避免。要让孩子多思考"我虽然失败了，但从这件事的过程中我得到了什么"。成功与失败并不是对立的，它们不过是一种比较，有时，成功只是比失败多了一点点。而无论成功还是失败，都比完全不做要好。完全不做就是个零，而只要去做了，哪怕只做到0.01，也比0要大。启发孩子，不要想着那没有得到的99.99，而要让他知道做到的那0.01究竟是什么，而自己又是怎么做到的。那么最初的0.01就会渐渐变成0.1，1，10然后是100。

当然，最后还需要说明的就是，不能将对孩子的"赏识"简单等同于"赞扬"或"奖励"，如果说后两者更多地针对孩子已完成的良好行为、已取得的优秀成绩，目的是给予孩子肯定的评价；那么，"赏识"的更大的作用应该是针对孩子做事的过程、努力的过程，目的是让孩子有信心坚持下去。赏识孩子不仅要赏识孩子的优点、长处和进步，也不能忽视了孩子的缺点和弱点。孩子身上该指出的问题还是应当及时指出，该批评的问题也应当及时批评，该制止的问题当然也要及时制止，这是不能含糊的。但是分寸应当适度、实事求是，不宜过分夸大，尤其是不可只讲这一个方面。孩子的成长毕竟是孩子自己的事，孩子身上缺点和弱点的克服，只有调动和依靠孩子自身积极因素才能真正做到，而且克服缺点和弱点的目的正是为了发扬他的长处和优点。忘记了这个目标，孩子就会感到自己一无是处，失去前进的信心，没有拼搏的动力，最终导致缺点和错误难以克服。

孩子上网成瘾该怎么办

都说互联网是把双刃剑，它给我们带来方便的同时也给我们的生活带来了一些麻烦，这个麻烦发生在孩子身上最突出的体现就是"上网成瘾"。随着互联网的逐渐普及，越来越多的青少年有机会接触到网络。现实生活中，三点一线的学校生活让青少年感到枯燥，家长也不理解他们、无法满足他们的心理需求，更谈不上能和他们进行有效的沟通。而虚拟网络世界就不同了，虚拟网络世界可以给他们带来许多自我满足的空间：网络聊天的匿名性、网络游戏画面的刺激性、网络音乐的流行性以及网络升级给人带来的成就感等，在现实世界中不易得到的、不易实现的都能在这里得到满足。因此，越来越多的青少年开始沉迷网络。上网成瘾不仅影响了孩子自身的健康，上网成瘾的青少年群体目前也成了社会一大潜在的安全威胁。有调查显示，随着互联网的不断壮大，青少年涉网犯罪比率也在不断上升。尤其是网络上一些色情、暴力的内容，对青少年的心理产生了许多消极的、不健康的影响。因为沉迷网络，青少年走上了犯罪道路的事情并不鲜见。为了获得上网的费用，抢夺、盗窃他人财物已经成了有网瘾青少年主要的犯罪行为；另外在网络暴力、色情等内容的影响下，故意杀人、故意伤害、强奸等也成了有网瘾青少年的犯罪内容，而且这些案件的受害者中有很多正是他们的亲人、朋友。

2003年6月15日，北京一名17岁少年小新为了偷钱上网，将自己的奶奶砍死家中，将爷爷砍成重伤。两年前，小新开始沉迷于网络，学习成绩因此陡然下降，初中还没有毕业便辍学在家。家人管教未果，便不再提供他上网的钱。没钱上网的小新，无意中得知爷爷有4000元钱后便起了偷盗之心。6月15日晚上，在爷爷奶奶入睡后，小新便开始翻找爷爷的钱，可一想会把奶奶吵醒，于是就用菜刀把熟睡的奶奶砍死在血泊中。响声惊动了爷爷，在网瘾驱使下，不顾一切的小新又将菜刀砍向了他。爷爷受伤后逃出家门。小新翻箱倒柜也没有找到那4000元钱，只在奶奶兜里找到了两元钱。事后，小新的爷爷说，那是奶奶为孙子准备的早点钱。捏着从奶奶兜里找到的这两元钱，小新在村口的一个洞里躲了起来。想到自己的所作所为，小新悔恨不已，最后决定投案自首。

2004年5月20日早上，河南省一个年仅15岁的少年小颜，趁其父亲熟睡之机偷钱去网吧，又怕父亲醒来打他，竟然用铁锤将父亲砸死，然后拿了143元到网吧如常上网。

江苏省一位14岁的少女为了支付上网费而偷同学的钱，被老师发现受到批评后，心理扭曲的她居然用菜刀将老师活活砍死。

一位山西少年在网上雇凶杀母，理由是："她让我没有一点儿上网自由，我恨她。"不幸的是，几天后同省另一名同样沉迷网游的初中生，为了200元的"报酬"甘当凶手。最终两人竟联手将这位母亲砍死。

2006年10月3日，在网游"作战"过程中，游戏对家将小威在网游中的"女朋友""杀死"。一怒之下，小威竟找到了在另一家网吧上网的游戏对家，并将其活活打死。

2007年德州中院审结了宁津籍刘某两兄弟故意杀人、抢劫一案。两兄弟均17岁，经常去宁津县城上网、打游戏。因为经常上网，心理产生扭曲，他们每天都随身携带匕首。2006年11月份的一天，两兄弟打完游戏乘出租车回家，仅因司机送过了一点儿路程，二人对出租车司机大打出手，用匕首将司机捅伤致死，并将被害人身上的钱拿走。两兄弟携钱逃跑后上网，在网吧内被抓获。

2010年3月22日，15岁的新密男孩张嘉（化名）因涉嫌故意杀人被检方批准逮捕。一个月前，他挥舞菜刀砍向同学母亲时，称自己脑子里只有一个念头，"不能让对方再复活"。"复活"这个网络游戏中频现的词，让15岁的少年彻底失去理智，对同学母亲疯狂砍下一百多刀。

虚拟网络世界究竟是天堂还是地狱？对于沉溺其中的孩子来说这是个天堂，而对于日夜为孩子操劳的父母来说这就是地狱。2009年中国互联网信息中心统计，目前我国18岁以下的网民已超过2300万，而这些年轻的网民正是网络成瘾的高发人群。如何才能避免这些悲剧的发生？如何才能帮助孩子正确认识和利用网络？

孩子沉迷网络之成因分析

青少年沉迷于虚拟网络世界，这跟网络世界的新奇特点有关，但导致他们沉迷其中最重要的原因却是以下几点：

1．家庭关爱缺失是首因

翻开所有涉网少年犯的案卷，几乎都会发现这样一个事实：绝大多数少年犯的家庭环境和家庭教育均存在误区。从对涉网少年犯的家庭环境、成长经历等的社会调查报告来看，几乎所有未成年人涉网犯罪都呈现"家庭成长环境恶劣"或"家庭教育错误"等字样。从统计的案件可以发现，51%的未成年人涉网犯生活在单亲家庭；78%的未成年人涉网犯的父母一方外出打工；35%的未

成年人涉网犯的父母双方均在外地打工，孩子跟随祖父母或外祖父母生活。因为家庭成长的环境不良，家庭教育不当，特别是单亲家庭或者父母在外地打工的，往往出现两种极端：一是没有人关爱，造成未成年人小小年纪就感受到心理的伤害和生活的压力，只能在虚拟世界中寻找心理上的发泄；二是家庭过于溺爱，作为父母以为能在物质、金钱上满足孩子就尽到了父母的责任，殊不知，这种惯纵易导致孩子享受思想滋生，使孩子没有责任心，只知玩乐，不愿学习。

家庭关爱的缺失不仅把孩子推向了沉迷于虚拟网络世界的深渊，也是导致不少孩子走上网络犯罪道路的首要原因。

2. 学校教育缺位是推手

过早辍学、混迹社会是青少年沉迷虚拟网络世界，甚至涉网犯罪的一个重要原因。一些青少年因长期学习成绩不好，得不到家长和老师的认可，便产生了"破罐子破摔"的心理，加上父母疏于管教、放任自流，以及学校对差等生不予关心，甚至有的学校还为保"尖子生"而将"差生"拒之门外，使这部分青少年过早辍学，成为"社会、学校、家庭三不管人群"。于是他们开始在网络虚拟的世界中寻找安慰，并很快沉迷于网络游戏中无法自拔，这影响了他们自身的身心健康。这群人还常因无经济来源，为了找钱上网而采取抢、偷等非法手段获取钱财。从统计的未成年人涉网犯罪案件可以发现，在校学生占未成年涉网犯的23%，小学未结业即辍学的占未成年涉网犯的5%，初中未毕业即辍学的占未成年涉网犯的41%，初中毕业后未继续学业而外出打工的占未成年涉网犯的28%。

由此可见，学校教育和管理的完备与否直接关系着青少年认识网络的程度，并与他们是否会沉迷于虚拟的网络世界有着密切的关系。

3. 青少年自身特点是内因

青少年有着许多共同的特点：好奇心强，自控能力、认知能力和自我保护能力弱。这些特点使青少年更容易接受虚拟网络，也使他们更容易沉迷其中难以自拔。

虚拟网络世界中存在很多对青少年成长不利但对于青少年来说又很具有吸引力的东西，如暴力、色情。游戏中的暴力场面很容易感染青少年寻求刺激的心理，并能满足不少孩子"功成名就""成为一代大侠""挥金如土"等"理想"。这些在现实世界中不能实现，但在虚拟游戏中只要自己不断打打杀杀，不停闯关，就一定能实现。每一次玩游戏都能小有所获，这本来就是促使人继续下去的动力之一，再加上青少年本身的自控能力较差，就难免受不住虚拟世界的种种诱惑，逐渐沉迷其中。

4. 社会保护缺位是外因

社会主义市场经济的不断发展和完善，促进了社会的巨大进步，但同时也出现了拜金主义、享乐主义等不良社会风气，于是，见利忘义、唯利是图、坑蒙拐骗等社会不良现象时有发生，对社会风气造成极坏的影响。青少年心智发育不够成熟，认知能力、自我保护能力较弱，缺乏对社会不良风气的抵抗力，可社会却未能给孩子一个好的成长环境；相反，还有相当一部分网吧、网站、游戏厅存在违法经营现象，通过大量暴力、色情等内容来吸引未成年人进入。

有数据表明，进入网吧的未成年人占网吧总人数的50%至60%，青少年成为网吧、游戏厅的主要客源。"黑网吧""暴力游戏网站""色情网站"大量存在，一些网吧为稳定"客户"甚至积极向青少年推荐暴力网络游戏或淫秽色情网站，或者直接将一些暴力游戏、淫秽制品复制到服务器上；有的网吧还提供吃、住等"一条龙"或"一站式"服务，使青少年沉溺其中。"禁止接纳未成年人""零点断线"本是网吧经营的行业规范，但大部分网吧对未成年人却是"睁一只眼闭一只眼"；虽然有关部门清查，但毕竟有限，甚至有的网吧工作人员还主动为这些年轻的"客户"放哨，这就使得本来自控能力就差的青少年更放心大胆地沉迷其中不能自拔。

孩子沉迷网络之对策简述

了解了孩子之所以会沉迷于网络世界的各种原因之后，家长们就该做到对

症下药，帮助成瘾少年脱离网瘾。

1. 家长责任是首位

其实很多孩子上网成瘾或因此走上犯罪道路，家长都有不可推卸的责任。因为在不少现代家长的眼中，孩子就好像是一项商业投资，这些家长并没有承担起为人父母的责任，尤其是在孩子已经出现问题的时候，他们没有花费时间和耐心去教导孩子，而是一味地去抱怨孩子、抱怨社会、抱怨网络；他们没有努力去挽救孩子，而是要放弃和抛弃孩子。

当家长觉得孩子屡教不改的时候，他们最常说的一句话就是："我就当没生这个儿子（女儿）。"如此绝情的话，常常让人觉得，家长培养孩子真就像是做生意一样——赔了一桩也很正常。可是从一个新生命呱呱坠地到长大成人有那么容易吗？谁没有做过错事、走过弯路的时候？尤其是在青春期幻想与现实交会的这段时间、还没有锁定人生目标的时候，很多孩子不知道该如何去面对茫茫人生。现实的残酷和幻想的自由一经比较，对未来茫然无知、自信不足的孩子难免会选择在后者中逃避困扰。当孩子在命运的十字路口选择出错后，几乎所有家长都会想方设法让孩子回头，可大部分却败在了半途。当他们觉得自己已经"无能为力"使其回头时，他们选择了放弃，任由孩子在错误的道路上越走越远，很多孩子就此走上了不归路。

当孩子沉迷于网络世界无法自拔，甚至因此走上犯罪道路后，家长最该做的是什么？是拿出足够的时间和耐心去引导和帮助孩子走上正道。有调查发现："90%的青少年上网成瘾，都与不正确的家庭教育方式有关。"因此家庭也是天然的戒除网瘾中心。作为家长，在教育孩子时必须摆正心态：一、家长不能将孩子视为自己的私有财产；二、家长要搞清楚抚养教育孩子不是商业投资，也不是一项简单的事业，它是我们人类长期的责任和义务，也是我们人类历代传承的美德。因此当孩子犯错并可能屡教不改时，家长绝不要对其放任自流，让孩子自生自灭。只要不放弃，孩子就有重新走上正途和成功的一天。孩子虽然犯了错，但他们还是正常的人，只要做家长的多给他们一点教育，多给他们一点帮助，多给他们一点时间，多给他们一点机会，很多孩子自己就会醒悟，自己就会回到正途上来。关键是做家长的不能放弃。如果做家长的在言行上、在信心上放弃了孩子，就等于是断了孩子的回头路，就算孩子想回头也没那么容易了。对孩子的教育不是一天两天的事，也不是一年两年的事，教育孩子不要心急，要慢慢来。孩子也是人，也有自己的思想，有自己的空间，青春期的孩子不是那么容易摆布的，如果走上歪路也不是那么容易回头的。这时候家长可以在孩子的歪路上开辟一条岔道，让孩子通过岔道回到正途上来，这就要家长深入到孩子的歪路上去，去了解歪路的形成和结构，从而找到把孩子引出歪路回到正途的通道。家长要以平常之心去教育孩子，要用宽容之心去面对孩子的错误，毕竟犯错是每个人成长的正常环节，孩子需要在不断犯错纠错的过程中识理明智。所以不要孩子一走上歪路就放弃孩子、恨孩子、逃避责任，也不要用暴力和独断专行的态度去教育孩子，因为暴力和独断专行只会让孩子和家长之间产生更大的裂痕，让孩子的内心世界离自己远去，这样孩子就真的成了一颗"孤星"了。孩子走上歪路其实并不可怕，他只不过是比别的孩子走的弯路大一点而已，只要家长能真诚地将其引入正途，相信懂得珍惜的他将来面对社会时会表现得更出色。

2. 围追堵截不如良好沟通

家长要帮助上网成瘾的孩子回到正常的学习生活中来，就必须与孩子建立良好的沟通。然而由于沉迷于虚拟网络世界，不少孩子的内心世界都发生了相应的变化，这时家长与之交流难免出现障碍，并且恢复起来比较困难，这时候家长就应该主动一些。因孩子在复杂情绪下处理问题时根基还不稳，容易产生自闭心理；而家长是具有半辈子人生经历的人，所以应该把思想放得开阔一些。当然，沟通过程中家长还要注意自己的情绪，不要以一个领导者或者主宰者抑或决策者的态度去和孩子沟通，因为良好的沟通需要建立在平等的基础上。要知道初生牛犊不怕虎，以高于孩子的态度与之沟通反而会引起孩子的抵触情绪，使孩子出现叛逆行为。

从心理上分析，其实青少年易上网成瘾与他们的叛逆心理是有着密切关系的。为什么科学上会给孩子定了一个叛逆期？因为这是人生长发育中必经的一个狂躁期。如果做父母的认真回忆一下，说不定还能回想起自己在叛逆期的心情。孩子的叛逆主要出现在少年转成年的这一时期，这时候他们极度渴望一些东西，并在价值观、人生观等各方面都出现了转变，欲望也随之增强了。他们恨不得马上去实现自己的理想，但是他们又心情狂躁没有耐心，并且现实也无法满足他们的需求。他们狂躁不安，有时候会为自己一个不成熟的想法高兴几天，有时候也会为面对现实找不到定位而苦恼。这时的他们就好像是一头意欲脱离母狮保护获得自由生活的年轻雄狮一样。它想要获得领地，想要获得统治狮群的权力，可却因没有足够的经验和统治能力而不被认可；但年轻雄狮的天性却让它干劲十足，因此即使它还不能取得狮群的统治权，它也会不服统治。面对这样一个叛逆者，如果狮群的统治者把它赶出狮群的话，那它将从此过上孤独而艰难的生活。同样，如果家长在孩子因叛逆犯错后不与其沟通，而将他"放逐"的话，那孩子的未来就堪忧了。所以家长要用平常心去面对孩子的叛逆行为。

　　狂妄自大、不听话、易烦躁、没有耐心、自私、求成心切等叛逆期的行为很容易让孩子成为一个被群体排斥的人。青春期的孩子一方面好胜心强，一方面却又被排斥，这给孩子的内心造成了巨大的压力。这时候，孩子的内心急切地想要发泄，但是怎么发泄呢？孩子的一点小小的发泄就可能招来家长、学校、老师、同学的更大压力，所以孩子只有选择压抑。在长时间的压抑下，一些孩子出现了畸形心理，有的甚至会仇视世间的一切人和物，很多孩子就是在这种情况下进入网络世界的。网络能给予他们无限的自由，在眼花缭乱的游戏中，他们可以任性发挥和发泄。但是当他们离开电脑后又要面对沉重的压力：一面是家长、学校和功课的重压，一面是网络强大的吸引力，孩子就这样陷入网络泥潭不能自拔了。所以许多家长把孩子上网成瘾都归根于网络的毒害是不对的，就算世上没有网络，这些孩子的内心世界也不一定会健康。

许多家长发现孩子上网成瘾，但在进行干预时才发现，孩子好像坏透了，他们变得那么顽固，那么不可沟通。其实这些"坏"并不完全是网络给他们造成的，是许多综合因素造成了孩子的"坏"。而正是因为很多家长把孩子上网成瘾后的变"坏"都归根于网络，所以家长认为只要孩子脱离网络就会变好。然而事实并没有那么简单，让孩子强行脱离网络只是治标不治本，如果孩子的心理健康并没有得到改善，却又强行让他脱离网络，在内心压抑得不到宣泄之时，反而容易演化成真正的心理疾病。

　　孩子上网成瘾以后，他们的世界就发生了变化，因为他们对网络着迷，网络世界就成了他们的全部，网络以外的事情就都不重要了。就好像网络是一条平坦大道，而网络以外的世界全是崎岖的小道，那么家长该如何让孩子放弃"平坦大道"而走上"崎岖的小道"呢？首先我们要让孩子明白网络并不是平坦大道，它可能是一条死胡同，另外要让孩子明白网络外的世界也并不是崎岖的小道。其实让孩子明白这些道理并不难，多数孩子你不说他也明白，只是许多孩子没有勇气去面对网络外的现实生活。因此帮助孩子减轻压力、制造现实生活的吸引力就尤为重要了。长久的压力让孩子试图以虚拟的网络世界来减压，进而沉迷其中，这些压力有的来自社会，有的来自家庭，有的来自学校，还有的是孩子自己给自己的压力，解决不好这些压力，孩子是无法回到现实中来的。家长们不要小看这些压力，未成年人的承压能力是有限的，所以需要家长、老师，甚至一些同学都做出改变，改变的目的就是要用沟通与和谐去减轻孩子的压力。但孩子的抵触情绪仍是沟通最大的障碍。所以与孩子沟通需要技巧，最好不要正面、正式地和孩子谈他反感的话题。旁敲侧击，分散孩子对沉迷事物的注意力，这样可能收获更好的沟通效果。只要家长与孩子有了良好的沟通，就可以了解孩子到底有哪些压力和苦恼，也就可以有针对性地去帮助孩子了。

　　让孩子在现实中有愿意倾诉的对象，情绪有得以合理宣泄的方式，那他就不会那么容易沉溺于虚拟世界难以自拔了。

3．认识危害很重要

为什么孩子会上网成瘾，而家长去上网就不会成瘾呢？这应该是很多家长追问过的问题。很多家长得到的答案往往是：因为孩子容易被网络里的游戏吸引而成瘾；而家长没时间、没精力，也没兴趣去玩网上的东西，所以不上瘾。那么家长为什么会对网上的东西没兴趣，而孩子为什么又会对网络有那么大的兴趣呢？其实家长对网络不上瘾的原因是家长有坚定的人生目标并有较强的辨识能力和自控能力。家长对自己那些人生目标的兴趣大大高过了对网络的兴趣，因此他们会将大把的时间、精力用在这些人生目标上，所以他们对网络不会上瘾。而且家长较强的辨识能力能很好地识别网络上什么内容对自己是有益的，什么又是有害的，加上成年人有较强的自控能力，可以使他们抵御网络不健康内容的诱惑，所以他们不容易沉迷其中。而孩子就不同了，他们不仅没有像成年人那样灵敏的识别能力，也没有那么强的自控能力，他们很容易受网络新奇内容的诱惑，而那些会上网成瘾的孩子绝大部分是对网络以外的事没有多大兴趣的，甚至有的根本没有兴趣。由此看来，让孩子们认识到网络潜在的危害性，并帮助他们在网络之外找到感兴趣的事情，将有利于降低孩子对网络的兴趣，降低孩子上网成瘾的风险。

很多家长在教育上网成瘾的孩子时，会发现他们非常顽固，而且性情冷酷，家长说什么他们都听不进去。家长有没有分析过这时的孩子为何什么都听不进去？其实这都是因为孩子的经历太少，他们的生活轨迹太死板，也就是说孩子长这么大就没经历过什么喜怒哀乐的事，所以在他们看来，什么都是假的，什么都不真实，只有他天天背着书包上学、上完学回家吃饭才是真实的，所以你给他们讲什么前程、困难、危害、感动……他们都听不进去，因为他们觉得那些都不真实，不过是说故事罢了。其实这都是我们的教育出了问题，只关心孩子的文化教育，忽略了对孩子思想素质和心理素质的培养。因此也有教育专家指出："教孩子成才不如教孩子成人。"如果一个人光懂得文化知识却连人都不会做，人间的人情冷暖他都不懂，不能体会和领悟，他能算是个正常

别烦，
182 培养淘气孩子有高招

的人吗？所以我们应该多带孩子出外走动，让孩子去感知一下学校和家庭以外的世界。只有有了丰富的人生经历，他才能领悟更多，有更强的辨识能力，树立正确的人生目标。同时我们不光要教育孩子在功课上温故知新，在生活上、人生道路上，也要教他们学会通过分析已经发生的事情去预见、领悟还没有发生的事情。曾听过这么一则富有哲理的故事：

以前有一家人买了一条非常可爱的小狗，这家人和邻居们都很喜欢它。两个月后小狗长大了很多，出于对它的喜爱，这家主人决定把小狗放养，让它可以自由地四处走走。

一天，小狗来到邻居家找一条大狗玩，大狗告诉它自己要到公路对面找一位朋友，于是没有上过公路的小狗决定跟大狗一起去看看。

这一天的经历，让小狗兴奋不已，它从来没有见过那么多来来往往的车，跟着大狗在车与车之间穿来穿去是那么刺激。于是第二天，小狗独自上了公路。

大狗知道小狗的冒险举动后向它发出了警告："小家伙，你可别再自己独自上公路了，上面跑着的汽车可是很危险的家伙。"

小狗不以为然："可那天跟你上去不是没事吗？而且我看公路上也有不少狗在那里玩，也没见出什么事啊？你的担心太多余了。"

大狗的警告没有起到丝毫作用，小狗依然每天都跑到公路上去寻找刺激，终于有一天不幸发生了：一辆满载货物的卡车从小狗身上轧了过去。当主人将它带回家时，它已经奄奄一息。大狗来看它，它才悔恨地说道："我不听你的话是我不对，我现在才明白公路上开过来的汽车有多危险。"

两天后，小狗还是死了。虽然它最后以亲身体验明白了汽车的危险，但可惜它明白得太晚了，这让它付出了生命的代价。

有许多重要的知识和道理是不能通过亲身体验得知的，因为有些事当你亲身体验到时已经晚了，所以不能把没有体验过的事情都当耳边风。通过已经发生的危害较小的事情来教育孩子预知危害的本领，将不会使孩子深陷危险之中而不自知。

4．脱离网瘾，树立信心是关键

许多孩子在上网成瘾后，也知道长期依赖网络会毁掉自己的前程，加上自己的功课远远落在同学们的后面，稍微有点自制能力的孩子也想要从网瘾中脱身，但虚拟网络世界对他们的吸引又常常使他们无法自拔。正如众多上网成瘾的孩子说的那样："我也不想去，但控制不住，不自觉地就又进去了。"因此，不少孩子在经过一段时间的内心挣扎后选择了自暴自弃。在他们看来，自己已经没有能力回到从前的样子了，因为落下的功课，因为家长、老师、同学对自己的评价，多方面的压力已经让这些孩子无法面对现实了，他们只能把自己关在虚拟的网络世界里寻找安慰。想要把这样的孩子从网络里拉出来当然很难，所谓冰冻三尺非一日之寒，但就这样放弃当然也不行。

其实，当家长用行动去干涉孩子对网络的依赖，让孩子渐渐明白网络的危害时，许多孩子也希望就此摆脱网瘾，但内心世界却无比空虚、茫然、烦躁，他们不知道自己到底该怎么办，不知道自己还有没有前途，不知道自己的前程还能不能挽救。他们对自己、对未来极度缺乏信心，不知道该如何面对自己觉得已经腐朽的现实人生。这时候最重要的就是家长和学校去帮助孩子重树信心。如果家长和学校没能为孩子树立信心的话，孩子可能再次对前景失去信心而回到对虚拟网络的依赖上去。

如何才能帮助孩子重树信心呢？我们可以从两大方面着手：一、培养一个身体强健的孩子；二、培养一个心理健康的孩子。

一个强健的身体，可以给人带来信心和力量；一个人身体强健，他就精力充沛，就会兴趣广泛，会常有好心情，而好心情的人会更好地去体会和领悟人生，养成良好的心理素质。而只有兴趣广泛的人才能合理驾驭自己的兴趣，不让兴趣侵犯自己的主要人生目标，因为他们最大的兴趣和信心还是长远的人生目标，这样的人才不会被一个兴趣俘虏而不能自拔。现实中我们不难发现很多沉迷网络的孩子，他们的身体素质都比较差。因此给孩子重塑一个强健的身体对他们的健康以及对他们战胜网瘾都十分有益。

健康的心理对孩子树立信心、坚定信念十分重要。没有良好的心理素质，怎么能坚定信心？怎么能坚定长远的人生目标呢？所以家长要为孩子树立信心，就必须给孩子一个培养健康心理的空间，不要把孩子因上网而耽搁的学业说得太严重，要减轻孩子的内心压力；要从精神上、情感上支持孩子；要让孩子认识到现在努力还不晚；要让孩子知道没有人要他做到最好，但要勇敢去面对。不要强迫孩子，循序渐进地引导才能让孩子慢慢摒除自暴自弃的消极思想，重新回归积极向上的健康道路。

5．关爱比打骂更有效

在我国的家庭教育中，许多家长都忽略了对孩子的爱心教育，甚至很多家长认为爱心教育会损害孩子的竞争力和自强能力。自古就有"人善被人欺，马善被人骑"的说法，正是这些说法导致家长对孩子爱心教育的忽略和对孩子爱心的缺失，尤其是一些家长在激烈的竞争和工作压力下，已经不再相信有什么爱心了，他们只感觉到竞争和压力的残酷，并常常把自己的负面情绪带回家，使家人和孩子都感染到不良的情绪，从而把爱与和谐赶出了门外。在这种家庭环境中长大的孩子，其性情往往比较孤僻，也不善于与人沟通和学习，因而会给孩子造成巨大的精神压力，也因此给孩子的心理素质和思想素质埋下祸根。大家都知道单亲家庭的孩子最容易出问题，其实最大的原因就是他们缺少一个温暖、和谐、有爱心的家庭环境。

同样都接触网络，为什么有的孩子容易上瘾，有的孩子却可以"全身而退"？专家研究表明：这与家庭环境密切相关。

家庭不幸福、在家里缺少关爱的孩子容易上网成瘾，比如单亲家庭、暴力家庭等，这样的孩子在现实中有太大压力，希望借网络虚拟的世界来逃避现实。而且他们在网络中可以得到很多自信，比如有的孩子在现实中成绩很差，父母忽视，同学看不起，老师不喜欢，但玩游戏玩得很棒，只有在网络中他才有成就感

和自信，所以他宁愿沉迷在网游中不出来，不想醒来面对无奈的现实。

面对上网成瘾的孩子，很多无奈的家长选择拔网线、打骂孩子、把孩子关在家里。但这种"堵"和"暴力"的方法却少有成功的例子，反而导致孩子通过别的"不正当途径"去上网。因此帮孩子戒除网瘾，最好的方法应该是"关爱"。只有家长真正关心孩子，给孩子营造和谐的家庭环境，才能把孩子从网络中"拔"出来。"多陪伴、多欣赏、多赞美"是家长应该做到的。在现实中多陪孩子可以转移孩子的兴趣爱好，让他们在现实中也能发掘自己的能力；家长多给以鼓励，培养孩子在现实中的自信，慢慢地孩子就会自己远离网络。

6. 心病还需心药医

美国和欧洲的社会学家和心理学家一致认为："上网成瘾是一种危害性毫不亚于酗酒和赌博成性的心理疾病。"曾逼迫母亲卖房供自己上网的山东少年刘蒙也在自己的"自白书"中写下过这样一句话："其实酒瘾和网瘾都是心瘾。"另外，据哈尔滨市第一专科医院心理卫生中心主任张聪沛讲："青少年上网如果失去了正常行为能力，无法进行正常的学习和生活，无法与同龄人进行沟通，无法分辨网络与现实世界，就患上了'网络成瘾综合征'。这是一种心理疾病，这种病症易使人走向极端、不计后果。如不及时治疗，后果不堪设想。"因此，他也强调"心病还要用心治"。周围的人积极健康的心理引导、专业心理机构的心理治疗都有助于孩子脱离网瘾。通常，上网成瘾的孩子经过3个月左右的心理治疗便能康复。有青少年心理咨询研究中心表明："治疗'网瘾'与治疗癌症一样，越早发现，治疗效果越好。'接近成瘾期'就开始心理治疗效果最好，治疗成功率可达80％以上；'轻度成瘾期'开始心理治疗，治疗成功率就低得多；而'重度成瘾期'才开始心理治疗，基本没有成功记录。"因此现实中家长要对孩子仔细观察，一旦发现孩子上网成瘾就要及时治疗，以免误了最佳治疗期；家长也不能心存侥幸，认为自家孩子懂事不会上网成瘾，而忽视了及时治疗；另外，家长要是不太懂得脱瘾方法，需要及时与心理专家取得联系，根据他们的指导帮助孩子脱瘾，或直接带孩子去接受治疗。

俗话说，治病当治本。从心理上进行"脱瘾"才能避免孩子再陷其中。

7. 因材施教培养网络人才

虚拟网络世界以其刺激、新奇、"真实（身临其境的感觉）"吸引着众多青少年。这一时期的孩子虽然认知能力不足但创新能力却很强，如果家长有意识地妥善引导，那就有可能培养出一个出色的网络人才。

23岁的青年陡然间拥有了一个亿的财富，这对很多人来说都是不可思议的，然而彭海涛就做到了。对玩网游的人来说这个名字并不陌生，他就是中国第一款3D网游《传说online》的研发者。因为他的传奇经历，央视《东方时空》还曾称他为"中国版比尔·盖茨"。

其实，在走上创业道路之前，彭海涛就是一个十足的网游迷。在小学三四年级时彭海涛就迷上了任天堂的黑白网络游戏机，在同学里也小有名气；小学五年级时，他开始接触《大航海时代》，在游戏中他扮演了一个成功的"商人"，"到世界各地做贸易"，并从此痴迷游戏；高中时，在网吧里和韩国网络游戏高手比试，除了睡觉的8个小时，他可以不挪动一步。彭海涛的种种表现都让人觉得有点儿"玩物丧志"。为了制止他玩游戏，父母曾把他的电脑拆开，把零件分开来藏在衣柜顶上、汽车的后备箱里……但这些并未能阻止他对游戏的痴迷，他可以在半小时内把零件找齐并组装好，玩过再拆分放回原处。最后还是阅历丰富的父亲认可了儿子在游戏方面的才能。当19岁的彭海涛决定退学专心"玩游戏"时，也是父亲的支持让他有了后来的成功。因此在接受《东方早报》记者采访时，他也坦承："如果当初没有我爸的支持，我肯定不会是现在这样。"

与彭海涛一样，痴迷于网络却又能在自己热爱的网络世界打下一片天下的年轻人并不少，李想、茅侃侃都是其中的代表。看到他们的成功，我们能说痴迷虚拟网络世界就是不对吗？不能。如果能够妥善引导，让孩子在自己

喜欢的领域钻研、打拼，他也可以成为下一个彭海涛、下一个李想，或是下一个茅侃侃。

热爱网络，能很好地认识网络，将从事网络职业作为自己未来奋斗的目标，这都不可怕，可怕的是孩子为了逃避现实而沉迷网络虚拟世界不能自拔。针对许多孩子上网成瘾的问题，专家也指出：这绝不仅仅是因为网络游戏有意思，还有很多其他的因素在起作用。站在孩子的立场来思考，他们需要有愉快的生活和学习环境，他们需要有自己的兴趣爱好，需要休闲娱乐来放松学习压力，需要社会、学校和家庭为他们提供活动的空间，更需要老师与家长对他们的理解与精神上的关爱。而这些，我们家长、学校和社会给他们的还远远不够。因此，当我们责怪孩子上网成瘾的时候，请多想一想："我们做得够好了吗？"

如何化解孩子的“仇亲”心理

海口某小学一名9岁的学生在课堂上造了这样的句子：“如果我有一颗炸弹，我就会炸平我的学校；如果我有一把刀，我就会杀死我的妈妈。”只因为他的妈妈怕他学坏，常常用责骂和唠叨的方式来纠正他身上出现的小毛病，而这使得他觉得在家中处处受限，没有自由。加上他本身性格内向、和同学的关系也不算好，长久不与人交流积压下来的情绪就让他开始仇视学校和母亲。

上海一位母亲带着孩子来到心理咨询处：“医生，您看这孩子怎么越来越不听话了，我为她操尽了心，为了她我没少跟爱人吵架，可她呢？一点儿都不争气，初二的学生啦，书不好好读，整天就知道玩，真是气死人了……”在一旁的女儿马上顶嘴道：“我就是不好好读书，就是要惹你们生气，你们有管过我吗？有想过我的感受吗？有关心过我吗？你们每天就为那点芝麻蒜皮的事吵个不停……反正你们也从来没相信过我，总认为我学坏了……我真想离开这个家，离你们越远越好……”

一位从事教育工作多年的老师在网络日志中留下了这样一段记录：“一次期中考试后，语文老师把我叫去看我班上的作文，作文的题目是《家》。我认真地看完了全班同学的作文后心情非常沉重，这些作文使我知道离异家庭子女

的问题在我们班甚至在我们学校有多严重。我为这些花季少年所遭遇的人生变故而难过，同时又深深地为作文中透露出来的对家庭、对社会的仇恨而感到担忧。比如有个同学写道：'我恨那个女人，我会天天诅咒她。我恨我父亲，虽然他给了我生命。'要是这种仇视心理得不到家长和老师的重视，我不知道会有多严重的后果。"

其实在我们日常生活中，孩子仇视家长的情况并不罕见。有调查资料显示，54%的中学生声称，"最不喜欢的人"是自己的父母。父母含辛茹苦地抚养孩子，尽量满足孩子的需要，到头来得到的却是孩子的"恩将仇报"，成为孩子"最不喜欢的人"。孩子整天与自己作对、惹自己生气，这让不少父母感到心寒而又困惑不解：孩子到底怎么啦？为何竟然会仇视父母？通过分析我们也不难发现，孩子仇亲的现象在这三类家庭中表现更为明显：一、家教极严的家庭；二、不和谐的家庭；三、离异家庭。那么为什么在这些家庭里成长的孩子更容易仇视家长呢？

家教严苛导致亲子矛盾越演越烈出现孩子仇亲心理

其实，仇视家长是孩子心理成长发育的一个必然过程，心理学家将孩子从儿童到成人的过渡时期称为"仇亲期"。

孩子在十一二岁时步入了青春初期，随着身体长高、第二性征的出现，心理上也发生了明显的变化，其中一个特殊的变化就是自我意识的逐渐清晰，如：不再那么依恋父母；希望父母把自己当作成人看待；自己能够有机会独立处理自己的问题。交往的兴趣也由家庭逐渐转向社会，由父母转向朋友，由同性转向异性……而与此同时，作为家长却往往没有意识到孩子的这种心理变化，不了解他们的这种心理需求，依然把他们当作小孩子看待，仍然用以前的方法来教育和抚养他们，对他们关怀备至、管吃管穿、干涉他们的言行举止等等。这些"约束"使孩子的自我意识得不到充分的发展和体现，自然容易使孩子感到不满足，产生反感，进而与父母疏远，乃至与父母对抗，希望通过与父母对着干来体现自我。

如果原本乖巧听话的孩子，突然变得叛逆不羁，不愿和家长说话，甚至仇视父母，家长就要警惕了。因为十多岁的孩子正值叛逆期，要是家长对其教育不当，只是一味地对不听话的孩子进行责备和打骂的话，他们很容易产生"仇亲"心理，而家长要是对此还浑然不觉、仍一味地严苛管教的话，很容易造成更严重的后果。

家教的严苛与孩子的叛逆心理不断冲撞，容易在父母与孩子之间出现"管束"和"抗争"的亲子矛盾，而且一般情况下是"越管越争，越争越管"，管束和抗争形成一种恶性的循环，冲突愈演愈烈，导致亲子关系陷入恶性循环。在此情况下，孩子在家里得不到理解和接纳，而在心理相同的同龄伙伴那里往往可以获得，因而孩子更愿意和同伴相处，也特别看重同伴之间的友谊，甚至当家庭与同伴之间发生矛盾冲突时，他们会宁可与家庭决裂，也决不背叛伙伴；宁可不要父母，也不可不要朋友。

不和谐家庭的缺爱教育致使孩子仇亲

不和谐的家庭环境容易让孩子形成仇亲心理。父母之间经常争吵、打骂；把孩子当作包袱抛来抛去；甚至有的家庭使孩子吃了上顿没下顿，不能让孩子得到良好的教育，更谈不上爱护。这些得不到家庭温暖的孩子不仅会仇视自己的父母，渐渐地还会对周围的人产生由疑惧到敌视的心理，觉得他们都不是好人。这样的家庭破碎后，无论孩子跟着父母的哪一方再重组家庭，他们都不仅会对生父母厌烦乃至仇恨，还会对继父母产生特别的敌视。他们大多会认为家庭的不和就是因为这些人的介入而造成的。

"家和万事兴"，这是古人留给我们的至理名言。一家人相互关心、尊重、理解、信任，是和谐家庭教育子女的基本条件。而在失和的家庭中，父母的感情趋于破裂，家庭气氛紧张，以及由此而引起社会的歧视，会使孩子幼小

的心灵承受巨大的精神压力。当他们渴望父母破镜重圆的梦想最终破灭时，强压的情绪很容易爆发，使他感到自己是不幸的，进而出现仇亲心理。

有研究表明，父母感情不和，他们养育的婴儿也总显得很忧郁。显然婴儿虽不明白父母间的微妙关系，但是他们却能敏感地觉察周围发生的微妙变化。在父母的吵闹中，婴儿虽不明白父母为什么吵架、吵的内容是什么，但他们却能从中学会憎恨和仇视，也容易感觉出自己的多余和无能，因而神情会比别的孩子显得忧郁，他们会用这种非语言的信息来表达自己的自卑和害怕。

婴儿尚且如此，对于自我意识逐渐清晰的青春期孩子来说，不和谐的家庭环境是不是会对他们的直接伤害更大？

"我没有家……爸妈？不，我没有爸妈……他们从来没管过我。从我记事起，他们每天总是没完没了地吵架……我早上起晚了，没有人关心过我是不是生病了；明天要考试了，他们没有在意过吵架的声音会不会影响我休息；成绩下来了，不管好坏，他们从来没有主动提出过要去给我开家长会……我恨他们……"

这是一个流浪女孩对家的自述。她今年17岁，原本该坐在宽敞的教室里与同龄人一起为自己理想的大学奋斗，可她却选择了逃离学校，逃离只有争吵声的家庭，来到一个酒吧打工。她不知道未来自己要做什么，她只想能赚钱养活自己，再也不回那个让她恨透了的家。

不和谐的家庭环境会让一个积极向上的孩子走上仇恨的道路，这绝对不是危言耸听。他们的仇恨不仅停留在父母身上，还可能延及整个社会。有关未成年人犯罪的调查记录表明，大部分犯罪的未成年人是在不幸的家庭环境里度过人生中重要的婴儿期和儿童期的。

家庭残缺导致孩子心理障碍

"仇亲期"虽然是孩子心理成长发育的一个必然过程，但不可否认它也是一种心理健康障碍。心理学家认为心理健康障碍通常是由社会生活变故造成的。家庭突然残缺则是造成这种心理障碍最直接、最致命的原因。现实生活中，最让孩子难以接受的就是父母亲离异而导致家庭破碎，这种"残缺型"的家庭，不可避免地给孩子的心理造成严重的消极影响，进而导致孩子出现仇亲的心理。

通常"残缺型"家庭中，孩子仇亲的原因有以下几点：

1．缺乏交流，亲子间互不谅解

在离异家庭中，孩子由于父亲（或母亲）的缺少，他们交谈的对象就少了一人，再加上离婚后父亲（或母亲）由于生活的艰辛和情绪的低落，往往没有更多的心思去关心孩子，这样交流自然就更少了。对于又重组的家庭来说，看似孩子多了一个可以交流的对象，其实不然。因为，通常重组家庭中的孩子会对继父母怀有很强的敌意，所以也不愿意与他们交谈。不仅如此，和继父母关系的恶劣还常常会导致孩子与生父母关系的恶化，亲子间相互不理解更容易导致仇视心理出现。

2．因受到社会的歧视而怨恨父母

离异家庭的子女往往会受到来自同学和社会的歧视。由于他们还处在成长和发育的阶段，生活的阅历还相当贫乏，对各种突发事件的自我调整能力相对较差，因而他们很容易受到各种有害刺激的伤害。父母突然离婚，会导致家庭结构发生巨大变化、父母无法对他们进行及时教导，而他们也会受到周围人的歧视。青少年的挫折承受力本来就有限，加之他们缺乏心理帮助和疏导，心理很容易崩溃，进而出现心理扭曲。有的孩子会因此变得自闭，有的则会将自己承受的一切都归结于父母的离异，因而仇视父母。

3．单一的爱使孩子心理失衡

"为什么别人都有爸爸妈妈，而我只有一个？"单亲家庭的父母最怕孩子

问自己这个问题。父爱和母爱本是一个和谐的统一体，可在离异的单亲家庭中，孩子要么是缺乏父爱，要么是缺乏母爱，单一的爱往往会使孩子心理失衡，这样的孩子容易变得自闭、自私、不愿帮助他人，在处理人际关系方面能力也较差，因此这些孩子也很难有一个开放愉快的人际交流圈。看到别人幸福时，他们很容易联想到自己，进而责怪是父母的离异让自己失去了幸福的权利，从而仇恨父母。

在以上三类家庭中长大的孩子，相对别的孩子而言更容易出现〝仇亲期〞。当发现孩子越来越不服管教、开始顶嘴和自己对着干时，家长们就要留意了，要是不进行干预和开导可能会产生更严重的后果。那么如何才能将孩子从仇恨的深渊中拉回来呢？以下的建议可能会有效：

1．平静对待，不气不恼

〝仇亲期〞是青少年成长过程中的必经之路，作为父母，首先应该了解和理解孩子在青春期所特有的这种心理变化，认识到孩子并非有意与家长作对，或者他们有意惹家长生气，只是为了体现自己那不成熟的自我意识而表现出的思想和行为。对孩子所出现的对抗，家长应该不气不恼，平静地对待，并最好能通过学习一些心理知识，尤其是学习一些青春期心理知识，来改善这种〝管束〞和〝抗争〞的亲子矛盾。通过了解这一特殊时期孩子的心理情况，可以增加亲子心理相容。在此基础上，家长正确引导孩子的心理健康成长，辅以品格塑造的教育，将有助于促进孩子身心健康的发展。

2．放手让孩子学会独立

家长应该明白孩子的人生应该由他们自己成为主导者，我们能做的是辅助。对待〝仇亲期〞的孩子，家长要主动给孩子营造体现自我意识的机会和氛围，要尊重孩子的独立愿望，尊重他们与同龄伙伴之间的友谊，一般的事情要放手让他们去做，让他们自己去出主意、想办法；即便他们做错了、拿错了主意，也不可粗暴地指责，而应该帮助他们分析，找出失败的原因，这样容易促使他们自觉地总结经验教训，早日走向自信和成熟。遇到重要的事情需要做出决定时，同样要听一听孩子的意见，多用商量的口吻，采取合作、宽容、理解、接纳的态度与他们沟通和交流，避免诱发他们的逆反心理。

3．关爱教育

爱，是人类最高尚最博大的情感的表露。给孩子关爱无疑是挽救孩子的一剂良药，只有孩子在冰冷的世界里感到了温暖，才会明白自己没有被抛弃、被遗忘，是有人关心自己的，心灵的伤痛才会减轻。因此父母应以爱去抚慰孩子，多与孩子沟通交流。在与孩子情感交流时，父母应注意要尊重孩子，用尊重的语气而不是教训的语气与孩子说话。要耐心听完孩子的意见，充分了解他们的看法。要用交换意见的方式发表自己的看法，不要唠叨说教，更不能冷嘲热讽、拳脚相加。要知道这时的孩子心理已经十分脆弱，刺激只会让他们更仇视家长，因此言语和行为必须要慎重，要充满关爱。

此外，交流时家长还要学会认真倾听，当孩子谈他感兴趣的话题时，家长要集中注意力去听，不要似听非听，或者一边做其他事（比如看电视、看报纸等）一边听，否则会加深孩子认为家长不重视自己的意识。另外，父母要正视孩子自我意识的增长和认识能力的提高，指导、帮助他们正确认识自己所处年龄阶段的生理心理特点，明确指出他们自身尚存的幼稚性、依赖性和认识上的片面性。

4．用友情弥补亲情

当孩子在不和谐的家庭无法得到父母的关爱时，如果能够在学校里得到来自老师和同学的援助和温暖，能获得父母之外的爱的补偿，也能逐步抚平心灵上的创伤，从仇恨的阴影中走出来。

友情可以让人感到快乐，这就是为什么人们常说的"人活一辈子，不能没有一两个朋友"的原因。大家习惯了用金黄色来形容友情，因为它常常能给人明亮、温暖、愉悦的感受。在亲情那里受伤的孩子，家长要帮助他尽可能从友情中找到自我。有朋友相伴，他才能有可以倾诉的对象，可以获得关心，也才

有可能去关心他人。有了友情的弥补，有了朋友的影响，渐渐地你就会发现孩子更爱笑了，对周围人的态度也渐渐变好了，人际关系也处理得更好了，也开始理解父母了，亲子关系自然就变得更融洽了。

当然，用友情来弥补亲情的方法虽不错，但择友是一个关键，因此家长最好能让孩子跟一些活泼开朗、乐于助人的人交朋友。另外，即使有了友情的弥补，家长也不能在亲情上"偷懒"，仍然要给予孩子足够的亲情慰藉。

5. 用理解剔除顽劣

光有爱心，缺乏理解，心灵的沟通难臻完美。苏霍姆林斯基说过："理解是改变偏执的良药。"现在的孩子从生下来就生活在家长的百般呵护之下，一旦家庭发生变故，父母的关注发生偏离，他们在一夜之间忽然发现自己不再重要，心理难免失衡，进而可能仇视家人。但人的正确思想的形成和良好行为习惯的养成是一个长期的过程，虽然一时的刺激对他们影响很大，但孩子的本质并不坏，他们的可塑性还很强。家长面对仇视自己的孩子，千万不能泄气，也不能急躁，要冷静对待孩子在转化过程中所出现的反复；要耐心细致地去寻找他们心灵的症结并加以引导和感化；要理解孩子的顽劣，使他们在转变、反复、稳定的过程中，逐渐培养起意志力，让他们学会理解父母的苦心和难处。

用理解剔除孩子的顽劣，在理解中挽回亲子关系，也能让孩子的仇视得到合理发泄，从而走出阴霾，重回父母关爱的怀抱。

另外，还有心理专家指出，父母自身的行为方式可直接影响孩子的心理发育，这是引导孩子最好的方式。日本教育家铃木家一曾说过："在孩子的脸上，你们一定会看到自己的生活经历。"因此家长应给孩子做好榜样，以身作则，引导孩子走出仇恨的阴影。

面对"破坏大王"家长该如何出招 ▮▮▮▮

　　布娃娃的腿少了一条；新买的童话书被撕成了两半；心爱的陶瓷杯变成地上的碎片；画笔被弄得遍地都是，珍贵的毛毯也因此弄脏……孩子为什么那么淘气？家里的东西只要一经他手没有不坏的可能。在现实生活中，家长们经常为这样的"破坏大王"而苦恼。他究竟怎么了？为什么屡教不改？家长究竟该拿他怎么办？

　　认真分析，我们可以将孩子的破坏行为分成两类：一是无意的，一是有意的。无意的破坏与孩子的成长周期、生理特征紧密相关，有意的破坏与孩子的心理需求有直接联系。对待这两种不同的破坏行为，家长必须用不同的方法来引导，才不至于损害孩子的创造思维，才能培养出身心健全的好孩子。

　　如果家里的孩子越来越爱搞破坏了，家长们一定要仔细观察，看看孩子到底为什么如此"不听话"。通常孩子搞破坏有以下几点原因：

1．生理限制使孩子"笨手笨脚"

　　好心帮妈妈端菜，一个不留神就将菜和盘子打翻在地；妈妈出门前说"宝宝饿了，可以自己拿柜子上的点心吃"，可妈妈回来时却发现，点心盒边的玻璃杯碎在地上；妈妈一大早起来给宝宝准备了营养早餐，可就在自己回厨房拿果酱的一小会儿工夫里，孩子就将滚烫的牛奶打翻了……诸多"不良记录"是孩子故意的吗？不一定，有的确实是孩子的无心之失。这样的破坏行为可归为

"无意破坏"这类。

无意破坏的行为主要出现在年龄较小的孩子身上，0～5岁的孩子会经常出现这样的过失。因为这一时期的幼儿反应协调机能还很弱，手脑的配合还不是很协调，注意力也不易集中，因此常有一些"危险动作"在他们身上发生，如递给他们一件新玩具，他们刚接过去，就把手一松，"啪"的一声掉在地上摔坏了。如果您的孩子正处在这一阶段，那么当家长的就应该懂得理解孩子的生理特征，用耐心和细心来引导孩子；当然如果孩子的行为确实很危险时，家长也可以指责他，但目的仅仅是让他认识到什么是危险。

2."精力旺盛"让孩子时常破坏

有的孩子从小就精力过剩，他们天生好动，有使不完的劲儿，但却在力量上控制不好，因此常常造成一些无意的破坏。

因为孩子对力量的使用有一个尝试的过程，他还不了解应该用多大的气力去完成某件事，所以家里会出现抽屉被拉到地上、东西被摔坏等现象。当这些行为发生时，家长应该理解：这是孩子的正常行为，是他们在学习与外界相处的一个过程。对于这些蛮力宝宝，家长不能责怪他们，更不能因此惩罚他们，而是要让他们领会那些事情该怎么做才会成功，哪些事他做了别人会称赞，哪些事他做了会造成伤害。只有了解宝宝才能懂得该怎么做。

3.对事物的好奇心使孩子的行为产生强大的破坏力

成长过程中的孩子有一段时间总是表现得很"捣蛋"，他们有强烈的探究心理，不管遇到什么事物，他们总想摸摸、看看、闻闻、尝尝，总想弄个明白。他们喜欢拆卸钟表、玩具、收音机、笔，喜欢乱按电器开关或遥控器，因此损坏了不少东西。

仔细想想，其实每一样东西孩子都并非蓄意破坏，而是他们意识不到行为与后果之间的必然联系。他们内心充满对大人活动的羡慕与神往，对大人所操作的工具感到既新鲜又好奇。任何事物对他们来说都是新鲜的，任何事物对他们都有很强的吸引力。当他们去接触这些事物（将其撕烂、扔到地上、泡到水中……）的时候，他们并没有想到自己这种行为是在"搞破坏"，他们只是想认识这是什么，能做什么，自己这样做它会变成什么样。这些行为在刚开始接触和认识外界的孩子身上经常发生。正是这种对外界事物强烈的好奇心让他们变成了大人眼中的"破坏大王"。

4．为证明自己的能力却事与愿违

当孩子的自我意识增强后，家长们会发现，孩子越来越爱逞强了：弄得满客厅都是水，只因为要向妈妈证明他可以帮助妈妈拖地了；把新买的玩具拆开，是为了证明他能做到；将爸爸放在架子上心爱的水晶球打碎了，是为了证明他能够得到……这些破坏性的结果是孩子没有预料到的，他只是想要体现自己的力量、证明自己的能力而已。这当中体现的是孩子渴望长大、渴望获得能力的美好愿望。

如果孩子是因为渴望进步犯下了过错而不断遭到父母的责骂，那只会扼杀孩子的探索欲，会让孩子不敢放松去做，进而会阻碍孩子的成长。

5．盲目模仿造成破坏

爱模仿是幼儿典型的心理特征。孩子把成人当作行动的榜样，成人怎样做，他们也机械地跟着学，由此难免会产生一些不良后果。例如见到爸爸刮胡子，便将小猫胡子剪了；看见爸爸抽烟点火，自己也跑去玩火；看到妈妈切菜，就拔去了家里的盆栽当菜切。

而且很多时候，幼儿模仿大人的行为都是出于好心。例如，他帮小猫剪胡子时可能想的是爸爸刮完胡子变得更好看了，所以也要把小猫弄好看点。孩子的可塑性是很强的，他们能将自己看到的世界记下来，当形成一定主观意识后，他们常常会将这些意识转嫁到别的事物上。如有的孩子见金鱼缸里结了一层薄冰，怕金鱼冻死，而把它们全捞上来包在手帕里；有的孩子看到盐有点脏，就把它放在淘米篮里用水淘。这些都是孩子在总结了自己平时所见所闻后的行为。可因为幼儿的辨识能力还较差，他们并不知道自己这么做的后果是什么，甚至还会觉得模仿成人的行为表示他们已经长大，但由于他们生理上的

不成熟使得这些行为的结果变成了"破坏"。有时，这种盲目模仿还可能给家庭、社会带来不幸，如小孩儿玩火。

6．为达到目的搞破坏

孩子有目的地搞破坏通常有两种原因：一是为了满足个人的需求，二是为了吸引别人的注意。

记得动画片《樱桃小丸子》中，有一集讲的是，小丸子为了得到一个漂亮的牙膏赠品——沙漏——而拼命浪费牙膏。生活中这种例子并不少见，有的孩子会为了让爸妈买新衣服而故意把衣服弄破；有的会为了买新玩具，而把自己的玩具弄坏。新鲜事物对人的吸引力确实很大，当孩子有了某种需求，可父母又无法满足他时，他就可能用赌气、撒谎、搞破坏等行为来达到自己的目的。

另外，当孩子被人冷落时，他们也可能用"破坏"的方式来实现吸引人注意力的目的。例如老师要挑选一些小朋友来参加某个活动，孩子很想参加可却没有被选上，一种被人忽略的感觉会让孩子感到十分难过。因此，当那些被选上的小朋友在积极准备、没有人关注他们的时候，他们就可能故意用掀翻桌子、推倒凳子等可能对周围人有影响的破坏行动来吸引别人的注意。

7．通过破坏来发泄自己的不满

孩子的承压能力比较有限，如果父母在一段时间内对他们过于严厉，他们可能就会有意搞些破坏来表达自己内心的不满。例如，父母要求孩子每天必须画一个小时的画，可孩子却想看动画片，而在家长的干涉下他们又没法实现自己的愿望，于是他们就可能用一些破坏行为，如故意把画纸划破、把画笔折断等，来发泄自己心中的不满。

其实，有时候，幼儿外在的破坏行为也是他们内心困扰的表现。也许幼儿只是觉得孤单，因此，他们想通过这种方式引起家长的注意。有的家长爱打骂孩子，或是家庭气氛不和谐，孩子内心就会感到压抑，要是这种负面情绪得不到合理的缓解，他们就常常会采用搞破坏的方式来宣泄内心的压抑与愤怒。

只有了解了孩子爱搞破坏的原因，家长才好对症下药：

1. 用训练来减少宝宝的无意破坏

对于幼儿的无意破坏，主要可通过一些生理和心理训练来解决。如用不易摔坏的木质玩具教幼儿分别做单手、双手抓握动作，训练孩子上肢肌肉的力量；用玩具琴让幼儿弹拨，用铅笔、蜡笔等让幼儿划、画、涂、写，训练手指动作的灵活性和准确性；用塑料杯、碗盛水，让幼儿捧着慢慢行走，要求水不洒出来，以训练注意力和动作的协调能力。实验证明，经过一段时间的训练，幼儿的无意破坏行为会大大减少。

2. 跟"蛮力宝宝"玩温柔游戏

对于天生精力旺盛的"蛮力宝宝"，家长可以让他们多进行一些户外的活动，有时还可让他们进行一些激烈的对抗性活动，来消耗他们过剩的体力。另外，教会孩子"温柔"也是父母应该做的。如果孩子拉抽屉的力气用大了，不妨再让他们慢慢地轻轻地拉一次。让孩子明白他们"温柔"一点，对周围环境的伤害就会小一点，通过实践让孩子尝试从轻到重地使用他们的力气，才能让他们学会如何控制好自己的力量，防止他们下次再"搞破坏"。

3. 与"好奇宝宝"共同探索"奥秘"

如果您家的孩子正处在好奇心重的年龄段，并已经表现出了他的探索兴趣，那就请把家里贵重的东西收藏好，给他一些安全的家用物品，或是买些耐摔的玩具，让他好好研究。

此外，对待这一时期的孩子，家长还要慢慢引导他们建立什么东西可以碰、什么东西不可以碰的概念。比如他们可以玩一个小皮球、摆弄一个洋娃娃，但他们不可以把电源插座和打火机当玩具。同时，爸爸妈妈还可以给孩子一些组合式的玩具，鼓励他们尝试组合不同的造型，以开发孩子的创造性思维。

另外，对于好奇心特重的孩子，家长还应该把孩子的好奇心和求知欲联系起来，并常常陪孩子一起"研究"。如孩子对金鱼感兴趣时，家长可以和他一起"探讨"：金鱼是如何游泳的？金鱼为什么在水里不怕冷？金鱼是靠什么来

进行呼吸的？金鱼吃多少鱼食就饱了？当孩子明白了这些问题后，家长就可以继续教育孩子，要如何才不会伤害到金鱼了。

家长绝对不能扼杀孩子的好奇心，因为这是孩子逐渐认识世界的方式。将孩子的探索与父母的耐心引导结合起来才能有助于孩子快速成长。

4. 给"好强宝宝"设定破坏底线

对于那些想证明自己的能力而到处搞破坏的孩子，家长应该对孩子的破坏设定一个承受范围，在这个范围以内的，家长可以适当给孩子鼓励，激发孩子创造的兴趣；如果超过了这个范围，家长就应该告诉他们"这种方法不好，我们不喜欢，你可以用其他的办法"，并明确地告诉孩子，他们可以干些什么。一味限制孩子会打击他们的积极性。因此当我们把一条路堵住的时候，就要为他们开辟另一条路，让孩子有成长的空间。

5. 让"模仿宝宝"认识破坏的危险性

对于盲目模仿的破坏行为，要明确地告诉孩子，有些行为是不可以模仿的，比如玩电源插头、点火等，这会带来致命的威险。假如孩子还不理解，可以通过一些图片、漫画、视频等来让他明白这些事物的危险性，以便加深他的印象。

6. 让"欲望宝宝"自食其果

对于那些通过破坏以达到某种目的的孩子，家长决不能姑息，否则他下次还会以相同的方式来"要挟"父母。这时最明智的做法就是让孩子"自食其果"。

当孩子为了实现个人需求而大搞破坏的时候，家长不能妥协。等到他下次发现自己要用某种东西却已经被自己弄坏的时候，他会记忆更深刻。这时候你再给他一个新的，他下次发脾气想要毁掉手上的东西时，就会记起这次的"苦果"，因而更珍惜些。

对于那些想要通过破坏来吸引人注意的孩子，一方面家长要多给予他们关心和爱护，让他们的情感需求得到满足，这样才能有效减少他们的破坏行为；

另一方面，家长也可以损坏他们的心爱玩具，让他们明白搞破坏是不对的。

7. 和"愤怒宝宝"多交流

对于那些平时比较压抑而常用玩具来发泄不满情绪的孩子，要找办法让他们的情绪有个合理的宣泄渠道，比如，跟孩子"谈谈"，让孩子把自己的感受讲出来，或者拜托老师和学校的小伙伴多给予孩子一些关心等。当情感有了合适的宣泄途径，孩子自然就不会再搞破坏了。

此外，在教导爱搞破坏的孩子时，家长们还需要谨记以下几点：

1. 始终保持耐心

幼儿们天生都是"破坏大王"，只不过有轻有重。轻则是一堆支离破碎的报纸、一个看不出本来面目的水果，重则是心爱的电脑成了实验对象、昂贵的地毯上墨迹斑斑。在幼儿园里还会经常看到，别的小朋友刚搭好的积木，被一些调皮的孩子推倒；别的孩子正在津津有味地看书，另一个小朋友抢了就跑……无论是父母还是老师看到这样的"破坏大王"都难免会忍不住心中的怒火，想要大大地发作一番，但我们必须保持应有的耐心。因为我们也清楚，孩子并不是故意搞破坏，他们只是不明白这些行为的结果是什么，也不完全明白这些东西的价值而已。

2. 给孩子"破坏"的空间

孩子喜欢"破坏"是创造力萌芽的一种体现。他们睁着一双求知的大眼睛，对社会中的各类陌生事物充满新鲜感。合理利用孩子的这种天性，多方引导、鼓励，不仅有利于孩子大脑的开发及日后处事能力的提高，更重要的是还能培养孩子浓厚的求知欲望，为他今后的发展奠定基础。因此家长们要时刻记住，留给孩子一个"破坏"的空间。毕竟失去的只是可估量的价值，而得到的却是孩子一生受用不尽的财富——思考、创造和智慧。

3. 不能听之任之

在宝宝一岁半到三岁这段时间里，已经从掌握基本的动作发展到能掌握几

乎成人的全部大动作，同时宝宝在心理上的自我认识也逐步建立起来，对自己的能力更是充满了好奇。所以对于宝宝损坏东西的问题，家长虽然不用太担心，但也不能听之任之，否则孩子有可能养成某些不良习惯，如习惯发脾气时扔东西。

4．不能伤害孩子的自尊心

当着其他孩子的面训斥孩子，或在孩子在场的情况下对旁人转述他的破坏行为，这不仅会刺伤孩子的自尊心，而且会导致孩子出现逆反心理。因此教导孩子时一定要做到尊重他，哪怕他还处在婴幼儿时期。

5．保持家长的尊严

在孩子搞破坏时显出紧张或无可奈何的神情，这样会误导孩子，让孩子以为这是一种抓住大人注意力的方法，并且有损家长的尊严。因为即使是幼儿也知道与周围的人进行力量对比，通俗地讲，就是"较劲儿"。如果孩子在心里失去了对家长应有的尊敬，那么在以后的教育中，就不再会像先前一样听从家长的教导，这也是许多中国家庭出现"小霸王""小皇帝"的一个主要原因。

对于无意的破坏行为，家长大可不必太操心，因为一般来讲，孩子喜欢扔东西、撕纸片等行为都不会持续很长时间。过了这一阶段，孩子逐渐学会了正确玩玩具、翻看图书、认识事物后，他的兴趣和注意力就会逐渐转移到其他许多更有趣的活动中，这些破坏的行为自然也就会消失。对于那些故意破坏的孩子，家长就应该通过观察，分析孩子行为产生的原因后再进行教导了。

挑战"小谎精"

日常生活中，孩子说谎的情况十分常见。家长时常为教育孩子诚实而"上火"，正当气头上的父母还难免"教训"一下孩子。可大部分家长在教育孩子不要说谎之前并没有去了解孩子说谎的真实原因是什么。说谎往往被人们视为一种恶劣的品质问题。但对于幼儿来说，"说谎"的原因是多方面的，性质各不相同，不能一概而论，需要具体问题具体分析。根据心理因素来分析，幼儿说谎大致可分为无意说谎和有意说谎两大类。

幼儿"说谎"的原因通常有下列几种：

1．认知能力的发展未臻成熟

孩子年龄小、个子小，他所观察、体会到的事情，和成人自然不一样。因此，他说的话有时就会显得很夸张，例如："我家里有一个像房子一样大的球。"

2．无法分清想象和现实

3岁以内的宝宝因无法分清想象与现实，常常把想象的事物当作现实的事物来描述。他们往往会即兴、随意地把自己听到的故事、看到的事物经过自己的想象加工，套用到现实的人或事上去，出现没有逻辑、不真实的"撒谎"。他们也可能把自己的愿望施加到某件事情上，把本来不存在的事情说得跟真的一样，但是又漏洞百出，这只是他们通过想象表达自己愿望的一种方式。他们的这种撒谎没有明确的目的性，带有非常明显的幻想痕迹，也不会对周围的人

和事产生恶劣的影响，更不是道德上的问题。例如：孩子在看完童话书后，可能在早餐时间"郑重"地向大家宣布："昨天晚上，白雪公主和七个小矮人来找我玩了。我们在房间里玩得可开心了。"心智还不够成熟的孩子很容易将现实和想象混合，把幻想出来的情景当成是真实的，对于孩子来说这件事是"真正"发生了的，而不是在说谎。因此对于宝宝这种类型的谎言，家长和老师大可不必动怒，用鼓励和引导的方式让孩子尽可能发挥自己的想象力，还有助于开发孩子的智力。

3．为了引起注意

孩子有通过别人的注意来肯定自己的存在的特性，如果在孩子的经历中，说谎比较能引起成人的关切，孩子就可能用这种方式来引起他人的注意。例如：在幼儿园里，一个小伙伴带了玩具来向大家展示，所有人都把目光放到了这个孩子身上，于是有不服气的孩子就可能会说："这有什么好稀罕的，我爸爸给我买的变形金刚比他的大好多倍，有一个人那么高。"

4．教育不当

有些幼儿会说谎，往往与成人的影响有关。父母的说谎行为，常是幼儿说谎的直接原因。父母和教师是幼儿心目中的权威人物，如果在孩子面前说了谎，就会使孩子产生"说谎不为错"的错觉，起码为他们的说谎壮了胆。例如：老师带领幼儿在室外画画时，有的孩子特别吵，于是为了让大家能认真画画，老师就说："待会儿老师看谁最认真、画得最好，就给他多加一朵小红花。"可是，老师在看完小朋友们的画后却把这件事给忘了。这使很多孩子认为老师在"骗人"。虽然老师的行为是无意的，但的确让孩子有了被"欺骗"的感觉，这就不能不影响到孩子。

5．容易受别人的暗示

家长不能用暗示性的提问方式来问孩子，有些时候你的暗示反而让孩子找到了做错事的"借口"，孩子容易在你的暗示下"撒谎"。例如：孩子把玻璃弹子滚到柜子底下拿不出来时，要是大人这么问他："你是不是把玻璃弹子吞进肚子里

去了？"很多孩子都会回答"是的"。可如果你能耐心些问孩子："弹子哪里去了？"孩子通常都会指着柜子底下告诉你："弹子滚到下面去了"。

6. 为了达到某种愿望而说谎

有时，小孩子常会把希望得到的东西当成已经得到的。有些被父母娇生惯养的宝宝，习惯于一切玩具、食品都归自己所有，他们不管是不是自己的东西，只要自己喜欢都有可能悄悄地把它拿回家。例如：一个小朋友每周都会至少从幼儿园带回一件玩具来，并告诉家长"是老师奖励我的"，疑惑的家长到学校一问才知道"并不是那么回事"。孩子的谎言就是他的"如意算盘"，他想通过谎言来将愿望真实化。

7. 为了逃避某些事

宝宝天性想要做好某件事情，获得自己喜爱的人的赞赏。当他做错事情后，会因为担心受罚而说谎。其实，宝宝天性纯真、直率，他不会隐瞒自己的意图，不会掩饰自己的情绪，不会控制自己探索的欲望。但当他发现自己的诚实引起了妈妈的不满甚至是责罚时，为了逃避，宝宝就会尝试说谎。尤其当宝宝说谎后成功逃避责罚时，他的说谎行为就会得到激发。另外，有时孩子还会逃避某些自己不愿意做的事情而撒谎，比如：孩子不愿去幼儿园，就会说"我肚子疼"，或是谎称"老师打我"；孩子想看动画片不想写作业，就会说"早就写完了"。

幼儿的这类说谎，往往是恐惧心理所致。而滥施惩罚就是造成幼儿产生恐惧心理从而导致其说谎的一个重要原因。有的家长怕孩子变坏，常常不问清事由就训斥、责备孩子；有的家长受传统思想影响，认为"棍棒之下出孝子"，动辄打骂；有的家长性格粗暴，孩子稍有不当之处就呵斥打骂。这些错误的家庭教育，都容易使孩子感到恐惧。孩子做错了事或有行为过失时，为了开脱责任，逃避家长、教师的惩罚或打骂，便故意编造谎言来掩盖事实。

这类说谎在表现方式上有三种：一是只承认一部分错误，极力减轻错误的程度。例如，为争夺玩具，童童打了丁丁。当老师来处理时，童童却只承认轻

轻推了丁丁一下，而否认打了丁丁。二是全部否认错误，极力表白不是自己犯的错误。例如，妈妈在厨房做饭，听见孩子玩"骑车车"的时候打碎了桌子上的茶具，可当妈妈做好饭问孩子的时候，孩子却硬说不是自己打碎的。三是嫁祸于人。例如，三个孩子在滑梯上玩，其中一个故意推人，推人者不仅否认是自己所为，还一口咬定是另一个孩子推的。当然，也有嫁祸于物的，如找东西吃打碎了杯子，不敢承认，便说是小猫打碎的。

作为家长和老师，更应当认识到，出现上述情况中的哪一种，其说谎的实质都是幼儿在恐惧心理支配下所采取的一种自卫措施，其错误和责任应更多地归咎于成人而不是幼儿。所以，我们在处理这类错误的时候要首先反省自己给幼儿心理造成的影响，而不是只严厉地指责孩子。

任何人都不喜欢自己的孩子说谎，更不会鼓励孩子的谎言。可撒谎却是每个宝宝成长过程中必然经历的一种现象，宝宝撒谎的行为也与他所处的环境以及他的认识能力密切相关。幼儿说谎的现象形形色色、原因种种，性质也各不相同，因此作为家长和老师应当具备分析和评判幼儿说谎现象的能力。另外，在孩子撒谎后还要认真分析当时的背景，如幼儿的年龄、一贯表现、能力水平、说话动机等。只有判断准确，才有利于进一步分析原因，采取相应的教育对策。但是，怎么做才能既不伤害孩子的自尊与自信，又不纵容孩子说谎呢？

1. 家长必须承认说谎是孩子成长的一个过程

儿童撒谎当然不是好习惯，但是家长也不能不弄清孩子撒谎的原因就训斥甚至打骂孩子。家长要承认每个人都必然有撒谎的时候，撒谎是每个孩子成长过程中必然经历的一种现象。有专家这样总结孩子成长过程中发生的撒谎行为：2～4岁的孩子撒谎只因为想象力；5～7岁的孩子撒谎，是因为有了更丰富的想象力；8～9岁的孩子撒谎，是想用谎言来探索独立；10岁多点儿的孩子撒谎是因为有了隐私。

只有承认这一点，你才不会以苛刻的态度去要求孩子，才能摆正心态和孩子良好沟通。

2．家长要重视孩子的精神需求

孩子有时候说谎是有意为之，很多家长平日对孩子的行为控制过多，要求过于严格，作为"报复"，孩子时常对父母撒谎。父母越是生气，越是绝望，他就越高兴。因此，要避免孩子说谎，必须注意给孩子一个宽松的成长环境，了解并满足孩子的心理需求。

《狼来了》的故事可谓老少皆知，不少家长都用这个故事教育孩子：爱撒谎的孩子最终将自食其果。可大人们有没有想过，故事中的放羊的孩子为什么要一而再，再而三地撒谎呢？从孩子的角度来说，他一个人孤零零地在山上放羊，心中肯定充满了孤独和恐惧感，喊一声"狼来了"，就有许多人跑来，至少可以暂时缓解一下他的寂寞。可见，孩子在未形成撒谎的习惯之前所说的假话，往往暗示了他有某种需求，或是正面临着某种挫折并需要帮助，这时撒谎的目的往往是为了逃避现实中的不足或过错。因此，关心和爱护孩子，就必须进行换位思考，走进他的情感世界，感受他的观点和体验。发现孩子撒谎，家长不应一味打骂，而要放下长辈的架子，设身处地地想想他为什么撒谎。家长要鼓励孩子有困惑和疑难时及时倾诉，以便寻求帮助。当然，家长也不能一味地迁就孩子提出的要求，当要求不合理时，应耐心解释不能满足的原因，引导孩子正确面对；同时告诉他有困难先要自己尽力克服，实在不行要学会倾诉，让家长了解他的想法，这样，才会赢得家长的关心和支持。

孩子改变撒谎的不良行为是一个渐进的过程，家长不可操之过急，应在关键时刻给孩子以肯定和帮助，满足孩子的合理需要，动之以情，晓之以理，在说理、感化的有机结合下，使他改正撒谎的坏习惯，做一个诚实、上进的孩子。

3．要区别对待，要注意不要伤害孩子的自尊心

人们常说，"树怕伤根，人怕伤心"。自尊心、自信心是孩子成长的精神支柱，是孩子向善的基石，也是孩子自我发展的内在动力。为什么有的孩子会失去自我控制、破罐子破摔，最后走上违法犯罪的道路？就是因为他们已经没

有了自尊心和自信心，失去了追求进步的力量源泉。因此，家长和老师不管什么情况下伤害或者诋毁孩子的自尊心与自信心，都是违背教育规律的愚蠢行为。对孩子的撒谎行为，家长们也应该认真分辨，教导孩子时也不能伤害孩子的自尊心。

如果孩子属于无意识说谎，家长就需要帮助他辨别。如3岁的孩子有时分不清想象与现实的事，不免将想象与真实相混淆，这就出现了"说谎"的后果。如：一个孩子对小朋友说："我的宠物是一只大熊猫。"虽然这是不可能的，但家长听到后应该教导孩子："宝宝很喜欢大熊猫吧？可它是养在动物园里而不是养在我们家对不对？"而不是粗暴地对孩子说："你这孩子怎么那么傻，咱们家能买大熊猫给你当宠物？以后可别再撒这种谎，说出去丢脸死了。"前者可以帮助孩子了解现实，而后者却会伤害孩子的自尊心。如果孩子正处在这一时期，父母就应帮助他度过这一真假难辨的阶段，让其将想象表象与记忆表象分开，而不应简单粗暴地禁止。

而如果孩子已经进入了有意识说谎阶段，父母就要严厉制止，告诉他这样的行为是不对的。在孩子说谎之后家长还可以通过一些惩罚措施让他知道"这就是说谎的后果"。例如，孩子很想去看儿童剧，家长也答应了，但孩子却在这之前说谎了，因此在儿童剧开演时，家长就可以用不带他去来惩罚他，并告诉他："你说谎是不对的，不带你去看演出是对你的惩罚，说谎是要付出代价的，如果你自己觉得很委屈，那下次就一定要说真话。"

4．善于引导，用谎言开发孩子的智力

当一个三四岁的孩子向你述说一个并非真实的故事，或者叙述一件从未发生过的事情时，他并不是在说谎，而是在发挥他的想象力。有时孩子会把他所想象的事物当作是现实，因为这时的孩子还分不清想象的情景和现实之间的界限。遇到这种情况时，父母千万不要随便责怪孩子，以免压抑了孩子的想象力，妨碍了孩子的心理发育。看看下面这位父亲对孩子谎言的"纵容"，你也许会对幼儿的谎言有一个新的认识：

以前有一个经常说谎的孩子，他会把一枚怪异的石头说成是价值连城的宝石，把在泥地里拣到的一枚硬币说成是古罗马时期铸造的硬币。因为他谎话连篇，所以经常遭到小伙伴们的嘲笑和讥讽。最后，连他的姐姐都不能忍受了，把他告到了父亲那里，并希望父亲好好管教一下这个弟弟，让他改掉说谎的习惯，否则他长大了可能会成为一个令人讨厌而可怕的骗子。当父亲把这个孩子叫到自己的身边时，没有大发雷霆，而是用赞许的眼光看着眼前这个有些不安的孩子说："我不会责备你，你的想象力真伟大。"

后来这个孩子真的成了世界上最伟大的科学家之一，他就是达尔文。

按一般人的想法，父亲对爱说谎的达尔文如此纵容，是对孩子的成长不负责任，不仅孩子会遭到别人的唾弃，这位"昏庸"的父亲也一定会被戴上"养不教，父之过"的帽子。可达尔文的父亲却用不同于别人的眼光敏感地认识到这些"谎言"恰恰是孩子的过人之处，是孩子思维火花的跳跃和迸发。不难想到，后来的达尔文之所以成为大科学家，与父亲最初的欣赏、鼓励、引导是分不开的。

父母是孩子最好的老师。当我们察觉孩子"说谎"时，我们是否也应该先去冷静地分析一下，再做出正确的判断，而不是把孩子的话动辄以谎言冠之，然后自以为是忧心忡忡地"铁"着面孔去批评、去教育呢？其实，谎言并不都是"秕谷"，对于孩子的谎言，当我们学会了去伪存真，学会了鼓励和引导，谎言也会呈现出它应有的分量，说不定老故事里那个喊着"狼来了"的坏孩子，也会变成一个有出息的人。

5．言传身教

父母的榜样作用很重要。都说父母是孩子成长过程中的第一任老师，那么父母就应该尽好这个义务，成为真正合格的老师。

生活中，有些家长常在孩子面前议论一些人的欺骗行为或自己有时装病不上

班，从而给孩子造成潜移默化的坏影响。家长本身成了孩子说谎的"启蒙人"。现实生活中还有不少家长会轻易地许诺孩子，但却很少兑现。例如，家长为了哄孩子高兴或听话，便许诺只要他做到了就给他买某一玩具，而到后来什么也没给孩子买。孩子除了伤心、生气外，还得出了一个错误的结论——"撒谎是可以的"。

因此，作为父母当着孩子的面谈论某件事时，尽量不要为了生动、有趣而添油加醋。因为孩子，尤其是年龄较小的孩子分不清什么是谎言、什么是玩笑，他会向父母学习，模仿大人信口雌黄、随意发挥。当然，父母也应该做到不要轻易向孩子许诺，一旦承诺了孩子就要言出必行。

教导孩子学会诚实，家长是最好的榜样。在向孩子讲述诚信的重要性时，家长以身作则，给孩子树立诚信的榜样，这样才能将孩子培养成诚实的人。

6. 教育不要长篇大论

两三岁的孩子探索的愿望很强烈，无意识想象正在发展，但懂得的道理却很少。当他在行动中不断出现说谎行为时，家长该怎么办？这么大的孩子因为说谎就受到严厉的惩罚，不仅没有任何意义，也许还会有负面影响。如果你的孩子打了其他小朋友，或者抢了小朋友的饼干吃，你肯定会对他训斥一番。但是，如果他同时还对你说了谎，你的注意力就转移到说谎这个问题上，并为此更加严厉地惩罚他。但事实上，你对诚实和正直的长篇大论，对孩子来说，只是耳边风；你的惩罚也不能使他知道问题所在。相反，他只知道他又淘气了，而且将来他肯定不愿意再让你知道这些淘气的事儿。所以，更加关注他的不良行为效果会更好一些。你可以告诉你的孩子："我知道你是怕我不高兴，所以不想告诉我真相。但是我亲眼看见你打了小朋友。如果你下次对他有礼貌些，我想他会把他的玩具给你玩的。"

当家长发现孩子有了习惯性说谎行为后，最好是用最简明的话警告他或制止他。要避免唠唠叨叨地讲一大堆道理，因为这反而会引起相反的效果。而对现实社会中一些好意的"说谎"现象，家长也不要急于向孩子解释，因为这有可能会混淆孩子的辨识力。孩子在成长的过程中将会慢慢地体会到这种不易言传的方式。

7. 给孩子补救的机会

如果孩子发生行为性撒谎，家长一定要相信宝宝会改正错误，并可给孩子提供一个设想补救方案和实施方案的机会。这样，既可以让宝宝自省，同时也可通过给予宝宝设法补救的机会，让他们开动脑筋自己解决问题，养成自己对自己的错误行为负责的习惯。比如，宝宝拿了别的小朋友的玩具回家，妈妈可以让宝宝自己思考，应该采取什么样的方式来弥补自己的错误。聪明的宝宝可能会想出很多方案，如把玩具还给人家并道歉；把玩具还给人家的同时，把自己的玩具借给人家玩；把玩具先还给人家，然后再与人家商量，说服小朋友把玩具借给自己玩一会儿等。如果宝宝想不出方案，妈妈可以给宝宝一些提示："童童的玩具被你拿走了，他会很难过啊，你怎么做他才不会难过呢？"

家长应该以宽容的态度来对待孩子，毕竟他们年纪还很小，还有很多机会，不要因为孩子犯了错，说了谎，就给他们冠上"不可救药"的帽子。孩子是在不断犯错不断改正的过程中成长的，因此家长应该给孩子一个补救的机会。

8. 让孩子敢于承认错误

如果孩子说实话不仅不能得到保护，反而会受惩罚，那么"说谎"就顺理成章地变成孩子自我保护的生存策略。如果我们不能为孩子提供一个安全、尊重、保护的环境，我们就没有理由要求孩子时时刻刻说实话。

帮助孩子相信，犯错误是学习的机会，这样他就不会认为自己很坏而要掩盖自己的错误。

孩子的心理和身体各个方面发展还不够成熟，犯这样或那样的错误在所难免，有的家长以为孩子好"哄"，一旦"哄"出实话，要么立即让孩子屁股"开花"，要么摆出兴师问罪的架势、横眉呵斥。这样做的后果非常糟糕，对孩子的打击和伤害也称得上到了"星级水平"。从此以后，不仅家长的威信要

大打折扣，孩子诚实的德行也难以形成。反之，如果家长心平气和地对待孩子的错误，孩子一定会实话实说、一吐为快的。

在教育孩子的过程中，家长切忌把孩子不说实话当成撒谎，即使孩子真的撒了谎，家长也应该以平和的心态去面对，毕竟这是每个孩子成长必经的过程。家长不要把孩子撒谎当成不可饶恕的罪过，因为平心而论，这个世界上撒谎最多的实际上是大人而不是孩子。家长最应该做的就是分辨孩子的谎言，了解孩子说谎的原因，再平心静气慢慢教导，将孩子引上诚信之路。当然我们也应该让孩子从小就明白诚实是人最起码的品格。从小就体验诚实的威力和实惠，他们今后就会把诚信作为自己立身处世的根本。

别对早恋的孩子强说No

　　"你家的孩子早恋了"，绝大部分家长在得到这个消息时都如被雷惊。"还在上学就早恋，多影响学习啊！" "无视校规和家规，简直是个目无法纪的孩子！" ……早恋真的就那么严重吗？早恋的孩子就是罪恶滔天吗？其实父母并不真正了解早恋，才会将它视为"禁果"，并对孩子强加干涉。

　　近年来，学生"早恋"的事情越来越多了，而且有了一系列新的变化：由过去的偷偷摸摸，到现在的公开宣布；从过去的高年级学生发展到现在的低年级学生，甚至小学生；由过去的搂搂抱抱发展到租房同居。早恋，是目前孩子中比较常见的现象，也是父母的一块心病。在家长的意识里，孩子过早地恋爱，必然会影响学业，影响其成人成才。因此早恋受到父母的一致反对，很多父母认为，知道孩子早恋，不加以干涉，是不负责任的做法。但是家长对待早恋的态度和处理方式的不当，往往导致一些意想不到的后果。

　　"我现在已经被小孩弄得六神无主了。"接到孙先生的电话，教育专家可以清晰地听到话筒那端传来的无奈叹息声。因为反对孩子早恋，孙先生被孩子当成了"恶人"：孩子拒绝与他说话，还总是和他对着干。更糟糕的是，孩子在学习上出现了自暴自弃的念头。

　　孙先生的儿子今年初三，成绩优异。家长也为孩子的成长做了很好的规

划，对孩子抱以很高的期望。可是，去年年底，孙先生发现儿子经常晚上学习时发短信，有时甚至凌晨1点多还在发。后来得知孩子开始早恋了。

考前的节骨眼儿上谈恋爱，孙先生努力压住内心的怒火，旁敲侧击地告诉儿子，快要中考了，不要发短信影响彼此的学习。可是，孩子对此却予以否认。无奈之下，孙先生找到儿子的班主任，希望他能帮助开导孩子。老师找孩子谈了几次，但效果都不明显，反而让孩子觉得孙先生不相信自己，干涉了自己的隐私。

后来不知为何，孩子恋爱的事情在班里传开了，同学们便开始起哄。从此，孩子变得很消极：上课时，他经常睡觉；回家后也不再做作业；并故意在父母面前玩手机。中考在即，看着现在的儿子，孙先生心里感觉万般无助。

早恋其实并没有那么可怕，但很多家长却将其视为会吞掉孩子的"豺狼虎豹"，而想方设法地打压，并常常采用一些不适当的方式压制孩子懵懂的情感，而不是去跟孩子交流，了解孩子的真实情况和真实想法。这就常常出现像故事中的孙先生那样的后果——被孩子当成"恶人"。

家长该如何认识孩子"早恋"

早恋实际上是青春期孩子在与异性交往过程中，由于对异性产生好奇心而相互吸引、产生爱慕之情的表现。有关资料显示，早恋有一个明显的年龄特点，以14~18岁居多，其中14岁为始发高峰期，到15岁有所下降，16、17岁又出现一个新的高峰期。近年来，初一、小学高年级学生也开始出现早恋现象，并呈逐年上升趋势。据专家研究，孩子们青春期异性交往发展特点分为四个阶段：朦胧期、爱慕期、初恋期、钟情期。

女孩子在11~13岁、男孩子在12~14岁时，会觉得在一起有意思，异性之间互相观察、欣赏的兴趣增加，开始注意异性的谈话、表情、动作；而且开始注意自己的服饰、举止，想给异性留下好印象。对于异性之间的接触，往往自

别烦，

觉不自觉地在性爱上浮想联翩。然而，此时异性之间的好感是泛泛的，没有具体对象。

女孩子从13～15岁，男孩子从14～16岁，这时，他们的性机能都已成熟，内心开始萌发初恋的"幼芽"；容易在年龄相近的异性中，发现比较喜爱的对象，并给予特别的注意与关心以及特有的期待。

由此可见，孩子早恋是青春期发展过程中出现的比较正常的现象，处于这个阶段的孩子如果早恋，而父母又不会妥善处理，横加干涉，往往会激起孩子的逆反心理：家长越是反对，越是要和家长对着干，而且容易走向极端；一旦受挫，会意志消沉，产生厌世心理。有的还可能走上放纵自己的道路或者轻生。如果家长在发现孩子早恋后不能冷静处理，而是一味地指责、打骂，反而会使本处于相互爱慕阶段的少男少女或出走，或同居，既耽误了学业，也影响他们未来的发展，极可能给孩子留下终身遗憾。

抛开生理原因和不可短期改变的社会原因不说，家庭和学校的原因也是引起早恋的主要因素。大量研究资料发现，许多出现早恋现象的孩子来自不和谐的家庭。这样的家庭或结构缺失，或教育失当，都容易使孩子通过早恋来弥补亲情的不足。而学校教育的不当，或小题大做高压限制，或不闻不问过分纵容，也会导致孩子陷入早恋。

家长该如何处理孩子的"早恋"问题

家长如果发现孩子有早恋苗头，必须坚持的原则是：不要张扬，要冷处理；不要损伤孩子的自尊心，以免激起孩子的逆反心理而导致破罐子破摔。

首先，家长不能紧张焦虑，不要如临大敌、一味斥责孩子，而应分析他早恋的原因，根据不同情况采取不同的教育方法，并给孩子信任和独立的空间。在面对孩子早恋时，家长要试着去接纳，并用平等、尊重的态度去对待孩子。要尊重孩子的感情，对早恋现象耐心教育，正确引导；不断施压的结果只会是压力越大反抗力也越大。家长切不可训斥、打骂或当众羞辱孩子，否则将使孩

子因遭到太大的精神打击而引发不良的后果，而应与孩子及时沟通，避免他们产生抗拒心理。与此同时，还要弱化孩子的"恋爱意识"，告诉他们所谓早恋是再平常不过的事情。

其次，在教育过程中，家长要有耐心，不要操之过急，孩子转弯是需要时间的，有时还会有反复。如果家长在此时没有耐心，很容易将矛盾激化，不仅会影响亲子间的关系，还会影响孩子的身心成长。因此，发现孩子早恋后，第一，家长要帮助孩子认识早恋的危害，并加以正确引导；第二，家长要以朋友式的关系与孩子平等交流，将心比心，以减轻他们的心理压力。只要这样晓之以理，动之以情，因势利导，给予孩子切实有效的帮助，早恋现象及其带来的危害才能有所减少；第三，家长须引导孩子认识爱情，要告诉孩子，早恋感情虽可贵，但却未必能有结果；要使孩子明白什么是真正的爱情，以后怎样去追求真正的爱情，引导他们处理好理智和冲动、现实和未来的关系；要教育他们正确处理性冲动和爱情，以及其他与性有关的问题，努力把原始的性欲冲动引导转化到对学业、事业等更高更美的追求上来。

其实，对付早恋的最好办法就是超前教育，事先预防。家长提前对孩子进行相关的性教育，打破孩子对异性的神秘感和好奇心，有助于孩子在同异性交往过程中保持平和的心态。帮助孩子树立远大的理想，掌握良好的学习方法，把精力放在学习、取得好的成绩上，培养自己各方面的能力，从而在精神上得到满足。

早恋不是洪水猛兽，但越是压抑，它就越膨胀，偷偷摸摸的爱情反而让孩子觉得更具诱惑力，所以要允许青少年与异性有适当的接触。建议青春期孩子的父母多读一些心理学方面的书，了解孩子在各个年龄阶段心理发展的状态。其实家长也应该保持一颗童心，多和孩子一起玩游戏，共同研究问题，这样才能和孩子打成一片，创造良好的沟通。只有了解孩子的需求和状态，才能很好地处理孩子的问题，帮助他们健康成长。

第七章
聪明父母的"教淘"高招

干、越、夷、貉之子，生而同声，长而异俗，教使之然也。

——《荀子·劝学篇》

"教淘"高招之"严父慈母"法

"严父慈母"和"严母慈父"哪个对孩子好？这是不少家长的疑惑。中国历来强调"男主外，女主内"，在教育子女时，也主张丈夫扮红脸、妻子唱白脸。但如今，这些差异却越来越模糊。在很多孩子心中，妈妈严格约束了自己的生活，父亲则比较开明、宽容。传统的"严父慈母"形象正在被"严母慈父"所替代。

"孩子爸爸工作忙，成天出差，家里老人又是一味宠爱，孩子犯了错误，又不讲理，我一急，就会翻脸，时间一长，我在孩子的心目中就成了一只'母老虎'。"在某杂志社工作的刘女士告诉记者。

某证券公司的王先生这么说道："女儿已经4岁了，可这孩子根本不怕我，每次她做错事的时候，我说的最多的就是'你妈来了'或'再不乖，我就告诉妈妈'，只要把妻子搬出来，这孩子立马就老实了。"

国内一项调查也表明，如今有60%的母亲在家庭教育中独当一面，父亲真正起主导作用的不超过15%，由父母共同承担教育责任的则只有10%。专家指出，"严母慈父"的形成主要有两方面原因。第一，现代男性的首要任务是工作，因此多数家庭教育、抚养下一代的任务都落在了母亲肩上，女性也就不得不板起面孔成了"严母";而没时间管孩子、在妈妈责骂时心疼孩子的爸爸便成了"慈父"。第二,现代男性勇敢、独当一面的精神削弱了。因为看到丈夫强硬不起来,妻子就必须狠下心肠;再加上女性的心思大多比较细腻,对孩子的要求较严格、期望值也高,所以不知不觉就成了"严母"。

虽然,目前"严母慈父"的教育形式还有不断上升的趋势,但专家们指出,这并非好事。因为孩子的模仿能力很强,而生活中父母就是孩子模仿的主要对象。因此"严母慈父"的教育对性别特征的形成会产生负面影响。这一教育方式既不利于男孩培养男性魄力,也不利于女孩认知男性的阳刚与理性,男孩女孩都无法深刻体会到女性(母亲)的温柔与体贴。所以,现代社会仍需要强调"严父慈母",由男性扮演家庭权威的角色。

中国人民大学性社会学研究所所长潘绥铭教授也指出:"孩子,尤其是男孩,从很小起就容易崇拜父亲的形象、能力和权威。因此,由父亲来主导培养孩子的健康人格和自立能力,比较符合孩子的心理基础。从孩子一生下来,母亲就日夜陪伴和照顾,他们已经习惯从母亲那里获得关怀,由母亲来主要负责培养孩子的丰富情感、道德意识和心理调节能力更合适。"所以,在子女面前,妈妈要帮爸爸树立权威的形象,要鼓励丈夫多做决定。时间久了,丈夫自然会更多地参与到子女教育中来,并形成更利于孩子成长的"严父慈母"的教育形式。

此外,在严和慈之间,父母还要多沟通,达成一致,不能一个单严,一个单慈。比如,有的孩子晚上贪玩不肯睡觉,他发现求爸爸可以晚些睡,求妈妈没用,长久如此,孩子就知道"爸爸会满足自己"。孩子缺乏辨别是非的能力,时间久了,父母的教育威信就会逐渐被孩子对利益的权衡所取代。若孩子说不想早睡,那妈妈最好问一下"你爸爸的意见是什么"。同时,无论谁扮演"和事佬",都不仅要安抚孩子,还要告诉他为什么,解释什么是对什么是错,从而培养孩子的是非观。

"教淘" 高招之准许孩子回嘴

最新研究发现，允许孩子回嘴跟父母讲道理，可能教出更聪明的孩子；而总以命令式的方式和孩子沟通，则可能阻碍孩子的智力发展。

美国加州大学伯克利分校的研究人员花了一年多的时间研究二十多个墨西哥裔家庭母子互动的情形。研究人员发现，墨西哥裔家庭亲子间1400个对话中，只有8%是亲子间在"讲道理"，9%是父母向孩子说明他"该做什么事"，而亲子间对话中比例最重的部分却是"直接口头命令"，这占到了42%。加州大学教育及公共政策教授富勒指出，其他研究发现白人父母和孩子讲理的时间超过沟通时间的三分之一，而这更有利于"激发孩子更复杂的思考模式和语言发展"。

由此可见，准许孩子回嘴比一切命令孩子或完全听从孩子的意愿更有利于他们成长。那家长具体应该怎么做呢？

首先，要合理认识孩子回嘴现象。

其实，孩子在成长过程中与家长回嘴是非常正常的现象。这与他们成长过程中的生理特征和心理特征有关。

两岁左右的孩子会进入成长过程中的第一个叛逆期，这时他们的自我意识渐渐苏醒，会喜欢说"不"，利用语言武器表示自己的成长。不过这时候他们说"不"，还属于学习使用语言武器的阶段。因此这时的孩子口头上虽然说"不"，但行动上却不会"叛逆"，他们还是会该吃吃，该喝喝。比如妈妈给宝宝煮了粥，宝宝嘴上说"不吃"，但送到他嘴边的时候他还是会吃。

三岁多的孩子会进入第二个逆反期，这时他们的自我意识更加清晰，他们能分辨"什么是我的，什么不是我的"，"什么我想要，什么我不想要"，并会觉得自己长大了，可以有足够的实力去反抗成人了。这时他们时常跟大人顶嘴，并会故意不按大人的要求去做，以显示自己的存在。家长在这个时期要给他们以包容，允许他们培养自己的个性。

其次，要注意回嘴原则。

1. 允许孩子追求权利。当父母向孩子提出某种自己的意愿时，家长要允许孩子表达自己的看法、意愿，追求自己的权利。当然在这之前，家长要跟孩子一起商量好规则，如安全性、不干涉别人、家庭条件许可等，在孩子跟你讨论的要求没有超出这个规则范围时，家长就不要太干涉他们。要让他们形成"权利是争取来的"的观念。

2. 让孩子说道理。允许孩子回嘴绝不是让孩子无理取闹，而要让他们渐渐懂得可以用道理来说服人，而不是用耍赖来威胁人。

3. 不要和孩子无休止地争辩。当孩子回嘴时，家长越是和他们争辩，他们的印象就会越深刻，如果家长因烦他们而妥协了，那孩子下次可能会变本加厉。

最后，要和孩子讲道理。

有研究表明，以发号施令的方式对待孩子，会耗损孩子初生时的优势；而跟孩子讲道理或许比较花时间，但却更有助于孩子的智力成长。当然这里所说的道理可不是长篇大论的说教，而是针对具体问题的简洁说明，让孩子亲自体会。

例如，老师告诉妈妈，孩子在幼儿园里偷偷把小朋友的蛋糕吃掉了，害得那小朋友哭得好伤心。如果此时家长训斥孩子："你怎么这么不争气，去买一块蛋糕跟同学道歉！"孩子可能会很不服气地说："又不是我的错，谁让他不

给我吃的。"继续争辩下去，势必会导致亲子矛盾激化。可要是妈妈能跟孩子讲道理，那结果可能就不一样了。或许妈妈可以问："我知道宝宝喜欢吃蛋糕，但你为什么要拿别的小朋友的蛋糕吃呢？"宝宝可能会回答："妈妈，我不是故意的，是他不给我吃。"然后妈妈再说："宝宝，要是你有一块蛋糕很珍惜，自己都还没吃就让别人拿了，你会怎么样？"宝宝应该会回答："我也会很伤心。"妈妈再乘胜追击："那你让别的小朋友伤心了又该怎么办呢？"宝宝接下来就会努力去想怎样才能让那个小朋友开心起来，如果宝宝实在想不到好方法，那妈妈就可以告诉他："我们可以去买块蛋糕送给他，向他道歉，然后和他做朋友，有好玩的、好吃的多和他分享，那下次他也会和你分享的。"

相信经过妈妈的引导，孩子就会明白自己的举动是错的、错在哪里，自己要怎么做才能弥补这些错误、才能避免这样的事情再发生。和孩子讲道理才是父母育儿的智慧方法。

"教淘"高招之放飞自由

当问及教育专家什么样的环境最有利于孩子成才时，他们的回答无一例外的是"自由和谐的环境"。有调查显示，天才儿童的父母一般有三种：一是父母本身喜欢自由和创新，在家庭内自然而然地形成支持新鲜事物、鼓励打破常规的自由气氛；二是家长本身虽不具备创新精神，但凡事很看得开，不会刻意去管束孩子，会给孩子一个宽松的环境；三是家长没有时间和精力来管孩子，无形中让孩子有了一个自由的环境。自由和创新是紧密联系在一起的，在自由环境下成长起来的孩子创新能力往往更强，成就也更为突出。

曾听过这么一个笑话：

有一次，在为哥伦布发现新大陆举行的宴会上，一些贵族认为哥伦布发现新大陆完全出于偶然。

哥伦布没有辩驳，他在宴席上拿起一个鸡蛋，对这些贵族说："诸位先生，你们能把这个鸡蛋立在桌子上吗？"

那些贵族拿起鸡蛋，左立右立，怎么也立不起来，只好请哥伦布来立。

哥伦布把鸡蛋朝桌上一磕，鸡蛋立住了。

贵族们很不服气，说这样他们也会做。

哥伦布笑笑说："问题是你们这些聪明人，谁也没有在我之前这样做！"

虽然这只是一个笑话，但却说明了一个道理：创新的行为往往产生于"奇思妙想"。有创新能力的人提出的问题常常"出乎意料"，思考的结果往往"与众不同"，这就是发散性思维在起作用，具有这种思维能力的人是我们这个时代奇缺的人才。人们常常感叹，我们今天的时代，这种具有发散性思维的人才太少了，原创性的东西也太少了，为什么呢？原因当然有很多，但其中有一点不可忽视：我们没给孩子一个自由的成长空间。

知心姐姐卢勤曾说过："自由是心灵成长的基础，是创新思维的源头，好比人体里的水一样，一时一刻不能少。人体缺了水，细胞就会枯萎；心灵缺少自由，头脑就会僵化，灵感就会消失。"自由的环境有助于活跃孩子的思维，培养孩子的创造能力，开发孩子的潜能，帮助孩子形成良好的心态，这些就是为什么在自由环境中长大的孩子更容易适应社会的原因。

那么家长如何才能为孩子提供一个自由的成长空间呢？

1. 要尊重孩子

每一个孩子都是独立的，和家长之间是平等的，所以家长没有权力命令他们。对孩子表示尊重主要可以体现在两个方面：一是和孩子说话时用商量的口气，比如家长可以对孩子说："我们一起送玩具回家好吗？""吃完饭后我们一起画画好吗？"一般情况下，孩子都不会拒绝家长和他们商量的事情。二是相信孩子，孩子能做的事情，尽量让他们自己完成。认可孩子的能力，对孩子正在进行的事情不指指点点或强行干涉也是对孩子的一种尊重。另外，在和孩子说话的时候，家长还应该尽量蹲下来，平视他们的眼睛，让他们感觉你们是平等的。

2. 倾听孩子，了解孩子

每天花一点时间和孩子谈心，及时了解孩子的心理状态和精神需求。当然当孩子不愿意谈时，家长也不能强迫他。在得知孩子的心理变化后，家长再做出一些合理的调整，将更有利于孩子成长。家长要相信，你在表达你的关心的时候，孩子是能感觉到的。

3．做会提问的父母

父母不应该只是孩子成长过程中的解答者，扮演好提问者的角色可能更有利于孩子思维能力提高。让孩子自由地思考，而不是要求他怎么去做，这才是开发孩子智力的明智之举。当孩子做某件事陷入困难时，家长不该是直接指出问题出在哪儿，而应该多问问孩子，"你觉得问题出在哪里？""怎样才能解决这个问题？""还有没有更好的解决方式呢？"做会问问题的父母，给孩子一个自由的思考环境，孩子的发散思维才能得到锻炼；并且多向孩子提问题，孩子才会更有探索精神，在得到解答后孩子也更容易有成就感，这也有利于培养孩子的自信心。

4．不要抑制孩子的自发活动

人类的创造力是非凡的，尤其对一个孩子来说。但事实上人类很多可贵的创造力都被一次次抹杀了。如果孩子在6岁以前能够在自由和自律中成长，他就很容易进入人们所向往的那种更高的人类思想和情感状态。如果恰恰相反，孩子常常被某一种东西禁锢的话，他就只能被限制在一个狭小的范围内。无形之中的某种禁忌往往会让孩子不敢去想、不敢超越规定范围以外的事情，思想的桎梏就产生了。所以，大人们在教育孩子时务必避免那些会抑制孩子自发活动的行为，要在行动上给孩子更多的自由。孩子有了自由就能选择自己感兴趣的事去做，凡是感兴趣的，孩子就会反复去做。这不仅有利于孩子掌握某项能力或了解某种事物，而且在这种反复的练习中还有助于孩子形成专注和有序的自律品行。

家长们应该相信，孩子的创新思维是与生俱来的，给孩子自由才能发现孩子的智慧，把他们培养成能适应社会变化的创新人才。

"教淘"高招之趣味游戏

"玩就能教育孩子"，这是我国第一个早期教育研究所创办人冯德全的教育理念，他解释说："玩，分成有益地玩和无聊地玩；学，也分成有趣地学和枯燥地学。有趣地学就是玩，有益地玩就是学，这种互补的关系，调节得好自然就能达到最佳效果。"那到底趣味游戏对孩子的成长有多大作用呢？

1. 促进孩子的身体健康

几乎所有游戏，都离不开跑、跳等动作，它一方面适应了儿童好动的特点，能引起儿童的兴趣，另一方面通过这些运动还能加强儿童的体能锻炼，促进其身体健康发展。以"跳房子"为例：儿童以残缺的小瓦片为材料，画好合适的"房子"后，需要先用手准确地把瓦片投掷进"第一间房子"，然后用单脚蹦入，再用单脚把瓦片按顺序在房内推进，转一圈后再从原入口退出，接着再进入其他"房子"，此过程中，不能错投房子、不能踩线，否则，视为失败。像这样的游戏，锻炼了儿童投掷、跳跃、平衡、手眼协调、手脚协调等能力，活动全身，使儿童于娱乐中得到了健康锻炼，促进了其身体的发育。"踢毽子""丢沙包"等有趣的游戏都可起到这样的作用。

2. 促进孩子综合感知能力的发展

有些游戏可促进儿童的综合感知能力，如"老鹰捉小鸡"的游戏：一人扮老鹰，一人扮母鸡，其余的扮小鸡。母鸡为了保护小鸡的安全，不让小鸡被老

别烦，
228 培养淘气孩子有高招

鹰抓去，必须应付并预见老鹰做出的各种"攻击"动作，而老鹰也要千方百计地达到抓小鸡的目的。这不仅需要调动观察力、注意力，而且要求动作敏捷、反应灵活。再如"丢手绢"的游戏：首先，准备一块漂亮的小手绢，指定一名儿童拿着手绢，其余儿童围成一个大圆圈蹲下；拿手绢的儿童围着外圈跑动，悄悄地把手绢丢在任意一个儿童背后，再接着跑。如果被丢手绢的小朋友知道手绢在自己身后，就赶紧拿着手绢去追赶丢手绢的小朋友；如果不知道，丢手绢的小朋友就"抓住"了他。在这个游戏中，为防止让被丢的儿童发现，丢手绢的儿童必须动作敏捷、不露声色，而其他儿童要一边拍手唱："丢，丢，丢手绢，轻轻地放在小朋友的后面……"，还要一边及时发现"隐患"。这就更需要集中注意力，反应快。另外，有的儿童游戏还配有顺口溜、说唱等，如："一一一，什么一？一是小猫钓大鱼；二二二，什么二？二是小猫梳小辫；三三三，什么三？三是小猫爬雪山；四四四，什么四？四是小猫写大字……"这种从一数到九的《数字歌》能很好地发展儿童的语言、记忆、思维、想象、创造等能力。

3. 促进儿童团结、友爱等社会性的发展

有很多趣味儿童游戏都需要2名或2名以上儿童共同参与才能进行。如"拍手"游戏需要两人合作，"人、枪、老虎"需要三人合作，"丢手绢""捉迷藏""老鹰捉小鸡"等则需多人参加。儿童在这些游戏中通过玩具或材料等结成现实的伙伴关系，有利于培养儿童的合作精神。有研究表明：积极的伙伴之间的社会强化可能出现在自由游戏中，而不是出现在成人组织或设计的活动中。儿童游戏使儿童三五成群一起游戏，通过相互协调、模仿，学会与别人友好相处，使儿童助人、合作等品质得到发展，学会自己解决人际关系之中的矛盾，学会控制自己的情绪和行为，有机会对那些"处于沮丧或不幸状态"的伙伴给予同情和帮助，这对现在"独生子女家庭"是尤为重要的。如"过家家"游戏，在游戏中，儿童分担不同的角色，有的当爸爸，有的当妈妈，有的"拾柴"，有的"淘米"……这些可充分培养幼儿的责任感和组织能力，促进幼儿

积极交往能力的发展；同时，在这种愉快的活动中，孩子自己动手动脑，协调能力也得到了提高。心理学研究还表明：大家在一起活动或游戏，会比个人活动、游戏的效果好得多，这种共同行动可促进儿童在共同的活动中得到全面发展。

4．促进儿童良好意志品质和心理素质的形成

儿童在游戏中享有充分的自由，没有任何来自外界的干扰，他们的情绪是放松的，当他们能顺利地玩游戏时，就增加了自信心和成就感。儿童在游戏中开心地活动，体验到欢快的气氛、优美的韵律和节奏，可以丰富和深化自身的情感。然而很多游戏都带有竞技性，因此在游戏中孩子往往会面临失败，产生挫折感，自信心也会受到打击，个体的情绪处于不安、烦躁的状态之中。这时，他们往往会低估自己的能力，过高评估各种困难，或暂时停止游戏。但孩子都有好胜的心理，妙趣横生的游戏又深深地吸引着他们。为了参加游戏，他们只有不断克服自身弱点，遵循规则，选择并忍受当前的不安，锻炼自己承受挫折和失败的能力，才能继续游戏。因此这些游戏还有助于培养儿童良好的情绪、情感，形成良好的意志品质和良好的心理素质。如：在"丢沙包""踢毽子""跳房子""捉迷藏"等许多游戏中，每个儿童都可能面临失败，因此他们一般都会在不安中继续参加游戏，这样他们承受挫折的能力及活泼开朗的性格在游戏中就会慢慢形成；同时儿童辨别是非、正确评价自我及他人的能力也能得到发展。

5．促进亲子和谐

趣味家庭游戏能自然而然地在家里营造一种轻松欢乐、自由自在的气氛。如"家庭捉迷藏"：我们先把家里怕摔怕碰的东西一律搬进厨房或放进柜子里。然后用猜拳的方法猜出第一个输的人，大家帮他蒙上眼睛，转上几圈，然后大叫"开始啦"！于是大家四处躲藏。这时被蒙上眼的人开始满屋子摸人，大家可以鼓掌、喊叫或故意弄出响声"诱骗"他，还可以跑来跑去。抓到人后，被抓的人要当下一个被蒙上眼的人。每次都要玩一两个小时，全家人

玩得满头大汗，开心的笑声一阵接着一阵。这样的家庭游戏是使家庭成员达到良好沟通的桥梁。孩子的天性就是喜欢游戏，他们需要在游戏中找到快乐，也需要在游戏中成长，父母也会在游戏中重新觅回已逝的童心。游戏使家庭成员融为一体，使大家有更多有意思的话题，使沟通更轻松、有趣。"家庭卡拉OK"、"家庭猜谜语""家庭画展""家庭数学扑克牌""集体做饭""绕口令比赛""家庭成语接龙""家庭机智问答"等室内趣味活动，都可以丰富家庭文化，增进家庭成员间的交流。

在趣味家庭游戏轻松欢乐、自由自在的氛围中，孩子不再感觉父母是威严不可抗拒的"铁面家长"，而是有意思的玩伴。父母也暂时收起了严肃的面孔，和孩子一起欢笑玩闹。在这样一个欢乐的家庭之中，父母与孩子的关系必然也是亲密的、和谐的。

家长对游戏的认识应该有所改观，不要总认为爱玩是孩子堕落的表现，其实让孩子玩一些趣味游戏对他们的成长是很有益处的，孩子能在游戏中自然而然地掌握很多知识。

"教淘"高招之妙语引导

也许你从来没想到过，自己随便说出来的一句话，会对孩子小小的心灵产生多么重大的影响。就算是要表达同样的意思，你选择什么样的表达方式和什么样的词语都将对孩子有很大影响。在与孩子交流的过程中，无论你是提出要求、给出答案，或者与他谈谈条件、达成妥协。你使用了恰当的语句可能让孩子更加乐于合作、更加自信，而不恰当的语句则可能令他们感到挫败或失去信心。那么家庭教育中有哪些妙语可以让家长更轻松地和孩子交流、激发孩子积极向上的品质、让孩子感到快乐呢？

1. "自己来做决定"

如果你想让孩子做某件事，或者是停止做某件事，你可以这么对他说。这么说是为了让孩子了解，他要为自己的行为负责任。举个例子，当孩子与他的伙伴们在屋里吵吵闹闹、你希望他们能安静点时，你可以对他们说："自己来做决定，是想留在这里安静地玩，还是到外面去？"5分钟之后，孩子们依旧大声喧哗，你就可以再告诉他们："我知道了，看来你们是决定到外面去了。"很简单的两句话，你不仅让孩子们明白了前因和后果的关系，也不会被他们看作是个"坏警察"——他们能很清楚地了解，是他们自己做的决定，是自己的行为决定了这样一个结果。

2．"妈妈（爸爸）爱你，但妈妈（爸爸）不喜欢你这样做"

身为父母，总免不了有时候会责备孩子。这个时候，最重要的是要将事情本身与做事情的人分开，让孩子知道他做了一件不好的事，但这并不意味着他是个不好的人。在批评孩子的同时告诉他"妈妈（爸爸）爱你"，这样做也能提醒你自己，批评孩子的目的是帮助他分清对错，明白事理，而不是为了处罚他。如果能这样想，你也就更容易在孩子的错误面前保持冷静了。

3．"你其实是想说什么"

有的时候，小孩子会因为生气或者激动而变得情绪失控，他无法说清自己的感受，只是不停大喊："我不要你！""我讨厌你！"在那个瞬间，可怜的小家伙唯一能够想到的就是这些词了。这个时候，就需要你来帮助他更好地了解和表达自己的情绪。除了温和地询问"你其实是想说什么"，你还可以给他一些参考答案，如"你生气是不是因为××泄露了你的秘密？"等你的孩子逐渐学会了解自己的内心感受，那么，即使你不在旁边，他也可以清楚地向周围的人表达自己的感受了。

4．"你来试试帮我解决这个问题"

如果你的孩子做了什么让你生气的事情，例如，吃饭的时候不停地哼唱幼儿园学的新歌谣，或者试图用手里的青菜画一幅画。你可以说得好像问题出在自己身上，然后请你的孩子帮你想一个解决办法。"你来试试帮我解决这个问题。"这是个很有魔力的句子，它可以让孩子感觉到自己的行为是受欢迎和受尊重的，可以让他不把你看作是他的对立面，也不会让孩子形成"妈妈（爸爸）是家里的独裁者"的印象，这对亲子间的沟通十分有益。如果令你满意的唯一的解决办法是让孩子完全停止自己正在做的事情，那么，你们可以一起想办法让孩子能记得什么事情在什么时间不能做。

5．"不同的人有不同的需要"

"娇娇有毛绒熊，所以我也要一个""小明爸爸让他吃冰激凌，那我也可以吃"……"他可以，所以我也可以"这是小孩子们最常用来跟家长讨价还价

的简单逻辑。在这样的情况下，家长一定要清楚地告诉他："不同的人有不同的需要。"你要让孩子了解，"每种东西只有在每个人真正需要的时候才能得到。"比如，隔壁的小姐姐配了眼镜，并不意味着楼里所有的小孩都可以得到眼镜；哥哥的鞋子小了，并不意味着所有的兄弟姐妹都需要买双新鞋。

巧妙的语言可以让孩子明白事理，但又不打击孩子的积极性，更不会让孩子对家长产生敌意。因此，明智的家长在教育孩子的过程中要懂得善用语言而不是拳头。

"教淘"高招之平心静气

　　现在的孩子大多数是独生子女，当家长们把所有美好的希望都寄托在这个孩子身上的时候，明明知道有些做法对孩子的成长不利，但当看到大家都这样做而且好多孩子因为这样做而取得了好成绩后，家长们也就不再那么顾及孩子的感受与需求了。家长们"为了孩子好"，会用各种各样的规则、条件来限制孩子，让孩子朝着家长认为"好"的方向去发展，而忽视了孩子的天性。在不少家长眼中，孩子经常是"不听话""不懂事""没有自制力"的，因此，家长为防止自己的孩子"输在起跑线上"，便不断给孩子加压，致使孩子产生厌学、抑郁、叛逆等情绪。台湾教育专家总结的使孩子"变笨"的十个原因是：过分苛责、处处干涉、追求完美、看重高分、父母不和、不准发问、事事代劳、限制游戏、鼓励听话、揠苗助长。然而家长们却经常用这些态度、方法来教育孩子，当孩子达不到要求或反抗时，家长们不免会被激怒，造成一些不好的结果。

　　其实，我们都能够理解，哪个家长不是望子成龙、望女成凤呢？但是家长们却不懂得，我们不能让西红柿枝上结出苹果来，西红柿枝就该让它结西红柿，苹果树就该让它结苹果，每个成果都有其价值；孩子也一样，沿着他们的强项成长，每个孩子都可以成为最优秀的一个。

　　家长在孩子成长过程中应该起到的是辅导的作用，因此，在教育孩子的时

候切不可动不动就大发雷霆，心平气和地去解决问题可能更有益于孩子成长。

那么，家长们在孩子"犯错"的时候怎样才能做到"平心静气"呢？

1．给孩子选择的机会

有了选择权，孩子就会觉得自己是被尊重的，即使他不想做你正要他做的事情，只因为你给了他选择，他也只好勉强选择一种了。比如：当孩子看电视看到很晚的时候，你与其强行把电视关掉对他说："还不赶紧给我睡觉去。"还不如让他选择："你是去洗澡还是去睡觉？"

2．找寻其他出路

当孩子正想做的一件事情会引起麻烦时，不要直接说不可以，给他提另一个建议，一个足以让他去做另一件事的理由，就可以转移他的注意力了。比如：当幼儿要玩火、刀等危险的东西时，最好的处理方式不是打骂他一顿，而是用他平时最喜欢玩的游戏、玩具来吸引他的注意力。

3．听听孩子的心里话

当你气极的时候，试着冷静下来，问问孩子的感觉，或许你可以发现孩子是情有可原的。比如：当家长发现孩子把屋里贵重的地毯全弄湿时，家长最好是问问他为什么这么做，也许孩子的回答会是："我看妈妈都是这么拖地的，所以我只是想帮妈妈干点儿活儿。"如果家长没问清楚就狠狠地打孩子一顿，会让他多伤心啊。

4．和孩子讲道理

教育如果融入实际的情景中，效果可能会更好。有些道理可能你平时一直在对孩子说，但是在具体发生某件事的时候，和孩子再说一遍道理，可能孩子更听得进、记得住。

5．让孩子尝尝苦头

在无大碍的前提下，让孩子体验一下自己行为造成的恶果，可能孩子会更容易明白自己错了。比如：孩子不肯吃饭，那就别勉强他，收拾碗筷去吧，孩子自会有饿的时候。那时，你再告诉他："是你自己不要吃的，我们都已经吃完了。"饿他一阵子，再给他吃饭，他就能记住教训了。

6．协商讨论

和孩子谈谈条件，各退一步，能取得意想不到的效果。比如：孩子玩积木不肯睡觉，你可以和他商量，再搭三座城堡就上床休息，一般情况下孩子是能够接受的。

7．稍稍让步

稍稍让步可以缓和矛盾。比如：孩子想睡觉不肯刷牙，可以稍作通融，"今天你这么累就不刷了，明天可一定要刷，但咱们总得漱口吧？"当然，让步的方法只能偶尔为之，否则会让家长的权威消失，将更不利于未来的教育。

8．离开现场

极度愤怒时，是无法理智处理问题的。此时，最好离开现场，转移情绪，做做其他事情，暂时不去想刚才的事情，等平静以后再来处理。这是避免亲子矛盾激化的最佳方式，尤其是与青春期孩子起冲突时。

9．修正你的愿望

一般父母的发怒，都是因为对孩子期望太高的缘故。试着想想，孩子还小呢，这些错误都是正常的。只要自己不苛求了，问题就不那么严重了。也许放低标准，你和孩子都将更轻松，孩子也能学得更好。

家庭教育的失败已经导致了很多悲剧，所以遇到问题时家长和孩子最好都能冷静一下，平心静气地来处理这些问题、矛盾，那么我们的家庭和社会都将更和谐、更美好。

"教淘"高招之行万里路 ▋▎▎▎▎

俗话说得好，"读万卷书不如行万里路"。现在的孩子要想能面对社会的激烈竞争，在未来取得更好的成绩，就必须要培养各种能力，而这些在"温室"里是不可能完全培养出来的，因此在孩子学习书本知识的同时，还要让他们有机会"行万里路"。

"行万里路"应该包含两个部分：一是让孩子接触大自然，二是让孩子接受社会磨炼。

亲近大自然

大自然是一位永恒的老师，是一本读不完的书，也是人类最初的和永恒的家。我们现在所了解到的经验知识都是祖先们在大自然中总结出来的。因此，无论是孩子还是成年人，都需要经常亲近大自然，在山水花木之间认识万物、放飞心灵、陶冶性情。在这里，人们可以抛却生活中一切烦恼和痛苦，尽情放松身心，可以洗涤灵魂、增强体魄。对于生活在大城市里的孩子来说，大自然还是很好的教育基地。

有人说，生活在大城市里的孩子最"可怜"了，因为他们感受不到四季的变化，看不见真正的山川草原和蓝天白云。他们对昼夜的理解只是天色的明暗而不是日月的交替，他们对四季的感觉只是衣服的增减而不是大自然的变化。因此许

多孩子长大以后回忆起童年和少年时代，除了读书、考试和升学，极少涉及大自然。而所谓难以忘怀的快乐往事，也不过是过年的压岁钱、游戏机和麦当劳之类的模糊印象。因此，要想让孩子们知道世界并不只是由水泥地、高楼大厦、电视机和人类组成的，知识并不只属于书本，就该多带孩子到大自然中走走。

国内外的儿童教育学家和心理学家经过调查发现：大城市的孩子感知能力很低。一位小学教师曾讲述了这样一件事：

有一次她带学生们去春游，那天阳光明媚、春风拂面，鸟儿在树林里啁啾，溪水在脚边潺潺。她问学生们：刚才是什么东西的声音？你们看见小溪在哪里？今天有风吗？结果多半学生的回答是"不知道"。她感叹说："儿童的知觉应该比成人更敏感，对周围的一切都充满着好奇，然而这些原本属于儿童的特性，在城市儿童的身上却已经变得模糊不清了。"

是的，孩子们似乎已经习惯从图画书、卡通片中去"了解"和"感知"那些并不真实甚至并不存在的世界，而对于真正的自然界却感觉迟钝了。现在他们感受不到的只是春天的微风，听不见的只是深山里的鸟语虫鸣，看不见的只是田野中的绚丽色彩；而将来，他们感觉不到的可能就会是生活和大自然中的真、善、美。要唤醒孩子们感知世界的能力、陶冶孩子们的生活情趣，就应该给他们亲近自然的机会。

心理专家李子勋曾说过："现在很多家长在孩子早期教育上花费昂贵，或费尽心思提前进行识字教育，其实这些意义并不大，还不如让孩子更多地接触自然界。"是的，孩子可以从书本上知道许许多多动物植物的名字，他们也能够流利地讲述关于各种生物的故事或表演各种技巧，但是他们的感性认识却是非常浅薄的，他们的体验也是非常匮乏的。为了弥补这种教育上的不足或者说是疏漏，唯一有效而简单的办法就是：带孩子亲近自然，如去旅行。旅途中的一切都是最形象最生动的教材，他们可以感受到城市里永远感受不到的体验，学到教科书上永远学不到的知识。带孩子登山，可以让他们领略山之险峻壮美，从而可以激励他们不畏艰难勇于攀登的意志；带孩子看海，可以让他们感悟自然之伟大、个人之渺小，从而可以培养他们谦虚谨慎、虚怀若谷的情操；带孩子游览古迹民居，可以让他们了解历史与文化，从而启发他们观察现在、思考将来。

自然界不但能带给孩子全新的体验，教会孩子生动的知识，亲近自然还是促进亲子关系和谐的好方法。全家人一同去郊外、公园亲近大自然，这能为亲子间的沟通提供良好的环境。也许是因为大自然的色彩、组织以及形式的和谐，激起了我们内在的和谐。

大自然是孩子成长的老师，我们生活的社会也能教会孩子许多生存必需的知识。

现在的孩子面临的是一个处处充满竞争的社会，而很多孩子由于生活过于安逸，往往缺少战胜困难的勇气。因此，聪明的父母应该多让孩子经受一些艰难困苦的磨炼，以培养他们坚韧不拔的意志和毅力，这样他们才能在未来的竞争中取胜。

接触大社会

如果说大自然是"雏鹰"翱翔的广阔天地，那么大社会则是它们嬉戏雀跃的又一个大千世界。人是一刻也离不开社会的，因为人的衣、食、住、行、生、老、病、死、学习、工作、交往、娱乐等都离不开社会。人与社会血肉相连，人不仅是自然界的智慧动物，也是社会的智慧动物。人从社会中获取生存和发展的恩惠，也要贡献社会，回报社会，促进社会的进步和发展。因此，人应该了解社会，研究社会，像读大自然的"巨著"一样，读大社会这本"巨著"。

有人认为孩子与社会无关，了解社会是他们长大以后的事。其实这种看法不对，别看他们现在是孩子，再过20年，他们就是社会的主人、社会发展的中坚力量。因此他们不仅要了解社会，还要学习适应社会，将来为社会做出贡献。孩子必须在成长过程中不断学习处理社会中各种复杂关系的能力。因此，家长们不能把孩子当成温室里的花朵一样去培养，不能只把孩子拴在一根绳的两端——学校和家庭，而应该让他们去熟悉社会，适应社会，学习为社会服务，成为社会中实实在在的重要成员。

社会中有许多让人健康成长的影响，如了解社会分工会增强人的责任心和义务感；接触英雄模范能唤起人的良知和激情；感受人民的灾难能激发孩子立志为民除害的雄心，并且教他们学会忍耐；哪怕是接触社会中污秽与阴暗的事物，也能激发孩子的厌恶感，激起他们鞭笞、改变邪恶的正义感……在正确的引导下，社会能丰富人的知识，教人形成良好的性格，乃至伟大的人格。多接触社会可以提高孩子的生存技能，培养孩子的忍耐力和自制力，增强孩子的自信心和面对挫折的承受能力等。儿童处在世界观、人生观的萌发时期，更需要了解社会的基本方面，学习处理人际关系；接受社会积极影响的哺育，抵御消极影响的腐蚀。在他们初涉社会时，应多从积极方面引导孩子，逐步培养起正确的态度和识别能力。

许多父母都在埋怨自己的孩子干什么事都没有"长性"、学什么东西都缺乏毅力。但是他们不知道这些能力不是天生就有的，而是后天锻炼出来的。

有一个故事，说的是一群在山里野餐的小孩子迷路后，在潮湿饥饿中度过了恐怖的一夜，他们绝望地失声痛哭。"人们永远也找不到我们了，"一个孩子绝望地哭泣着说，"我们会死在这儿。"然而，11岁的伊芙雷站了出来，"我不想死！"她坚定地说，"我爸爸说过，要沿着小溪走，小溪会把我们带到一条较大的河，最终我们一定会遇到一个小市镇。我打算沿着小溪走，你们可以跟着我走。"结果，他们在伊芙雷的带领下，成功地穿出森林。

也许人们会认为，像伊芙雷这样的孩子生来就有才能，其实才能不是天生的，而是得益于其父母后天的教育。目前西方国家，包括东亚的日本，十分重视孩子的生存教育，从孩子懂事起，就教育他们如何学会生存和自立：跌倒了自己爬起来，自己学会吃饭，整理自己的东西，并知道什么情况下怎样保护自己等。人的各项能力应该在社会中不断磨炼发展，唯有孩子自己去体验领会，才能得到真正的提升。

　　家长能够言传身教给予孩子的知识是有限的，孩子无限能力的开发最终还是要靠他们自己去感受、去总结，自然和社会是供他们学习这些能力的两大自由场所，家长能做的就是引导他们走进去，让他们在里面不断成长。

附录一　美国天才儿童行为表

有了天才的感觉，会成为天才；有了英雄的感觉，会成为英雄。孩子找到了好孩子的感觉，就会成为好孩子；孩子认识到了自己的天赋才能，就能成为天才儿童。以下是美国天才儿童行为表，每位家长都应该懂得去发掘孩子的天赋才能，多给孩子鼓励，而不是总在抱怨孩子"技不如人"。

美国天才儿童行为表

1．Organizes collections，people，ideas.能够组织物品、人众和思想。

2．Learns rapidly and readily applies new knowledge.能够迅速学习新知识，并且马上进行使用。

3．Has good memory.记忆力强。

4．Holds a longer attention span.能够保持长时间注意力集中。

5．Demonstrates compassion for others.表现出对他人的同情心。

6．Recognizes a strong sense of justice.具有强烈的正义感。

7．Demonstrates perfectionism.做事追求完美。

8．Has a high degree of energy.精力高度充沛。

9．Enjoys imaginative，creative play.喜爱具有想象力和创造性的活动。

10．Prefers older companions.喜欢与年长者为伴。

11．Demonstrates "common sense".常识性强。

12. Attracted to a wide range of interests or narrow one.兴趣广泛，或者兴趣专一。

13. Shows interest in experimenting and doing things differently.表现出对探索试验的兴趣，凡事总想找到不同的方法来做。

14. Sees relationships, identifies similarities, differences, analogies.能够发现事物之间的联系，识别相似、不同、类别。

15. Uses extensive vocabulary.用语词汇丰富。

16. Displays unusual sense of humor.表现出非同寻常的幽默感。

17. Demonstrates ability with puzzles, mazes, or numbers.在拼图、迷宫和数字方面具备能力。

18. Seems mature for age at times.看起来比实际年龄成熟。

19. Shows an insatiable curiosity and persistence.表现出不倦的好奇心，并坚持不懈。

20. May have intense concentration.能够特别聚精会神。

21. Is unusually attentive to details or not concerned with details at all.对细节表现出非同寻常的注意，或者对细节完全不在意。

22. Recognizes patterns easily.能轻易找出规律。

23. Demonstrates perseverance in areas of interest.在感兴趣的领域表现出追求不懈的精神。

24. May question authority.能对权威提出疑问。

25. Displays an advanced sense of conscience.表现出高度的理智。

26. Perceives abstract ideas, understands complex concepts.领悟抽象的思想，理解复杂的概念。

27. May demonstrate intense emotional and/or physical sensitivity.显示出情感和体能方面的强烈敏感度。

28. Seen as a leader by peers.被同学们当作领导者看待。

附录二　自测孩子的天赋才能

　　每一个孩子都是一座智力丰富的矿藏，关键就在于你怎样发掘他的潜能。美国波士顿大学医学院教授米加勒认为，孩子有六种智能，若受到应有的鼓励，绝大部分孩子都可能发展其中至少一种智能。

　　1. 语言智能。有这一智能的孩子往往都很爱说话，很容易学会一些外来的词语或电视上、书中出现的妙言警句。你应该每晚临睡前给他读一些优美的文字，一旦他自己也能阅读了，就应该给他提供大量的书籍，还可以给他买一本好字典，对他正在写作和背诵的东西都给予鼓励。

　　2. 音乐智能。有这一智能的孩子会对声音很着迷，爱听音乐，还能分辨出他自己熟悉的歌是否被人唱走调了以及各种不同乐器的声音。你应该经常让他听音乐，参加一些以音乐为中心的有益活动。

　　3. 逻辑数学智能。有这一智能的孩子大都喜爱抽象的东西，一般来说，能很快掌握等量知识。他常常去思考某些建筑材料有何不同及此类看似无聊的东西。你应该多同他玩富有创造性的、能丰富想象力的游戏，让他得到发展。

　　4. 空间想象智能。有这一智能的孩子想象力极丰富。对这样的孩子，你应给他提供一些绘画的颜料、各种黏土以及一些做模型要用的材料和工具，经常带他去一些陌生的地方玩，还要鼓励他绘出你们所到过的地方的地图。

　　5. 身体动觉智能。这种孩子可能会觉得翻跟头、游泳很容易，他们往往善于掌握一些运动技巧和使用各种不同工具来组装钟表等。你可以带他去参观各种手工制作和科技展览，鼓励他去参加各种体育训练和舞蹈组的一些活动。

　　6. 人际智能。这种智能一般包括两种类型：一类是善于洞察自身的能力，知道如何计划以及怎样最大限度地发挥自己的能量；另一类是了解别人的能力，善于发现别人的各种特征，能很快识别出小说、影视剧中出现的人物是

附录二
自测孩子的天赋才能　　245

不是反面角色。具有以上智能的孩子，你最好支持他演短剧和小品；看完一集电视剧后同他讨论剧中的角色；要求他以自己家中的每个人为题，写一篇比较生动的文章。这样做的结果会使你吃惊的。

孩子的智能不应该是以他们在学校的成绩来论的，在学校里成绩很好的孩子不一定就能成为千里马，而成绩差的孩子也并非都是庸才。对照下表，你是否能发现自己孩子的某些潜能？

1．他在背诗和有韵律的词句时很出色。

2．他能注意到你愁闷和高兴时的情绪变化。

3．他常常问诸如"时间是从什么时候开始的"一类的问题。

4．他很少迷路。

5．他的动作很优美。

6．他唱歌时音准很准。

7．他经常会问打雷、闪电和下雨是怎样形成的等问题。

8．经常说的一个词你用错了，他就会纠正你。

9．他很早就会系鞋带，出人意料地学会骑车。

10．他特别喜欢扮演一些角色并能编出剧情。

11．出外旅行时，他能记住沿途标记，并提醒你："我们曾到过这个地方……"

12．他喜欢听各种乐器，并能通过辨音认出它们。

13．他画图画得很好，对物体描绘清晰。

14．他善于模仿各种身体动作以及面部表情。

15．就像喜欢根据大小和颜色把玩具分类一样，他善于划分种类。

16．他善于把动作与情感联系起来，譬如他说："我发昏了才做出这事……"

17．他能够相当精彩地讲故事。

18．他能够对不同的声响发表议论。

19. 某人被推荐，他有时会说："他使我想起了谁。"

20. 对别人能完成与不能完成的事，他能做出准确的评论。

21. 在看电影、电视时，能够很快看出谁是坏蛋。

22. 观察力强，能发现事物的细枝末节。

23. 说话早，表达能力强。

24. 喜欢下棋打牌。

25. 学歌学得快。

26. 能够熟练地掌握各种工具器械。

27. 不卑不亢，有自信心。

28. 有"眼力"，能够应酬客人。

29. 很少不知所措。

30. 喜欢读书，不需要大人督促。

31. 能很快学会等量转换，例如500克是1斤。

32. 从小就爱摆弄乐器，长大一些后，能识别出没有歌词的乐曲演奏曲。

33. 是拆装玩具、折纸的能手，别人都说他手巧。

34. 知道如何计划自己的事情。

这其中，1、8、17、23、30表现出的是语言才能；6、12、18、25、32表现出的是音乐才能；3、7、15、24、31表现出的是数学、逻辑上的才能；4、11、13、22、29表现出的是空间上的才能；5、9、14、26、33表现出的是身体动觉才能；10、16、20、27、34表现出的是自我认识的才能；2、19、21、28表现出的是对他人的认识才能。对己对人的认识才能即所谓的人际智能，在此方面见长的孩子，将来可在政治、哲学、社会学、公共关系和社会活动等方面寻求较大的发展。

附录三　孩子成年前要明白的十个道理及建议

　　孩子的成长离不开家长的教育，我们希望孩子成才，更希望孩子能成人。成人必须要懂得一些基本道理，以下便是美国教育心理学专家瑟琳娜·詹妮总结出的"孩子成年前要明白的十个道理"，并给出了相应的建议，希望它们能有助于你的教子之路，也许它们对于你的人生也会产生一定影响。

　　1．开心是自己创造的，不是别人给予的。

　　建议：鼓励他培养一种终身受用的兴趣，不管是否实用。

　　2．一个微笑，就能让别人拥有美好的一天。

　　建议：称赞他开心时的笑容。

　　3．礼貌永远不嫌多。

　　建议：让"请""谢谢"和"对不起"成为他的口头禅。

　　4．纯粹的聆听往往是关心他人最好的办法。

　　建议：在他陷入困境需要倾诉时只要静静倾听。

　　5．尊重，不仅仅是敬重力量，也包括善待弱小。

　　建议：带他给流浪狗喂食。

　　6．专注于享受已经拥有的东西，而不是浪费时间关注自己没有的东西。

　　建议：和他一起修补图书，用废旧材料做手工。

7. 没有人知道所有事情的所有细节，站在讲台上的人总是最有智慧的人。

建议：在他讲故事时表现出惊喜："原来如此！"

8. 追求适合自己的东西。

建议：关心他是否喜欢学校而不是成绩如何。

9. 看起来又好又唾手可得的东西往往虚有其表。

建议：让他付出一定的努力，才满足他的要求。

10. 人生重在享受旅程而不是达到目的。

建议：带他体验爬山和坐缆车的区别。

附录四 中外教育名家的六十条教子建议

1. 最耐心和最诚实地回答孩子提出的所有问题。

2. 认真地对待孩子提出的正经问题和看法。

3. 为孩子准备一个陈列架，让他在上面展示自己制作的物品。

4. 只要与创作有关，不要责备孩子在房间里或者桌面上乱画。

5. 给孩子一个主要供他玩耍的房间或者房间的一部分。

6. 向孩子说明，他本身已经很可爱了，不用再表现自己。

7. 让孩子做力所能及的事情。

8. 帮助孩子制订他的个人计划和设计完成计划的方法。

9. 带孩子到他感兴趣的地方去玩。

10. 孩子在场，不要吵架。

11. 帮助孩子与来自不同社会文化阶层的孩子正常交往。

12. 父母遵循合理的行为标准并留心使孩子照着做。

13. 从来不说孩子比别的孩子差。

14. 绝不用辱骂来惩罚孩子。

15. 向孩子提供书籍和材料，以便他能干自己喜欢的事。

16. 让孩子独立思考问题。

17. 定期为孩子读点东西。

18. 让孩子从小养成读书的习惯。

19. 鼓励孩子编故事，让孩子去幻想。

20. 认真对待孩子的个人要求。

21. 每天都抽时间与孩子单独在一起。

22. 允许孩子参加规划家务和外出旅行的事情。

23. 从来不因孩子犯错误而戏弄他。

24. 对孩子提出的问题，要尽量予以答复。

25. 鼓励孩子与各种年龄的人自由交往。

26. 详细拟订实验计划，帮助孩子了解更多的事情。

27. 允许孩子收集各种废弃物。

28. 鼓励孩子发现问题，然后解决这些问题。

29. 在孩子干的事情中，不断寻找值得赞许的东西。

30. 绝不空洞地或不真诚地表扬孩子。

31. 诚实地评价自己对孩子的感情。

32. 对孩子的爱要稳定，不要动不动就发脾气。

33. 让孩子有机会真正自己做决定，相信孩子的理智。

34. 帮助孩子成为有个性的人。

35. 帮助孩子寻找值得注意的电视节目。

36. 发挥孩子具有的积极性，让孩子认识自己的能力。

37. 从来不对孩子的失败表示瞧不起。

38. 鼓励孩子尽量不依赖成年人。

39. 父母之间要互相谦让、相互谅解。

40. 让孩子独立完成他所从事的工作的基本部分，哪怕不相信会有积极的结果。

41. 不要太关心孩子，让孩子"自己的事情自己做"，以免他们养成以自我为中心的坏习惯。

42. 不要太亲近孩子，让他与年龄相仿的孩子多交往，以免孩子性格孤僻。

43. 不能孩子要什么给什么，要让孩子知道劳动与所得、权利与义务的关系，以免孩子养成好逸恶劳的性格。

44. 不要贿赂孩子，以免孩子养成"一切向钱看"的不良习惯。

45．不要欺骗孩子，以免父母在孩子面前失去威信。

46．不要吓孩子，以免造成孩子过分胆小、怕事。

47．不要当众批评和嘲笑孩子，以免造成他们心理畸形，失去自信心等。

48．不要在孩子面前争论惩罚孩子，以免孩子养成"投机钻营"的恶习。

49．不要对孩子过分严厉，以免孩子惧怕、害羞不敢发表自己的观点，形成表里不一的性格。

50．不要过分夸奖孩子，以免孩子养成"沽名钓誉"的不良习气。

51．不要暗示孩子做不良的事，比如，打架一定要打回来、自己的东西不给别人吃、乘车不购票等，以免孩子养成不良的品行。

52．不要勉强孩子做他力所不能及的事，以免孩子身心受到摧残。

53．不要强制孩子的兴趣，应让孩子充分发挥潜能、爱好等，以免孩子产生逆反心理。

54．不要过多限制孩子的活动，应让孩子充分自由活动、多交往，以免孩子养成独来独往、不合群的孤僻性格。

55．不要以大人的喜怒哀乐训斥孩子，要循循善诱，以免孩子养成思想怪异、喜怒无常的性格。

56．不要无限"上纲"。孩子活动偶尔超出常规时，要用适当的语言教育他，以免孩子无所适从。

57．不要包办孩子的困难，应帮助孩子分析困难，找出解决困难的方法。

58．孩子的朋友来做客时要表示欢迎。

59．注意观察和表扬孩子的优点，不要过分强调孩子的缺点。

60．任何时候，都不要对孩子撒谎。